史上最強技術分析

量價關係

摸透主力、法人介入的手法，
就算看到大跌、盤整、破新高你都敢追！

25年強勢股操盤手 明發◎著

優渥叢書

CONTENTS

第 2 章

開盤收盤量最大，如何操作買低賣高的秘訣是……

第 3 章 看價之前先看量，是散戶賺錢的不敗秘訣

前言

教你從量價關係，一次看懂主力操作模式

股市如人生，人生亦如股市，跌跌宕宕、起起伏伏；人生艱難，歲月知曉，股市艱辛，帳戶知道。股市作為一個證券投資交易市場，其實是一個零和博弈的市場。

雖然所有投資人的機會都是平等的，但由於不同程度受到國際經濟形勢不景氣、上市公司資訊造假、主力機構內幕交易、老鼠倉利益輸送、投資人能力素質等因素的影響，能在股市中賺到錢的只是少數人。正所謂「七虧二平一賺」，多數人都承擔著不同程度的虧損。

股市不同情弱者，馬太效應（Matthew Effect）的「強者愈強、弱者愈弱」現象，是國內股市的真實寫照，也是做股票就要做強勢股的依據。某些國家就目前形勢而言，股市並不完全存在如巴菲特所宣導的長期價值投資機會。想在股市上儘快賺到錢，尋找強勢股進行短線操作、快進快出，是包括主力機構在內的廣大投資人的最佳選擇。

大道至簡，順勢而為，做強勢股、做上升趨勢立竿見影，一般情況下當天買入當天就能產生收益。市場上異軍突起的許多飆股、大黑馬都是從強勢股中走出來的。強勢股中必定有主力機構在運作，主力機構操作一檔股票，無論有意還是無意，都會留下蛛絲馬跡，這就為投資人操盤提供了機會。

做強勢股做上升趨勢，其實就是做強勢節點，只做啟動至拉升或拉高這幾節，就如竹筍破土見日成長最快的這幾節。若能在生長速度變慢之前撤退離場，既省時省力還省資金。

想要發掘、抓住強勢股，做好強勢節點，必須學好基礎理論、練好基本功。在操盤實踐中真實感悟市場，不斷累積實戰經驗和獨特見解，形成自己的操盤思路、操盤風格和操盤模式。

本書主要以短線交易及短期行情操盤為主，運用大量實戰案例，詳細解析主力機構在操盤強勢股過程中的思路、方法及技巧。引導投資人做出準確分析，並理解操盤手的操盤細節、做盤手法和操縱目的，精準掌握買賣點，做到與主力同行，實現短線快速獲利。實戰操盤中，投資人一定要結合股價在 K 線走勢中所處的位置、成交量及均線型態等各種因素，分析研判後做慎重決策。

股市有風險，跟主力需謹慎。筆者將 20 多年操盤經驗和感悟述諸筆端、融入書中，為投資人提供操盤思路和技法。但千萬不能照搬照抄，投資人一定要根據手中股票的具體情況，通盤分析考慮後再決定是否買賣。

路雖遠，行將必至；事再難，做則必成。操作股票如同蓋房子，要從打基礎開始，既要有豐富的理論知識，又要有足夠的經驗教訓積累。

本人雖然從事證券投資20多年，但在證券專業知識結構、投資理念風格、操盤風險控制等方面還有許多缺陷，必然導致本書會有很多錯誤、缺失和不足。還請各路投資大家和讀者批評雅正，真心希望本書對讀者有所啟發和幫助。

第 1 章

為什麼會漲停？因為有量才有價！

漲停板是由主力機構的操控行為所導致的，沒有主力機構的控盤和拉升，就沒有漲停板的產生，而主力機構拉漲停板的真正目的是實現快速獲利。

除了極少數以大陽線或中陽線啟動的強勢大漲股，幾乎所有強勢股（大牛股）都是由漲停板啟動的，強勢漲停板可以立即啟動一波行情，也可以立即推動一波行情的飆升。

由於追（搶）強勢股的漲停板，可以在短期內快速實現獲利，使漲停板成為強勢股中最完美最迷人的一道風景線。不論主力機構還是一般投資人，每天都有很多人追逐漲停板，成為投資人每個交易日中最怦然心動的時刻。

但不是所有漲停板都可以搶板，比如已經拉出多個漲停之後的漲停板、股價已至高位的漲停板、下跌趨勢中的漲停板等，是不能隨意搶板的，投資人一定要認真分析目標股票漲停的動因。

1-1

想賺漲停板，你得懂的第一堂課

漲停板是一種特別的強勢盤面，一方面表現出個股股價具有強烈的上漲欲望，一方面透露出主力機構十分主動積極的操盤意圖。經由對漲停板的深入分析和研究，可以瞭解股價在個股走勢中所處的位置、主力機構的操盤意圖和目的，從而果斷做出是否搶漲停板（以下簡稱搶板）或者賣出的決策。

1-1-1　漲停板是什麼？

漲停，是指股票的漲幅達到了交易所規定的最高限制，即個股每天的最大漲幅不能超過前一交易日的百分比。

股票市場交易日內，股價漲幅的最高限度稱為漲停板，漲停時的股價稱為漲停板價。一般情況而言，開盤即封漲停板的個股，上漲欲望強烈，只要當日漲停板沒有被打開，下一交易日仍然有向上衝擊漲停板的可能。臨近收盤拉至漲停的個股，要根據個股股價所處的位置、當日成交量等情況個別判斷。

實戰中，要提防主力機構利用高位拉漲停板，操作漲停誘多騙線，達到引誘投資人搶板而出貨的目的。

圖 1-1 是 300199 翰宇藥業 2021 年 11 月 12 日收盤時的 K 線走勢圖，可以看出，當日該股強勢漲停，漲停價位之內的交易仍在繼續進行，直到當日收市為止。

該股震盪下跌時間長、跌幅大，且橫盤震盪洗盤吸籌時間也較長。主力機構在拉出漲停板之前已收出 3 根陽線，成交量明顯放大，股價已經處於強勢上升態勢。像這種走勢的個股，投資人完全可以在第二或第三根陽線當日逢低進場買進籌碼，後市應該會有比較滿意的收穫。

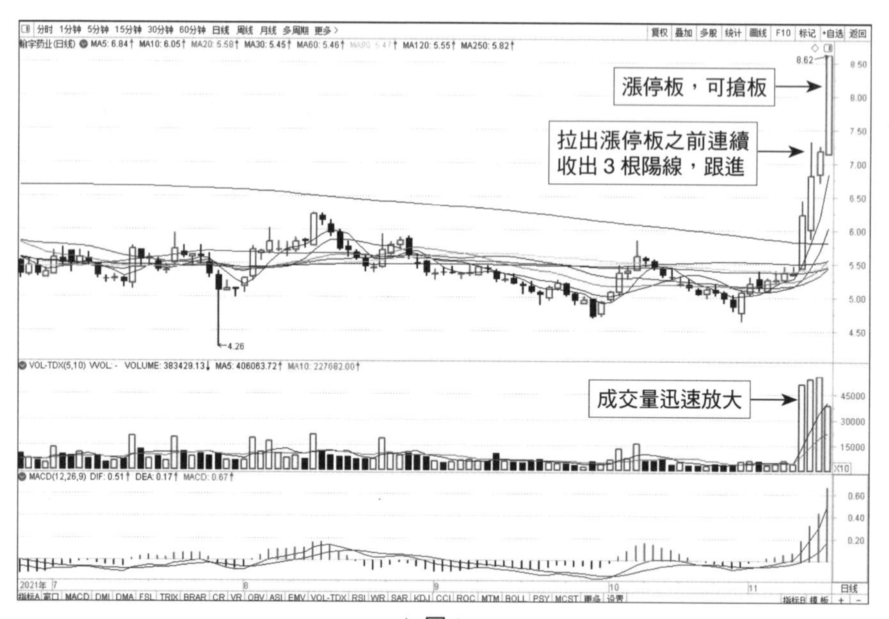

▲ 圖 1-1

圖 1-2 是 300199 翰宇藥業 2021 年 11 月 12 日下午收盤時的分時走勢圖，可以看出該股當日開低後迅速拉高，半小時之內即封漲停板，至收盤漲停板沒打開，盤面強勢特徵明顯。

從分時盤面右邊的成交明細可以看出，交易時間內該股漲幅達到交易所規定的20%的最高限制（編按：台灣的規定則為，上市上櫃的股票當天股價漲跌不超過前一日收盤價的10%），價格限定在 8.62 元停止上漲。但並沒有停止交易，漲停價上（8.62 元）的交易仍在繼續進行，直到當日收盤為止。

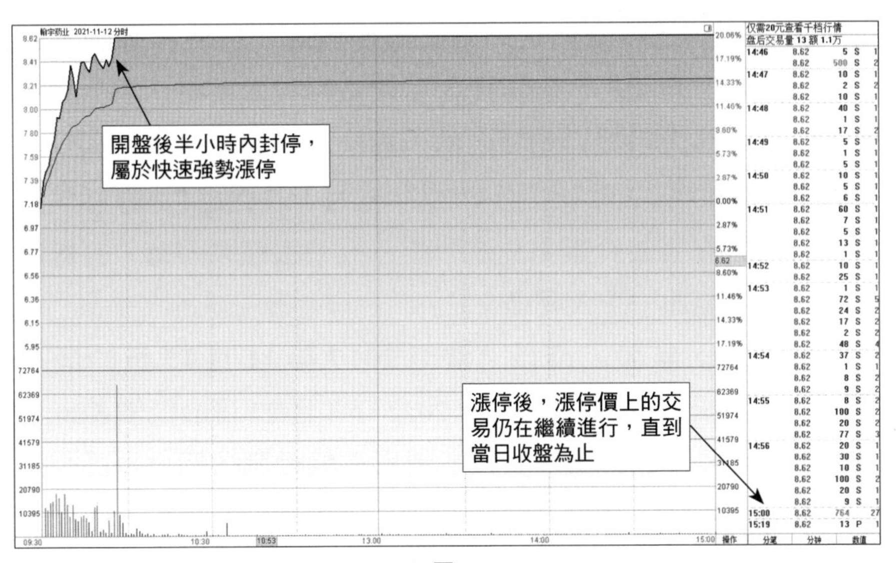

▲圖 1-2

1-1-2 漲停板的性質，可以從這些面向分析

漲停板是主力機構操控股價的行為和結果，主力機構結合政策面、基本面、消息面、大盤走勢等情況，精心運作的交易日內漲幅的極限型態。每一個漲停板的背後，都透露出主力機構的操盤意圖和目的，比如吸籌建倉或啟動拉升或盤中洗盤或騙線出貨等。只有看透漲停板的性質，才能掌握主力機構的意圖，從而做出正確的交易決策。

當然，如果從政策面、基本面、消息面、大盤走勢等因素來分析，我們也可以將漲停板理解為板塊效應（板塊輪動）、概念（題材或熱點）衝擊等原因，比如資產重組板塊或概念、生物醫藥板塊或概念，甚至可以具體到名稱，事物題材等。

圖 1-3 是 002909 集泰股份 2022 年 6 月 16 日收盤時的 K 線走勢圖。當日的漲停板屬於盤中洗盤型漲停板，漲停原因為「有機矽＋光伏概念＋比亞迪」重大利多。

可以看出，該股上市後上漲至 2017 年 11 月 15 日的最高價 32.90 元，然後一路震盪下跌，至 2022 年 4 月 27 日最低價 5.26 元止跌。下跌時間長、跌幅大，且橫盤震盪洗盤吸籌時間也較長，主力機構籌碼鎖定較好，控盤到位。

2022 年 6 月 10 日主力機構拉出一個大陽線漲停板，正式啟動快速拉升行情，隨後一口氣拉出 3 個一字漲停板，此時漲幅較大。6 月 16 日主力機構漲停價 9.66 元開盤，拉出一個 T 字漲停板（從當日分時走勢來看，盤中漲停板被打開，股價最低探至 9.11 元），成交量較前一交易日大幅放大。

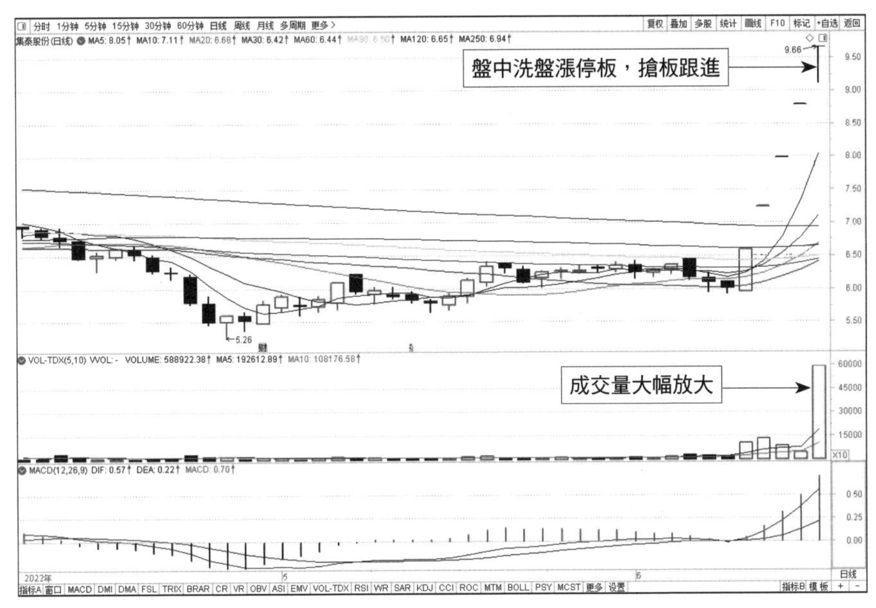

▲ 圖 1-3

很明顯，主力機構經由採取瞬間打開漲停板的操盤手法，誘騙投資人賣出手中籌碼、清洗獲利盤，拉高新進場投資人的買入成本，釋放向上拉升壓力。

圖 1-4 是 002909 集泰股份 2022 年 6 月 16 日收盤時的分時走勢圖，可以看出該股當日漲停開盤，9:45 漲停板被打開瞬間，成交量急速放大，前期進場的投資人開始獲利了結。

受漲停板打開的影響，大部分前期進場的投資人可能當天都獲利了結了。而在當日集合競價時進場，或漲停板打開時搶板進場的投資人，後期應該會有利人欣慰的收穫。

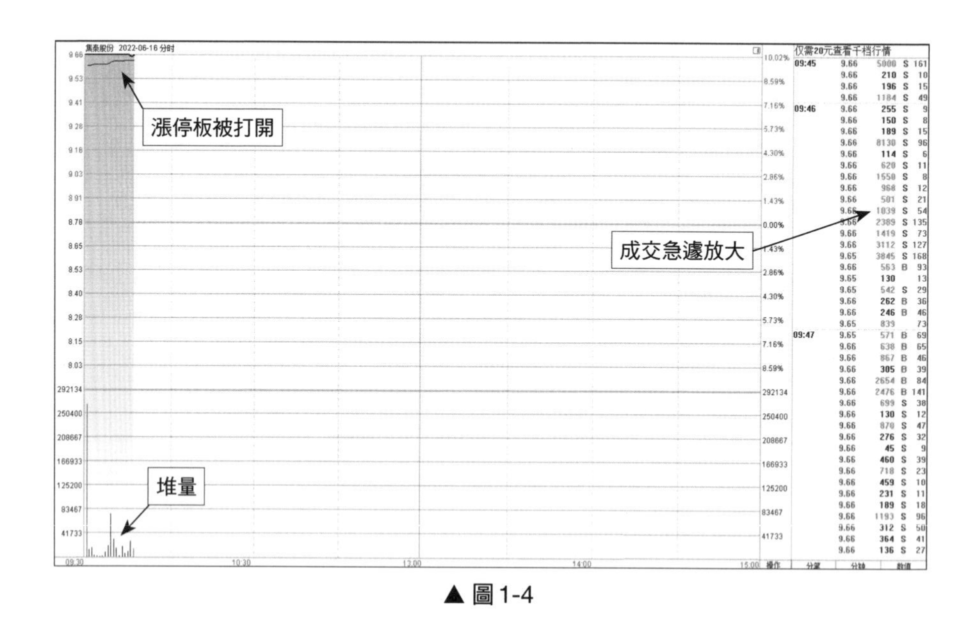

▲ 圖 1-4

1-1-3 漲停板的內外動因：消息面&主力機構行為

股票不是隨隨便便就會漲停，能夠漲停的股票必然有其外在和內在原因，背後也必然有主力機構潛伏謀劃運作的痕跡。

（一）外在動因

外在動因即消息面方面的因素，一般有以下幾方面：一是政策面。國家經濟金融政策的重大變化，對股市漲跌具有很大的影響力。尤其是對某一行業的政策傾斜或優惠，對該行業或該板塊股票的價格走勢有重大影響，市場資金的大幅流入該板塊，將導致多數個股漲停。

二是基本面。企業重大（利多）事件，將導致公司股票出現連續漲停，比如重大資產重組、業績大幅增長等重大利多。

三是突發事件的刺激。由於突發社會事件給企業帶來的實質性的利多，公司股票可能出現連續漲停。比如三年疫情其間，大盤疲軟股市低迷，但新冠疫苗、核酸檢測相關公司的股票，卻走出快速上漲的大好行情。

四是發達國家或地區，其市場變化對國內股市的影響。比如美股、港股市場的變化對中國股市影響重大，同時影響到個股的漲（跌）停變化。

圖 1-5 是 002911 佛燃能源 2022 年 7 月 21 日收盤時的 K 走勢圖，可以看出股價從前期相對高位一路震盪下跌，至 2022 年 4 月 27 日的最低價 8.20 元止跌。下跌時間長、跌幅大，其間有過 1 次較大幅度反彈。

2022 年 4 月 27 日股價止跌後，主力機構快速推升股價、收集籌碼，然後展開橫盤震盪洗盤吸籌行情，K 線走勢紅多綠少、紅肥綠瘦。

2022 年 7 月 21 日該股開高，收出一個大陽線漲停板，突破平台和前高，成交量較前一交易日放大 5 倍多，形成大陽線漲停 K 線型態，漲停原因為「燃氣＋氫能源＋充電樁＋業績增長」重大利多。

此時均線呈多頭排列（除 120 日均線外），MACD、KDJ 等技術指標開始走強，股價的強勢特徵已經顯現，後市快速上漲的機率大。投資人可以在當日搶板或次日擇機進場加碼，持股待漲，待股價出現明顯見頂訊號時賣出。

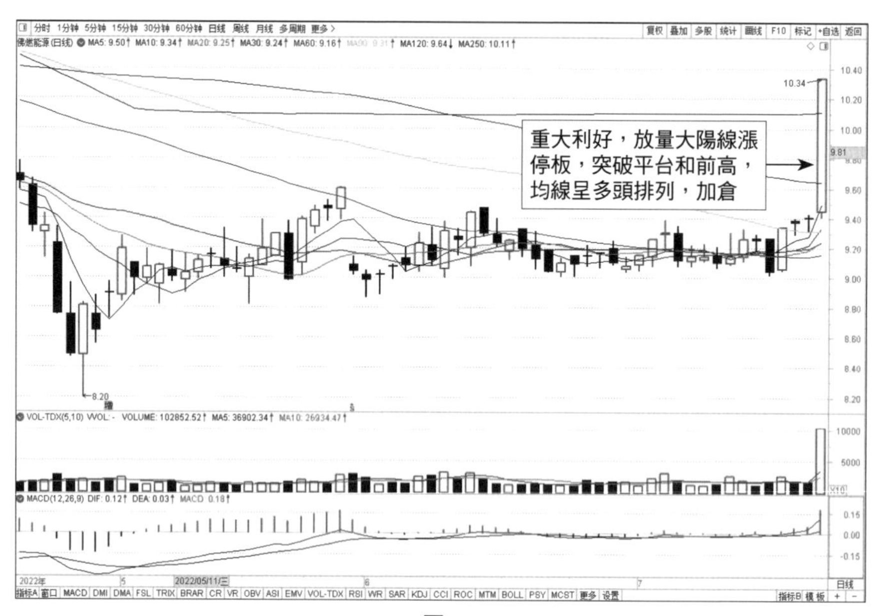

▲圖1-5

（二）內在動因

內在動因即主力機構行為因素。事物的變化發展是內因和外因共同作用的結果：內因是事物變化發展的根本原因，外因是事物變化發展的條件，外因經由內因起作用。股票能不能漲停得看內在動因，即主力機構拉不拉，因為一般投資人沒有資金實力拉出漲停板。

其實，漲停板就是主力機構在坐莊過程中，提前預判或結合分析政策面、基本面、大盤走勢等情況，從技術層面精心謀劃運作、長期佈局吸籌建倉之後拉出來的。所以每一個漲停板的背後，都透露出主力機構的操盤意圖和目的。

內在動因有2個，即主力機構行為或技術層面方面的因素。一是主力機構在低位（或相對低位）完成吸籌建倉後，借助個股利多，以漲停方式使股價快速脫離成本區，不讓投資人有逢低跟進的機會。

二是主力機構借助個股利多消息，快速突破前高（平台或坑口）、前期下跌密集成交區、主要均線等重要阻力位。

三是中期洗盤整理行情結束，主力機構借助個股利多消息，展開快速拉升行情，可能連續快速拉出多個漲停板。

四是主力機構借助漲停板吸引人氣，引起市場注意，引誘投資人進場而展開出貨。

另外還有主力機構展開的熱點概念炒作、板塊輪動引發的漲停板等。

實戰操盤中投資人要注意的是，除了上述外在和內在動因，操盤中還要考慮 K 線型態、成交量、均線型態、MACD、KDJ 等技術指標是否配合到位，這些重要技術指標，是股價後市持續上漲的重要保證。

圖 1-6 是 000820 神霧節能 2022 年 8 月 18 日收盤時的 K 走勢圖，可以看出該股 2021 年 5 月中旬前有過一波大漲。股價從前期相對低位，一路上漲至 2021 年 5 月 14 日最高價 5.27 元，然後主力機構展開大幅震盪洗盤整理行情，高賣低買與洗盤吸籌並舉。

2022 年 8 月 18 日（橫盤震盪洗盤整理行情持續 1 年多後），主力機構漲停開盤，收出一個一字漲停板，突破平台（前高），快速脫離成本區。當日成交量較前一交易日大幅萎縮（一字漲停板的原因），留下向上突破缺口，形成向上突破缺口和一字漲停 K 線型態。

漲停原因為「摘帽＋環保」重大利多。一是公司8月16日公告稱，8月18日開市起復牌，撤銷退市風險警示及其他風險警示。二是公司主營節能環保行業、清潔冶煉業務。

此時均線呈多頭排列，MACD、KDJ等技術指標開始走強，股價的強勢特徵已經顯現，後市快速上漲的機率大。投資人可以在當日搶板，或次日擇機進場加倉買入籌碼，持股待漲，待股價出現明顯見頂訊號時賣出。

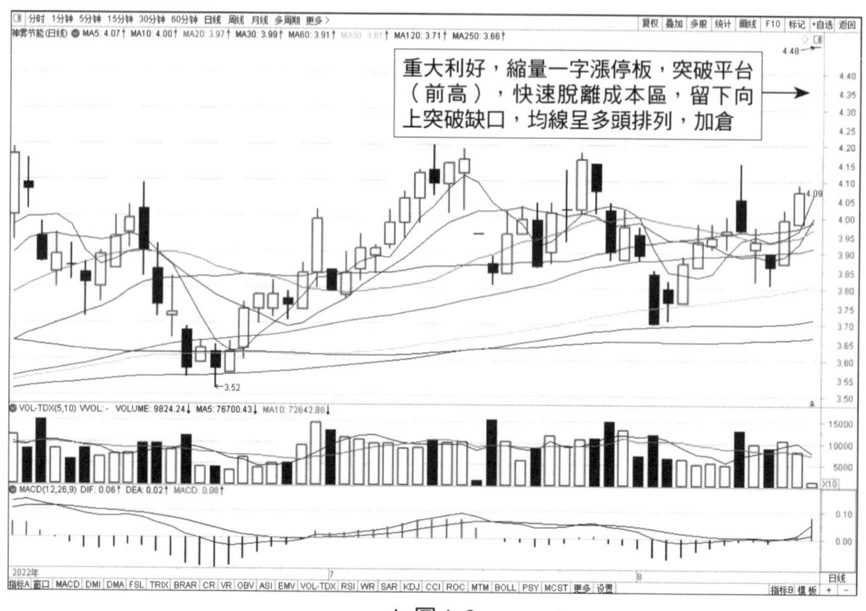

▲ 圖1-6

重點整理

漲停板基本知識

- 股票市場交易日內，股價漲幅的最高限度稱為漲停板，漲停時的股價稱之為漲停板價。
- 交易時間內的漲停板，只是漲停個股股票價格停止上漲，而並不是停止交易，漲停價上的交易仍在繼續進行，直到當日收市為止。
- 經由對漲停板深入分析，可以瞭解股價在個股走勢中所處的位置、主力機構的操盤意圖和目的，從而果斷做出是否搶板或者賣出的決策。

【實戰範例】

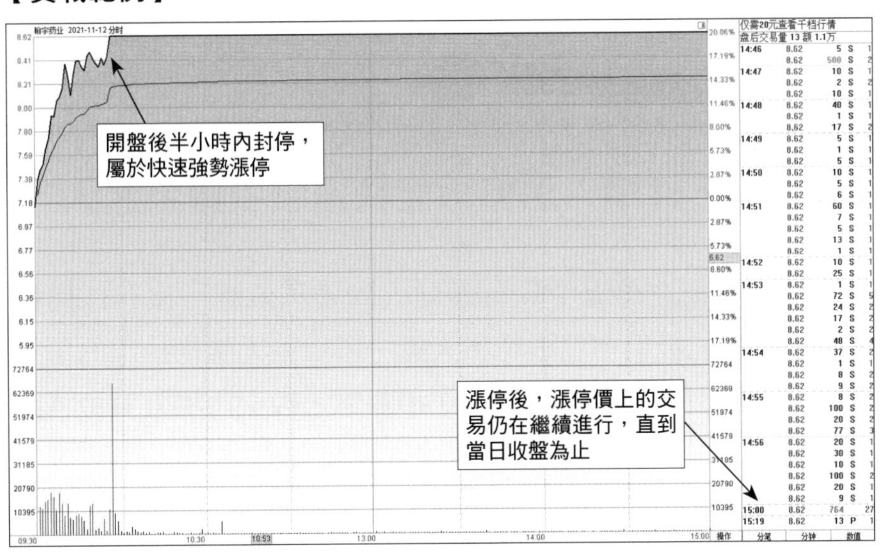

1-2

了解漲停或飆漲，得知道的3件事！

漲停板是主力機構行為，主力機構之所以要拉漲停板，無外乎是為了吸籌建倉、啟動拉升、盤中洗盤及騙線出貨，最終目的是獲利，具有重要的實戰意義。

1-2-1　第一件事：漲停板能快速吸引資金進入

由於漲停板在市場中具有最強大的獲利效應，沒有任何股票能比漲停板更能吸引市場眼球和人氣。所以主力機構拉出的每一個漲停板，都能引起市場的廣泛關注和跟風，吸引市場外資金踴躍進場買進籌碼。

尤其是股價處於高位的個股，主力機構往往經由拉出漲停板，引誘跟風盤，展開漲停誘多騙線出貨，達到兌現派發、隱秘完成出貨以實現獲利最大化的目的。

1-2-2　第二件事：漲停板能快速啟動上漲行情

個股的上漲行情，絕大多是從主力機構拉出漲停板，或標誌性大陽線開始啟動的。而由漲停板啟動的行情，大多突發性強、後期走勢比較迅猛。一般情況下，下跌幅度較大或橫盤震盪整理時間較長的個股，主力機構經由拉漲停板啟動行情，基本上可以確定為個股趨勢的反轉，或至少有一波較大幅度的反彈行情。

因此這種主力機構以漲停板啟動的個股，漲停板的實戰意義在於打開個股上升空間，有效奠定個股上漲的基礎，開啟一波上漲行情。投資人可以視情況進場，或待回測確認時逢低跟進。

圖 1-7 是 603665 康隆達 2021 年 9 月 13 日收盤時的 K 線走

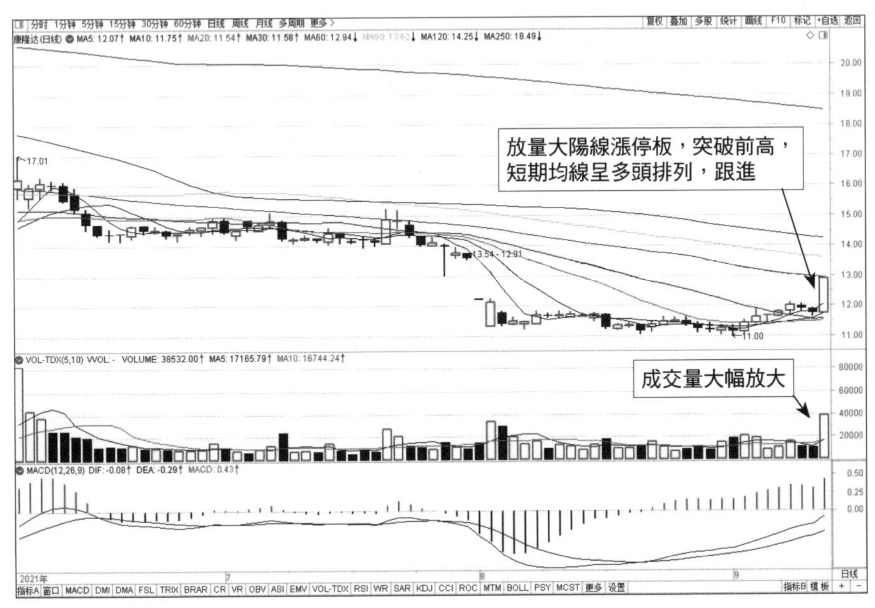

▲ 圖 1-7

勢圖，可以看出，該股上市後最高價上漲至 2017 年 3 月 27 日的 79.23 元。然後一路震盪下跌，至 2021 年 8 月 3 日的最低價 11.34 元止跌，下跌時間長、跌幅大。股價止跌後，主力機構展開強勢整理行情，繼續洗盤吸籌，主力機構籌碼趨於集中，控盤逐漸到位。

9 月 13 日主力機構拉出一個大陽線漲停板，突破前高，成交量較前一交易日放大近 4 倍，短期均線呈多頭排列型態，正式啟動快速上漲行情。

1-2-3　第三件事：漲停板能推動股價行情飆漲

漲停板能啟動一波上漲行情，也能推動行情的飆升。多數情況下，個股經過中期上漲行情之後，主力機構會展開較大幅度的整理洗盤，來清洗獲利盤和意志不堅定投資人，拉高他們的入場成本。

洗盤整理到位後，主力機構會經由拉漲停板的方式，啟動最後的拉升行情。此時個股股價已經步入快速上升通道，絕大多主力機構會以連續拉漲停板的方式，推動行情飆升，股價幾乎呈直線上升態勢。投資人可以在主力機構中期整理洗盤結束後、拉出第一個漲停板的當日或次日，尋機進場買入籌碼，待出現明顯見頂訊號時立馬賣出。

圖 1-8 是 601878 浙商證券 2020 年 7 月 9 日收盤時的 K 線走勢圖，可以看出，主力機構已拉出 7 個漲停板，可謂是一波漲幅巨大的飆升行情。該股上市後最高價上漲至 2017 年 9 月 5 日的 24.19 元，然後一路震盪下跌，至 2018 年 10 月 17 日的最低價 5.45 元止跌，下跌時間長、跌幅大。

此後，主力機構展開大幅震盪盤升行情，主要操盤目的是收集籌碼、洗盤吸籌，同時高賣低買、降低成本，股價走勢呈上升趨勢。

震盪盤升行情持續 1 年 8 個多月之後的 2020 年 7 月 1 日，主力機構突然拉出 1 個大陽線漲停板，一陽穿 7 線，均線蛟龍出海型態形成。成交量較前一交易日放大近 3 倍，均線呈多頭排列，主力機構正式啟動大幅飆升行情。

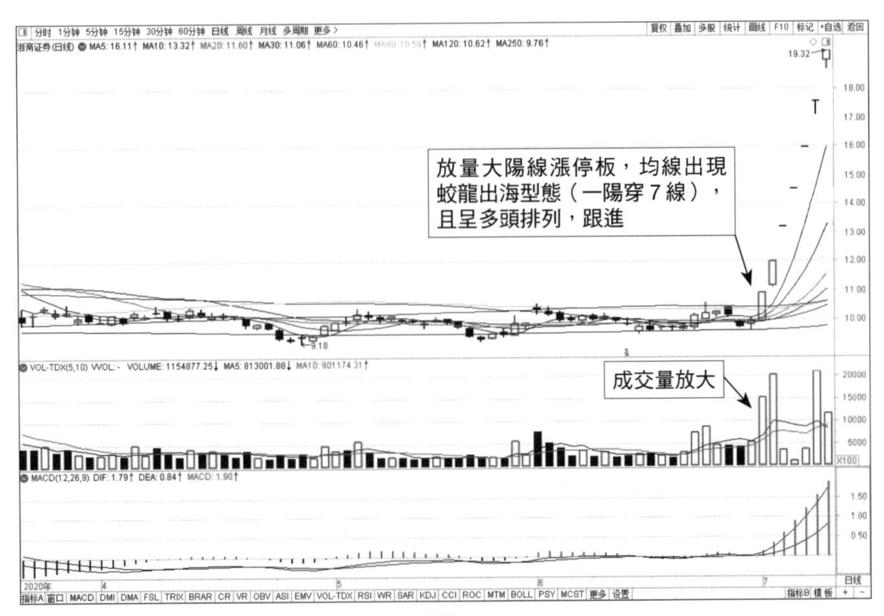

▲ 圖 1-8

重點整理

漲停板的實戰意義

- 漲停板是主力機構用於吸引跟風盤、快速拉升股價、高位騙線出貨、實現獲利最大化的必然選擇，具有重要的實戰意義。
- 漲停板能夠啟動一波上漲行情，也能夠推動行情的飆升。多數情況下，個股經過中期上漲行情之後，主力機構會展開較大幅度的整理洗盤，清洗獲利盤和意志不堅定投資人，拉高其進場成本。

【實戰範例】

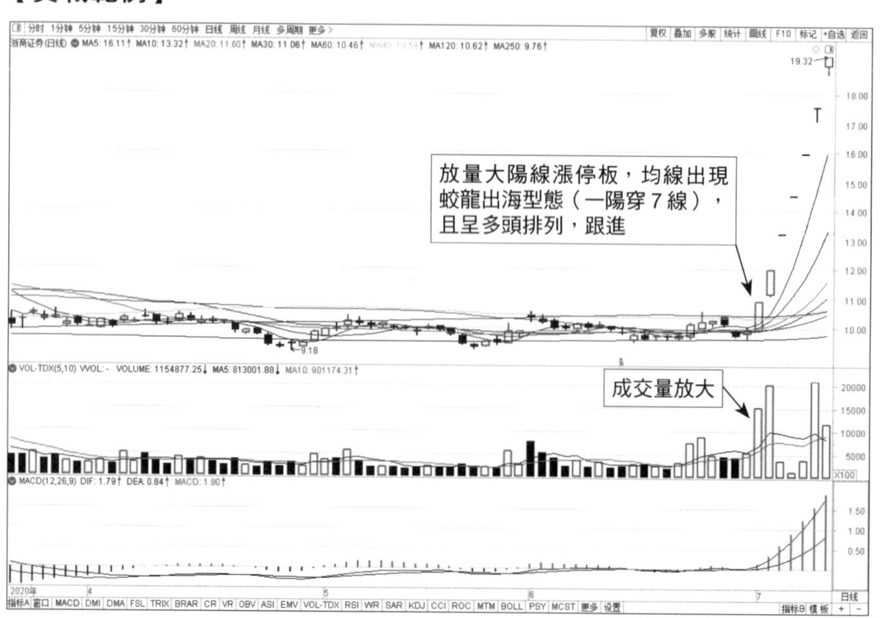

1-3

漲停板的 3 大類型及跟進方法是……

依據漲停後的 K 線均線型態、成交量、漲停時間等因素，可以對漲停板做各種分類。以下依據漲停板出現在個股走勢中的不同位置，來進行分類。

漲停板出現在個股走勢中的不同位置或不同階段，展現出主力機構的不同操盤目的和意圖，其漲停的性質截然不同。一般情況下，漲停板分為三大類型，即吸籌建倉型漲停板、洗盤補倉型漲停板和拉高出貨型漲停板。

1-3-1　吸籌建倉型漲停板，要大膽逢低買進

吸籌建倉型漲停板出現在個股的上漲初期，主力機構用以拉高吸籌建倉所需的漲停板，屬於吸籌建倉型漲停板。個股長時間大幅下跌（或主力機構打壓洗盤）之後，主力機構開始慢慢吸籌建倉，達到一定倉位後，就會採取拉漲停板的方式來拉高建倉。

主力機構拉高建倉的目的，主要是快速完成籌碼的收集，同

時盡可能避免低位籌碼被其他投資人搶奪。

實戰操盤中，對於這種上漲初期、漲停價仍屬於主力機構成本價的漲停板，投資人要敢於大膽逢低跟進。

圖 1-9 是 002101 廣東鴻圖 2022 年 1 月 17 日收盤時的 K 線走勢圖，可以看出該股經過長期震盪下跌，跌幅巨大，然後又經過長期橫盤震盪洗盤吸籌，主力機構籌碼集中度較高。

2021 年 12 月 9 日、10 日，主力機構連續大幅跳空開高後快速漲停，以漲停板的方式拉高吸籌建倉。可見主力機構志存高遠，目標遠大，投資人可以積極逢低進場買進籌碼。

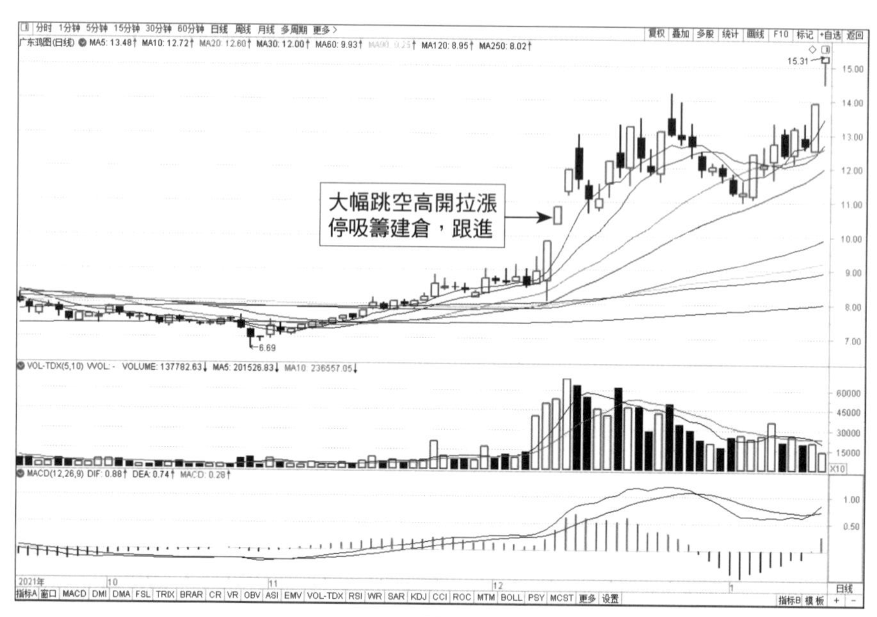

▲ 圖 1-9

1-3-2　洗盤補倉型漲停板先等等

洗盤補倉型漲停板出現在個股的上漲中期，主力機構用以拉高洗盤補倉所需的漲停板，屬於洗盤補倉型漲停板。一般情況下，個股經過初期上漲之後，主力機構會展開回檔洗盤或震盪整理洗盤，高賣低買清洗獲利盤，拉高投資人的入場成本。若大勢較好，主力機構又感到洗盤不到位或不徹底，一般會經由拉漲停且打開漲停板的方式洗盤吸籌，達到清洗獲利盤、增補倉位目的。

實戰操盤中，對於這種上漲中期的洗盤補倉型漲停板，要結合 K 線走勢、漲停當日盤面分時走勢（尤其是成交量是否有效放大），整體分析判斷後，抓住漲停板打開時機，快速跟進。

圖 1-10 是 002077 大港股份 2022 年 8 月 17 日收盤時的 K 線走勢圖，可以看出該股經過長期震盪下跌，且長期橫盤震盪洗盤（挖坑）吸籌，主力機構展開初期上漲行情，收集籌碼。初期上漲之後，主力機構展開小幅橫盤洗盤補倉行情。其中 7 月 22 日、8 月 2 日，主力機構經由拉漲停且打開漲停板的方式，展開洗盤補倉。

圖 1-11 是 002077 大港股份 2022 年 7 月 22 日收盤時的分時走勢圖，可以看出主力機構採取大幅跳空開高的方式瞬間封漲停板，然後打開漲停板，展開洗盤補倉。上午漲停板多次打開，但打開時間都不長，每次的成交量也不大，明顯是散戶在拋售，主力機構在接盤。

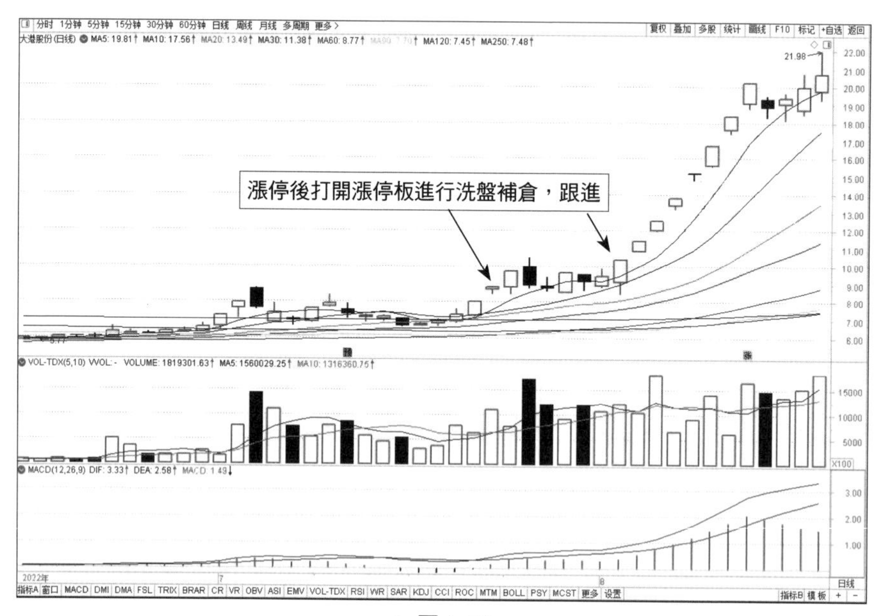

漲停後打開漲停板進行洗盤補倉，跟進

▲ 圖 1-10

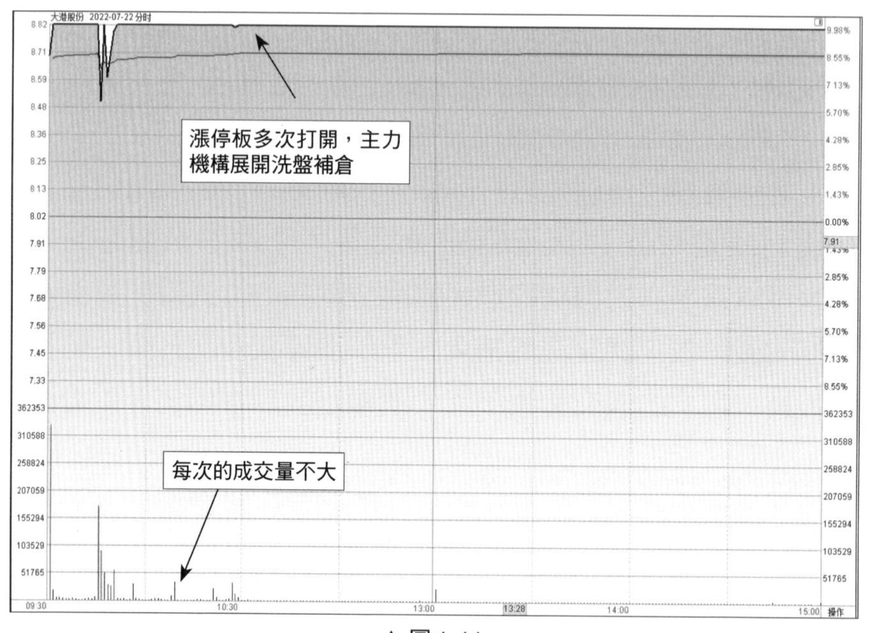

大港股份 2022-07-22 分时
漲停板多次打開，主力
機構展開洗盤補倉
每次的成交量不大

▲ 圖 1-11

圖 1-12 是 002077 大港股份 2022 年 8 月 2 日收盤時的分時走勢圖，可以看出主力機構採取開低、直接大幅回落洗盤的方式，嚇唬欺騙投資人交出手中籌碼，然後迅速拐頭上行，直線上衝封漲停板。

10:46 打開漲停板展開洗盤補倉，10:51 封回漲停板直至收盤。不管是早盤開低回落，還是 10:46 漲停板被打開，成交量都不大，明顯是散戶在拋售，主力機構在接盤。

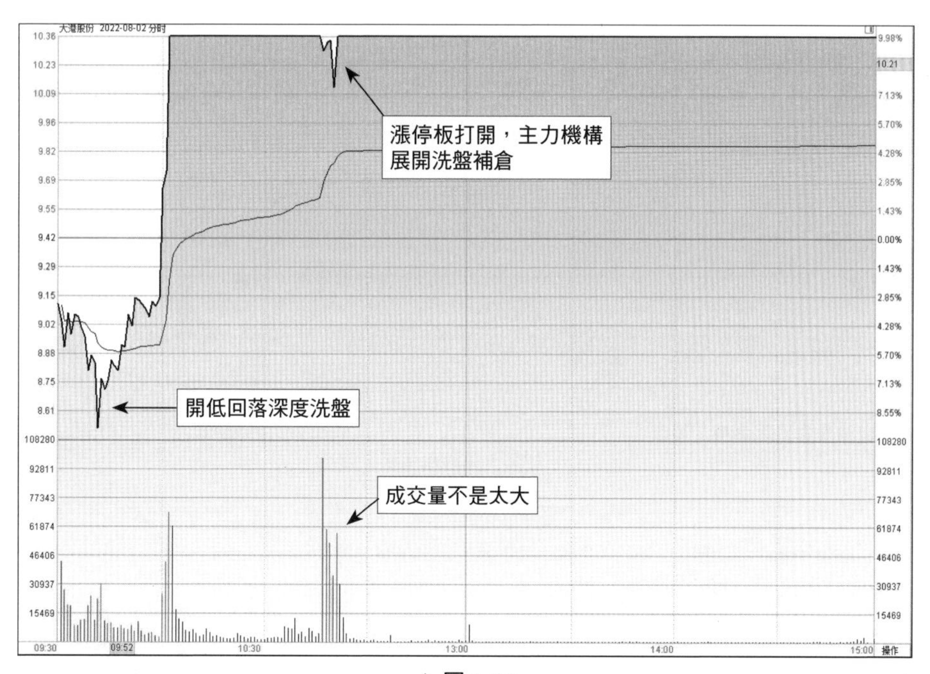

▲ 圖 1-12

1-3-3 拉高出貨型漲停板，最好別碰

拉高出貨型漲停板出現在個股走勢的高位或相對高位，主力機構以此拉出利潤空間，引誘跟風盤，以便出貨所需的漲停板，屬於拉高出貨型漲停板。主力機構的目的，主要是引起市場關注，吸引人們眼球，引誘投資人跟風接盤。

對於這種上漲後期、主力機構以出貨為主而拉出的漲停板，投資人最好別碰。如果是市場投資高手，可結合K線走勢、漲停當日成交量情況，精準研判後快速搶板、速戰速決。

圖1-13是002591恒大高新2022年7月27日收盤時的K線走勢圖，可以看出，該股主力機構從2022年7月11日拉出一個大陽

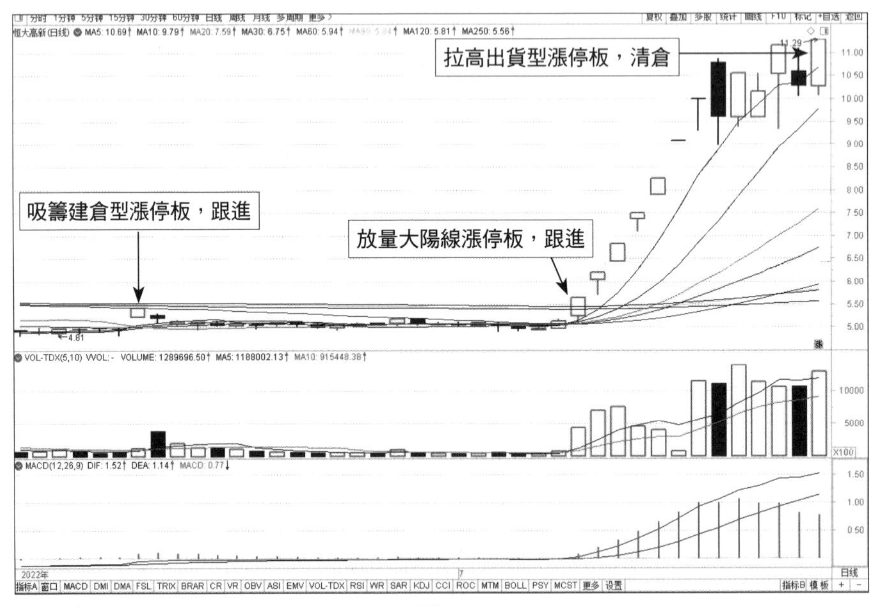

▲ 圖1-13

線漲停板開始，正式啟動快速拉升行情。至 7 月 27 日，13 個交易日時間拉出 10 個漲停板，漲幅驚人。

7 月 27 日的漲停板為拉高出貨型漲停板（當然，前期 7 月 19 日、21 日和 25 日的漲停板，都可以認定為拉高出貨型漲停板），當日成交量較前一交易日明顯放大，股價遠離 30 日均線，下跌行情即將展開。

圖 1-14 是 002591 恒大高新 2022 年 7 月 27 日收盤時的分時走勢圖，可以看出早盤該股開平，股價回落。主力機構出了部分貨，然後採取對敲的手法，配合場外資金快速向上推升股價。9:48 用兩筆大買單封漲停板，隨後利用漲停價位撤換單、反覆打開、封回等

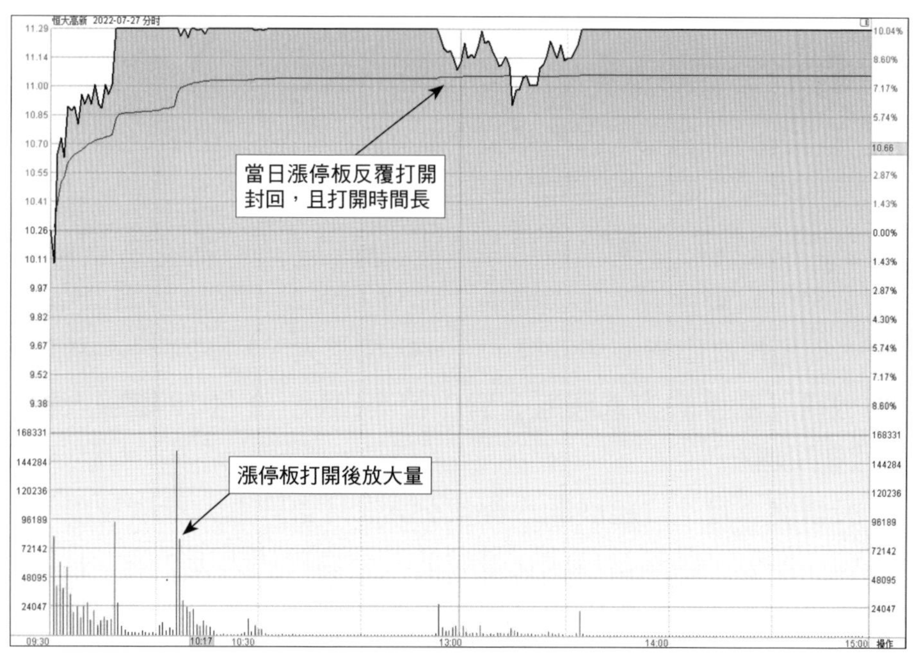

▲ 圖 1-14

操盤手法展開出貨。

當日漲停板打開封回、再打開再封回，反覆多次。打開時間長，主力機構出貨量大，雖然當日仍以漲停報收，但盤面弱市特徵已經非常明顯。投資人當日手中如果還有籌碼沒有出完，次日一定要逢高清倉。

拉高出貨型漲停板，除了經常出現在個股走勢的高位或相對高位，還會出現在下跌反彈的過程中。由於主力機構持有的籌碼數量大，致使其出貨難度也大，如遇大勢不好或操盤失誤等情況，可能導致大量籌碼在高位無法出貨。主力機構大多會經由下跌反彈過程中拉漲停板的方式，營造強勢反彈氛圍、吸引人氣，悄悄出貨。對於這種下跌反彈過程中的漲停板，除非市場高手，一般投資人最好別碰。

圖 1-15 是 603029 天鵝股份 2022 年 3 月 4 日收盤時的 K 線走勢圖，可以看出，該股主力機構從 2022 年 2 月 14 日拉出一個大陽線漲停板開始，正式啟動快速拉升行情。

至 2 月 23 日，8 個交易日的時間，拉出了 7 個漲停板（其實從分時走勢和成交量看，主力機構 2 月 18 日、21 日和 23 日拉出的漲停板，都是拉高出貨型漲停板），漲幅相當大。2 月 24 日、25 日，主力機構以跌停的方式開盤，盤中拉高出貨，2 月 28 繼續大幅開低，跌停收盤。

股價從 3 月 1 日起展開小幅反彈，3 月 4 日主力機構拉出一個大陽線漲停板，雖然當日成交量較前一交易日放大近 2 倍，且中長期均線呈多頭排列。但從該股前期漲幅和 K 線走勢來看，當日的漲停板，只能認定為下跌反彈過程中的拉高出貨型漲停板。

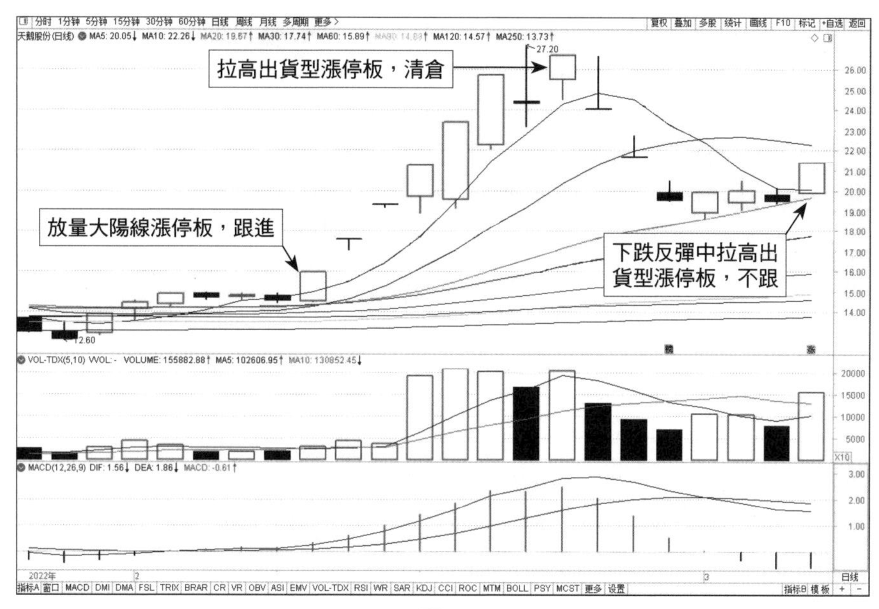

▲圖 1-15

圖 1-16 是 603029 天鵝股份 2022 年 3 月 4 日收盤時的分時走勢圖。可以看出，該股早盤開高、股價上衝，然後展開橫盤震盪盤整。10:12 股價分 2 個波次上衝封漲停板瞬間打開，10:13 股價再次上衝封漲停板，又瞬間打開。

當日漲停板打開封回、再打開再封回，反覆多次。打開時間長，成交量放大，應該是主力機構利用盤中拉高和漲停，逐步賣出前期沒有出完的籌碼。雖然當日該股仍以漲停報收，但盤面弱市特徵明顯。投資人如果在前期逢反彈跟進買入籌碼，一定要在當日或次日逢高清倉。

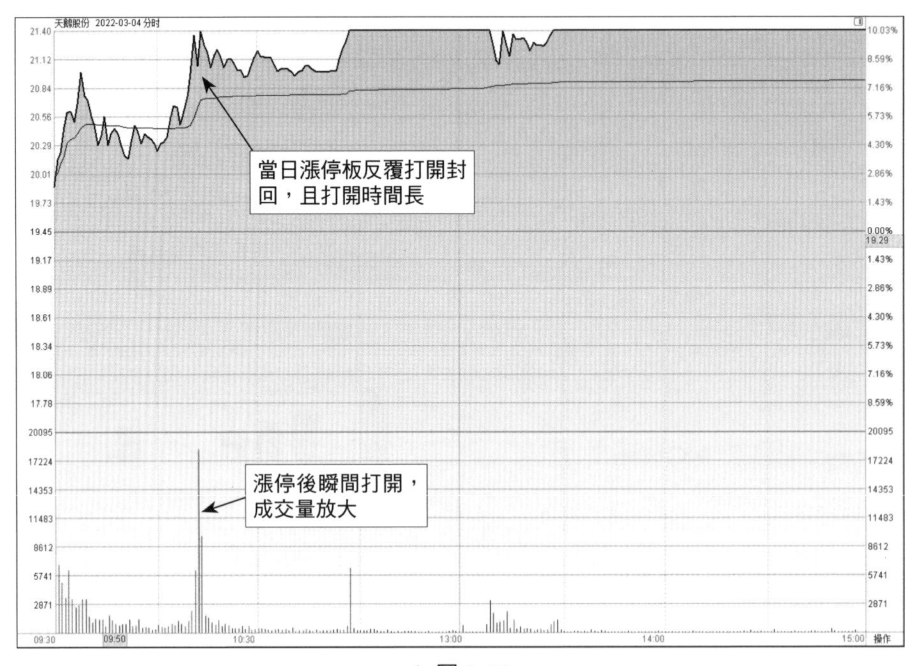

▲ 圖 1-16

3大類型漲停板

- 依據漲停後的K線均線型態、成交量、漲停時間等因素，可以對漲停板做各種分類。本書依據漲停板出現在個股走勢中的不同位置，來進行分類。
- 漲停板出現在個股走勢中的不同位置或不同階段，展現出主力機構的不同操盤目的和意圖，其漲停性質截然不同。
- 一般情況下，漲停板分為3大類型：吸籌建倉型漲停板、洗盤補倉型漲停板和拉高出貨型漲停板。

【實戰範例】

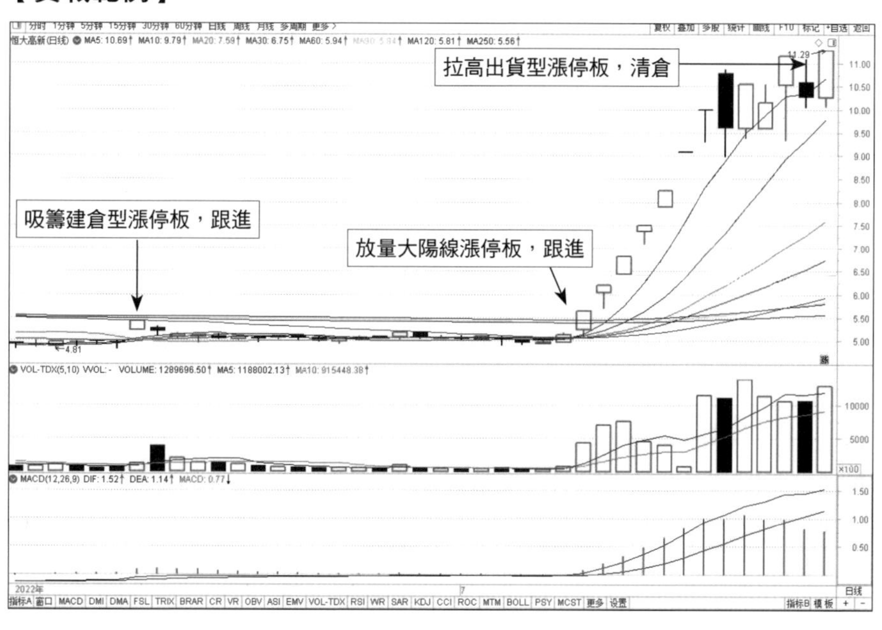

第 2 章

開盤收盤量最大，如何操作買低賣高的秘訣是……

從漲停持續時間上分析，可以把漲停板分為不開板的漲停板和開板的漲停板兩種情況。不開板的漲停板，又可以分為無量（縮量）封死型漲停板、放量封死型漲停板。開板的漲停板，也可以分為瞬間打開的漲停板、長時間打開的漲停板。

或者分為低位（底部）打開的漲停板、高位（相對）高位打開的漲停板，亦或者分為吸籌建倉、洗盤補倉、拉高出貨打開的漲停板等。

從以上的分析來看，實戰操盤中掌握好漲停板封板及開板時間，對於進場（搶板）買入籌碼、降低市場風險、贏得獲利時機，具有重要的實戰意義。

2-1

漲停時間不同，後期走勢也大不同

在封板後不開板的情況下，封板時間早的漲停板比封板時間晚的漲停板強勢，後市繼續漲停或上漲的機率大，值得投資人進場（搶板）買入。

2-1-1　開盤 10 分鐘內鎖死的漲停板，買進！

即 9:40 之前漲停的個股，包括一字漲停板個股。開盤即封漲停或開盤 10 分鐘內就封漲停，直至收盤沒開板（換手率越小越好），是一種值得投資人追漲的特別強勢漲停板。

主力機構能夠在開盤後 10 分鐘內封漲停且全天封板，表示主力機構資金實力雄厚、籌碼集中度高、控盤到位，是一種提前運作、有預謀有計劃的操盤行為，做多願望強烈，後市連續漲停機率大。若個股走勢處於上升趨勢，投資人可以在當日搶板，或利用漲停板短暫打開的時機，搶板買進。

圖 2-1 是 002514 寶馨科技 2022 年 6 月 27 日收盤時的 K 線走勢

圖，可以看出，此時個股處於上升趨勢。股價從前期相對高位，即2019年4月18日的最高價8.14元，一路震盪下跌，至2021年2月4日的最低價3.20元止跌，下跌時間長、跌幅大。接著主力機構展開大幅震盪盤升（挖坑）洗盤吸籌行情，高賣低買與洗盤吸籌並舉。震盪盤升其間，主力機構拉出過11個漲停板，均可認定為吸籌建倉型漲停板。

6月27日主力機構漲停開盤，至收盤漲停板沒打開，拉出一個一字漲停板。突破前高，在前一交易日留下向上突破缺口的基礎上，再次留下向上突破缺口，成交量較前一交易日極度萎縮（地量），形成一字漲停K線型態。此時，短中長期均線呈多頭排列，MACD、KDJ等技術指標走強，股價的強勢特徵非常明顯，後市持

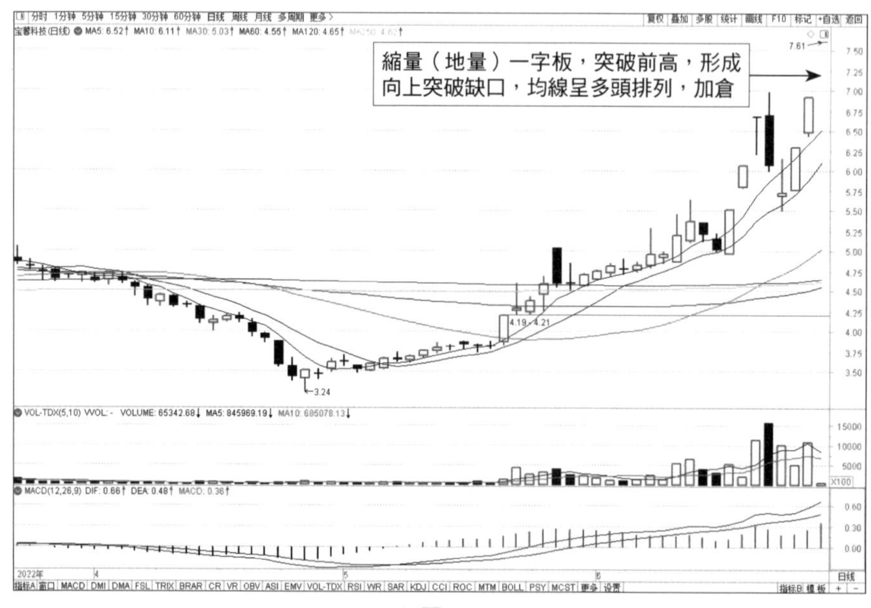

▲圖 2-1

續上漲的機率大，投資人可以在當日買進或次日尋機加碼。

圖 2-2 是 002514 寶馨科技 2022 年 6 月 28 日開盤後至 9:32 的分時圖，這是該個股 6 月 27 日收出一字漲停板之次日開盤後 2 分多鐘的分時圖。由於前一交易日是一字漲停板，且成交量極度萎縮，投資人想搶板買進籌碼的可能性較小。當日漲停開盤後股價瞬間回落，成交量急速放大。

從盤面來看，左下方為開盤後成交量迅速放大的量柱，右邊是 9:32 前的成交明細。從開盤後的成交明細可以看出，開盤後成交量迅速放大，9:31 封漲停板之前，萬張以上的大賣單成交不少。投資人只要在當天集合競價時，直接以漲停價掛買單排隊，或開盤後迅速掛買單跟進，成交的可能性非常大。

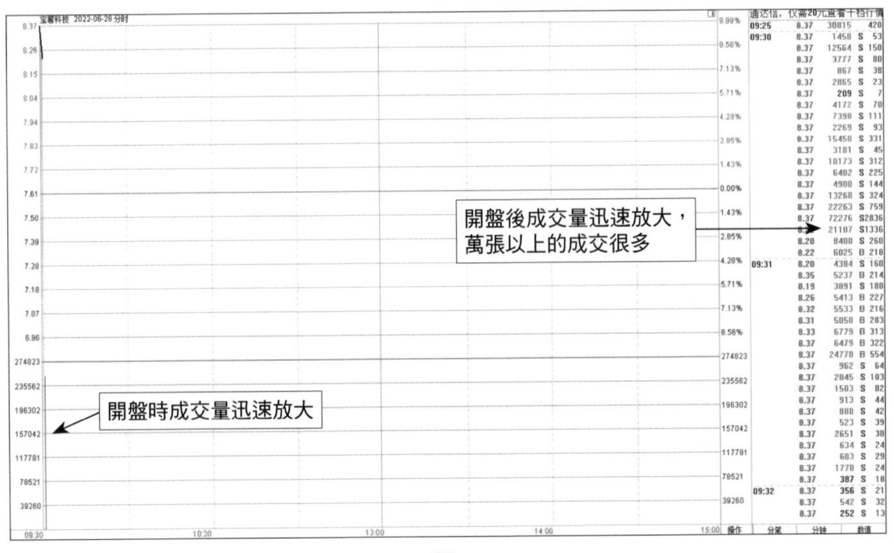

▲ 圖 2-2

2-1-2 開盤 1 小時內鎖死的漲停板，值得追漲

即 9:40 至 10:30 之間漲停的個股，當然，其間越早封漲停板越好。能在 1 小時內封漲停板的個股，也是主力機構提前運作、有預謀有計劃操盤的目標股票。這種個股的主力機構資金實力雄厚、籌碼集中度高、控盤到位，目標長遠，做多願望強烈。後市繼續漲停的機率大，是值得投資人追漲的強勢漲停板。

這類漲停個股一般都是當日的大幅開高個股，且此前已經拉出過漲停板（不止一個漲停板），當日的漲停板可以是小陽線漲停板，也可以是大陽線漲停板。若目標股票處於上升趨勢，投資人可以在當日搶板，或在次日擇機買進。

圖 2-3 是 000863 三湘印象 2022 年 11 月 11 日收盤時的 K 線走勢圖，可以看出此時個股處於上升趨勢。股價從前期相對高位一路震盪下跌，下跌時間長、跌幅大。然後主力機構展開大幅震盪盤升（挖坑）洗盤吸籌行情，高賣低買與洗盤吸籌並舉。震盪盤升其間，主力機構拉出過 17 個漲停板，多數為吸籌建倉型漲停板。

11 月 11 日，主力機構在前一交易日拉出一個大陽線漲停板的基礎上，跳空開高，再次拉出一個大陽線漲停板。突破前高，留下向上突破缺口，成交量較前一交易日萎縮，形成大陽線漲停 K 線型態。此時短中長期均線呈多頭排列，MACD、KDJ 等技術指標走強，股價的強勢特徵特別明顯，後市股價持續快速上漲的機率大，投資人可以在當日開盤後擇機加碼。

圖 2-4 是 000863 三湘印象 2022 年 11 月 11 日開盤後至 9:42 的分時圖，是該股當日開盤後 11 分多鐘的分時圖。由於前一交易日

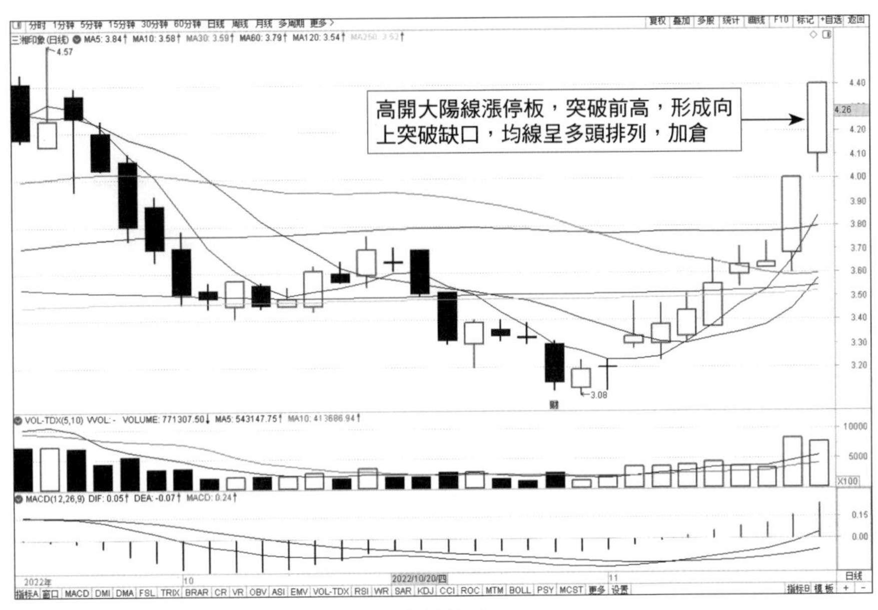

▲ 圖 2-3

拉出一個放量大陽線漲停板，各項技術指標非常強勢，投資人可以在當日集合競價時，做好搶板買進的準備。

分時圖中可以看出，當日主力機構向上跳空 2.5% 開盤，股價分 3 個波次快速衝高，於 9:41 封漲停板。從盤面上來看，開盤後成交量急速放大，左下方放大的成交量柱已經展現。

從右邊的成交明細也可以看出，9:41 漲停後，萬張以上的大賣單成交不少，即使投資人在即將漲停的瞬間搶板買進，成交的可能性也非常大。

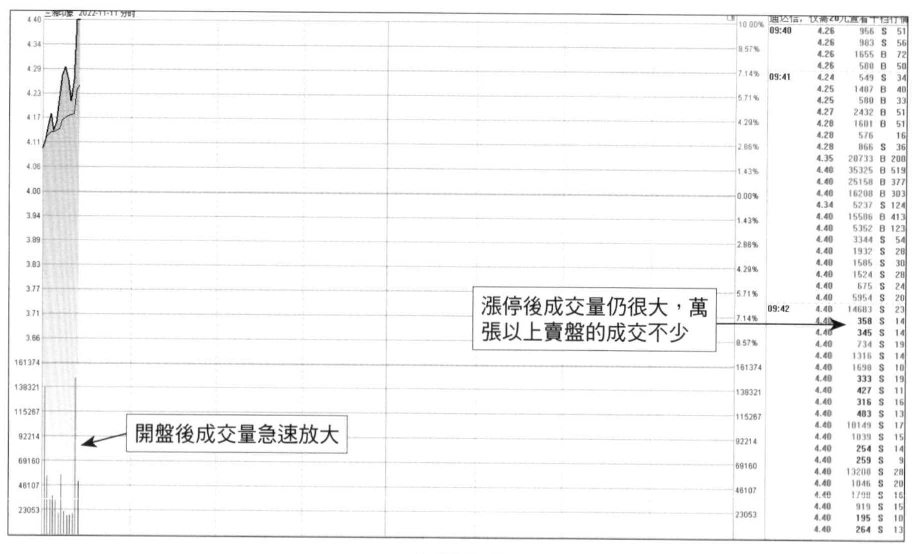

▲ 圖 2-4

2-1-3　開盤 1 小時後鎖死的漲停板，可高度關注

即 10:40 分至 11:30 分之間封死漲停板的個股。雖然此時段封死漲停板的個股，從時間上來看比 10:30 之前封漲停板的個股弱一些，但仍屬於早盤封死漲停者。如果早盤跳空開高幅度較大，且在此時段內較早封漲停板，是值得投資人積極參與的目標股票。

這類個股仍是主力機構提前運作、有計劃實施其操盤意圖的目標股票。該類個股此前已拉出過漲停板（甚至不止一個漲停板），主力機構籌碼集中度高、控盤到位，做多願望強烈，後市繼續漲停的機率大。若目標股票處於上升趨勢，投資人可以在當日搶板，或在次日擇機買進籌碼。

圖 2-5 是 000721 西安飲食 2022 年 11 月 04 日收盤時的 K 線走

勢圖，可以看出此時個股處於上升趨勢。股價從前期相對高位一路震盪下跌，下跌時間長、跌幅大。然後主力機構展開大幅震盪盤升（挖坑）洗盤吸籌行情，高賣低買與洗盤吸籌並舉。震盪盤升其間，主力機構拉出過 12 個漲停板，多數為吸籌建倉型漲停板。

11 月 4 日，主力機構在前一交易日拉出一個大陽線漲停板的基礎上，跳空開高，再次拉出一個大陽線漲停板，突破前高，成交量較前一交易日明顯放大，形成大陽線漲停 K 線型態。此時，短中長期均線呈多頭排列，MACD、KDJ 等技術指標走強，股價的強勢特徵特別明顯，後市持續快速上漲的機率大，投資人可以在當日開盤後擇機逢低加碼。

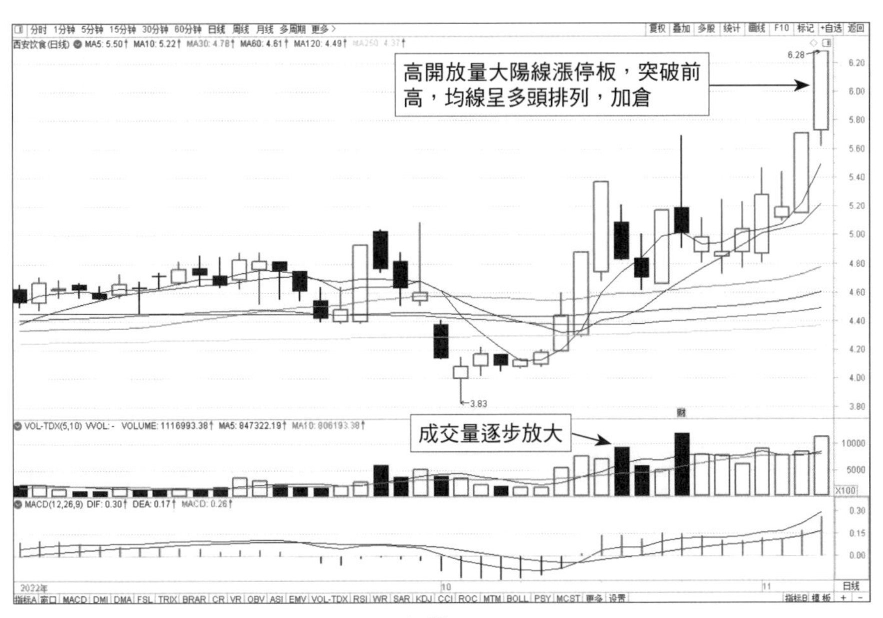

▲ 圖 2-5

圖 2-6 是 000721 西安飲食 2022 年 11 月 4 日開盤後至 10:35 的分時圖。由於該股前一交易日拉出一個放量大陽線漲停板，股價處於上升趨勢中，且各項技術指標非常強勢，投資人可以在當日集合競價時做好進場準備。

從分時圖可以看出，當日主力機構開高，股價快速衝高後很快回落，展開短暫震盪洗盤，然後再次衝高展開高位震盪洗盤。10:11 漲停後瞬間打開，10:13 封漲停板，此時投資人可以考慮進場搶板，也可以在開盤後擇機跟進。10:33 漲停板再次被大賣單打開，成交量急速放大，10:34 封回漲停板至收盤。

從盤面上來看，10:13 漲停後搶板買進的投資人，在 10:33 漲停板再次被大賣單打開後，基本上都能成交。從盤面右邊的成交明細來看，10:34 再次封漲停板後，千張以上的大賣單成交也不少，

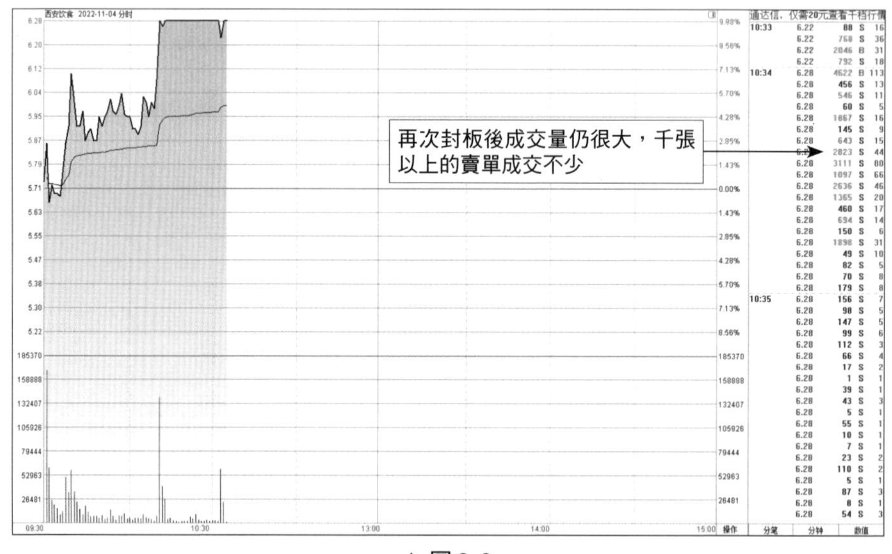

▲ 圖 2-6

即使在 10:34 分漲停的瞬間搶板買進，成交的可能性也非常高。

2-1-4　收盤前才鎖死的漲停板，要謹慎操作

即下午 13:00 至 15:00 收盤前漲停的個股，這類午盤之後主力機構封漲停板的股票，多數是受突發利多消息刺激，突然大漲而引發的漲停。

當然，主力機構的操盤手法和風格不同，其目的和意圖，投資人是很難猜透的。很多時候，主力機構操盤手往往會利用投資人的慣性思維，而採取逆向的思路和手法。

所以對於下午漲停的個股，我們要仔細分析。只要下午封漲停的個股，其走勢是處於上升趨勢之中（處於初中期上漲之中最好），且其他技術指標強勢（尤其是該個股此前已經拉過漲停板），投資人完全可以在該股下午漲停時搶板買進，或在次日擇機跟進買入籌碼，注意盯盤追蹤。但對於股價處於高位，主力機構在尾盤拉出漲停板的個股，投資人要謹慎看待，且最好別碰。

圖 2-7 是 600536 中國軟件 2022 年 10 月 12 日收盤時的 K 線走勢圖，可以看出，此時個股處於上升趨勢。股價從前期高位一路震盪下跌，下跌時間長、跌幅大。然後主力機構展開大幅震盪盤升（挖坑）洗盤吸籌行情，高賣低買與洗盤吸籌並舉。震盪盤升其間，主力機構拉出過 8 個漲停板，多數為吸籌建倉型漲停板。

10 月 12 日主力機構開低，拉出一個大陽線漲停板，突破前高，成交量較前一交易日放大近2倍，形成大陽線漲停 K 線型態。此時，均線呈多頭排列（除 250 日均線外），MACD、KDJ 等技術

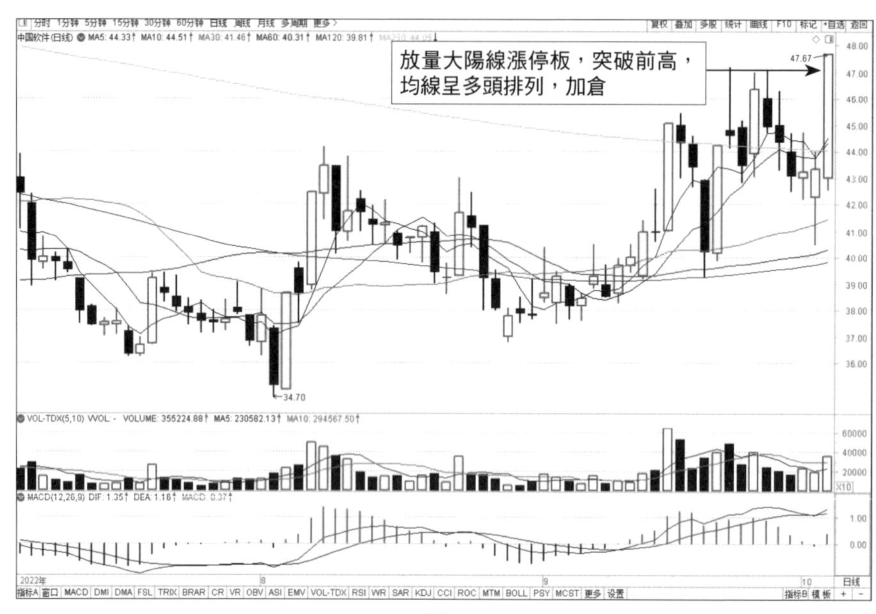

▲ 圖 2-7

指標走強，股價的強勢特徵非常明顯，後市快速上漲的機率大，投資人可以在當日漲停時買進或次日擇機跟進。

圖 2-8 是 600536 中國軟件 2022 年 10 月 12 日 14:49 的分時圖，可以看出早盤略微開低後，股價展開短暫震盪洗盤，然後展開震盪盤升，成交量逐步放大。10:27 股價衝高回落，展開高位橫盤震盪整理洗盤，成交量呈萎縮狀態。

13:30 左右股價再次震盪走高，成交量同步放大，13:48 封漲停板，至收盤漲停板沒有打開。從盤面上來看，從早盤開盤後分時價格線，一直依托分時均價線上行（震盪走高），直到漲停，股價都沒有跌（刺）破分時均價線。雖然是下午封的漲停板，但封板結構較好，強勢特徵明顯，做多氛圍濃厚。

在股價第二波震盪走高時，投資人就可以結合 K 線、均線走勢等其他技術指標，快速分析判斷後，確定是否進場買進籌碼（也可以在開盤後擇機跟進）。從盤面右邊的成交明細來看，13:48 封漲停板後，賣單成交量仍較大，投資人若在即將漲停的瞬間搶板買進，成交的可能性也非常大。

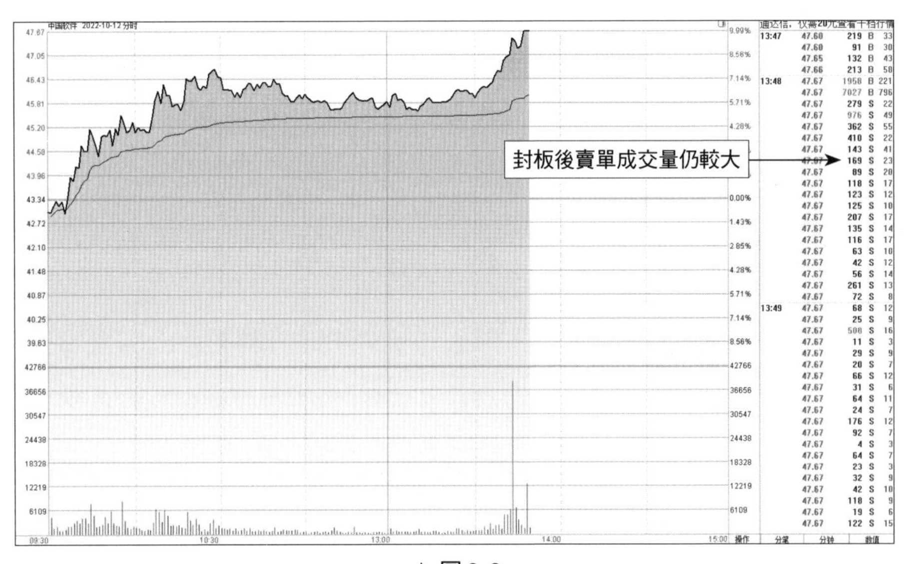

▲ 圖 2-8

重點整理

了解主力法人的買進 1

- 封板後不開板的情況下，封板時間早的漲停板比封板時間晚的漲停板強勢，後市繼續漲停或上漲的機率大，值得投資人進場買入。
- 開盤即封停或開盤 10 分鐘內就封停的個股，直至收盤沒開板，是值得投資人追漲的特別強勢漲停板。
- 能在 1 小時內封上漲停板的個股，也是主力機構計劃性操盤的目標股票。若處於上升趨勢，投資人可在當日搶板，或次日擇機買進。

【實戰範例】

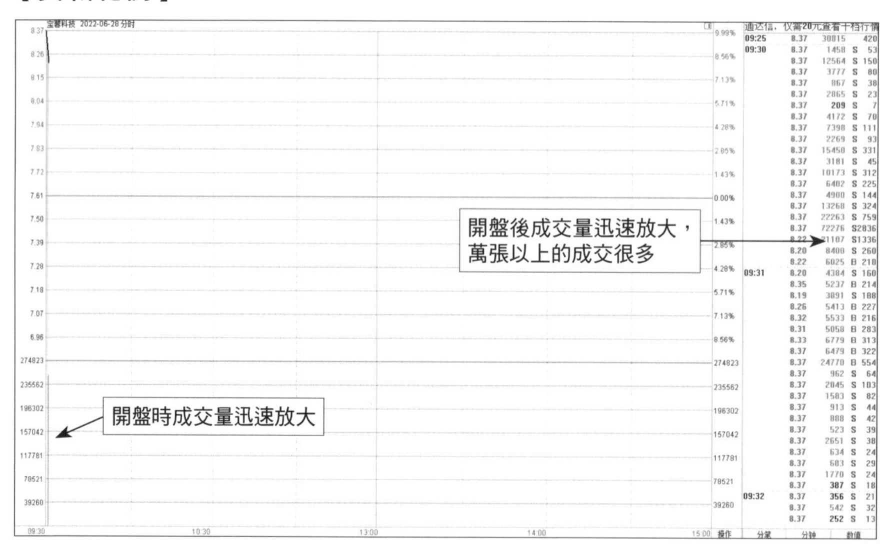

2-2

漲停後爆大量鎖不死，你該這樣操作！

個股漲停後被打開的情況比較複雜，比如政策面、基本面、消息面、大盤下跌走弱以及股價即將見頂等情況，都可能導致漲停個股被打開。

實戰操盤中，我們要辯證分析、區別對待各類漲停個股被打開的情況。以下主要依據漲停個股在 K 線走勢中所處位置，以及成交量等情況，來分析漲停個股被打開的後市走向及跟進時機。

2-2-1　低位（底部）打開再鎖死，是主力誘空行為

一般情況下，個股經過較長時間、較大幅度的下跌（或主力機構打壓洗盤）之後，主力機構開始逐步吸籌建倉。達到一定倉位後，為避免低位籌碼被其他投資人搶奪，同時實現儘快建倉的操盤意圖，就會利用拉漲停板的方式來拉高股價建倉。

漲停板封板期間，主力機構會有意打開漲停板，展開殺跌行情，誘騙其他投資人賣出手中籌碼，此時成交量並不是特別大。

這是主力機構拉高股價吸籌建倉的慣用伎倆，也是一種典型的誘空行為。像這種低位（或底部）區域出現的打開再封回的漲停板，投資人如果已經進場應持股待漲，甚至可以趁漲停板打開之際加碼。之前沒有進場買進籌碼的投資人，可以趁漲停板打開時，快速跟進加倉買入籌碼，待股價出現明顯整理訊號時賣出。

圖 2-9 是 603530 神馬電力 2022 年 6 月 20 日收盤時的 K 線走勢圖，可以看出此時個股處於上升趨勢。股價從前期高位一路震盪下跌，至 2022 年 4 月 27 日的最低價 8.83 元止跌，下跌時間長、跌幅大。然後主力機構開始向上推升股價，收集籌碼，K 線走勢呈紅多綠少態勢。

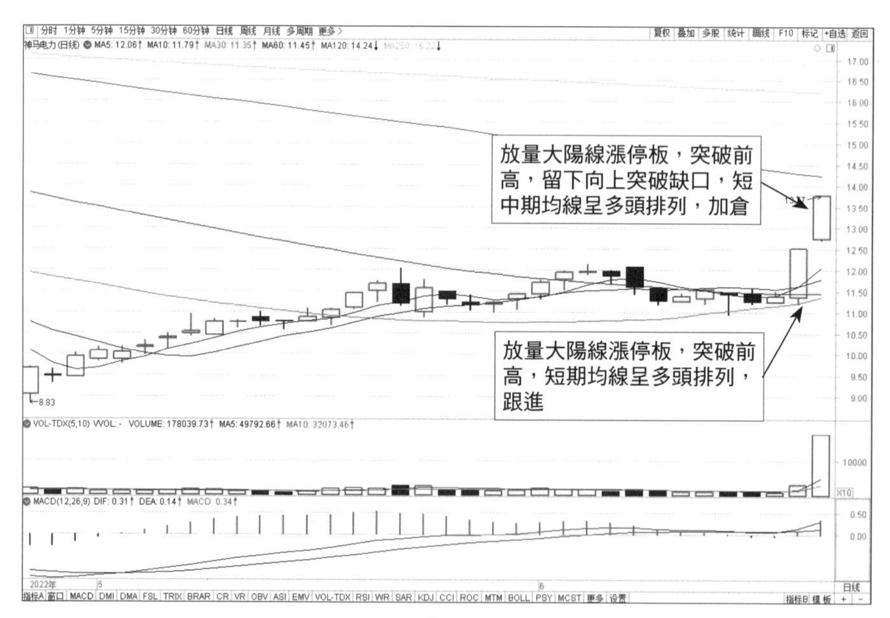

▲ 圖 2-9

6 月 17 日該股開低，收出一個大陽線漲停板，突破前高，成交量較前一交易日放大 3 倍多，形成大陽線漲停 K 線型態。此時短期均線呈多頭排列，MACD、KDJ 等技術指標開始走強，股價的強勢特徵已經顯現，後市上漲的機率大，投資人可以在當日搶板或次日擇機加碼。

6 月 20 日該股跳空開高，再次拉出一個大陽線漲停板（當日漲停板打開時間長），突破前高，留下向上突破缺口，成交量較前一交易日放大 5 倍多，形成向上突破缺口和大陽線漲停 K 線型態。此時短中期均線呈多頭排列，MACD、KDJ 等技術指標走強，股價的強勢特徵已經相當明顯，後市持續快速上漲的機率大，投資人可以在當日或次日進場加碼。

圖 2-10 是 603530 神馬電力 2022 年 6 月 20 日收盤時的分時走勢圖，可以看出該股早盤開高，股價急速衝高（成交量逐步放大），然後展開短暫震盪盤升。

9:43 股價再次快速衝高，於 9:47 漲停瞬間被打開，然後震盪回落，展開高位橫盤小幅強勢整理，成交量呈萎縮狀態。13:58 股價再次衝高成交量同步放大，13:52 封漲停板。14:17 漲停板又一次被打開，但此時成交更加萎縮，14:20 封回漲停板（成交量也不是特別大）至收盤。

從當日分時盤面可以看出，早盤開盤後股價衝高、成交量放大，尤其是衝高封板時成交量急速放大，這是主力機構急速拉高（封板）時放的量。展開高位橫盤小幅整理時，成交量持續萎縮，此萎縮的量是投資人賣出籌碼的量。

14:17 漲停板又一次被打開而成交量稀少，以及 14:20 封回漲

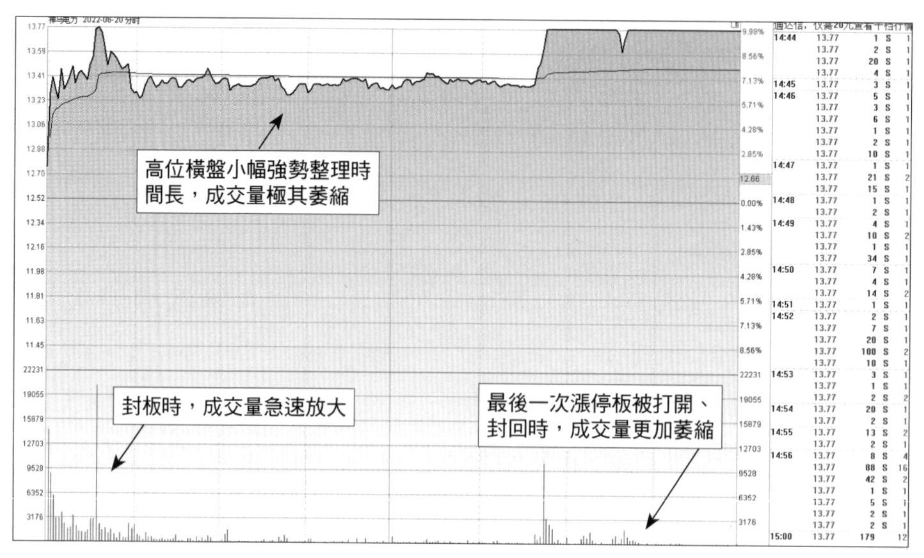

▲圖2-10

停板時成交量也不大，那是因為主力機構已經高度控盤。所以，主力機構故意當日兩次打開漲停板，且長時間高位橫盤小幅整理。操盤目的是誘騙投資人賣出手中籌碼，這是主力拉高股價進一步洗盤吸籌建倉的慣用伎倆，是一種典型的誘空行為。

像這種低位區域漲停板的打開封回，投資人可將其看作是主力機構的最後一次洗盤。如果此前已經進場，應該持股待漲，也可以趁漲停板打開之際，再次加碼。之前沒有進場買進籌碼的投資人，可以趁漲停板打開或橫盤強勢整理時逢低買進，待股價出現明顯見頂訊號時再賣出。

2-2-2　橫盤震盪後打開再鎖死，可逢低加碼

一般情況下，股價經過初期上漲之後，主力機構會展開回檔洗盤或橫盤震盪洗盤，清洗獲利盤和前期套牢盤，拉高新進場投資人的入場成本，同時增補部分倉位，為後市拉升做準備。若大勢看好，主力機構感到洗盤不到位或不徹底，一般會經由拉漲停板且打開漲停板的方式洗盤吸籌，達到加速整理洗盤、增補部分倉位的目的。

實戰操盤中，對於這種中繼回檔洗盤或橫盤震盪洗盤之後打開再封回的漲停板，投資人要結合 K 線走勢（主要看是否回檔確認）、當日盤面分時走勢（主要看成交量是否有效放大），整體分析後及時抓住漲停板打開的時機，快速進場。

圖 2-11 是 000716 黑芝麻 2022 年 8 月 25 日收盤時的 K 線走勢圖，可以看出，此時個股處於上升趨勢。股價從前期相對高位一路震盪下跌，至 2022 年 4 月 28 日的最低價 2.83 元止跌，下跌時間長、跌幅大。

2022 年 4 月 28 日股價止跌後，主力機構開始向上推升股價，收集籌碼，展開初期上漲行情，K 線走勢呈紅多綠少、紅肥綠瘦態勢（從 5 月 31 日起，主力機構連續拉出 4 個漲停板，漲幅較大）。

6 月 7 日該股大幅開低（向下跳空 -5.18% 開盤），股價回落收出一根跌停陰 K 線，成交量較前一交易日明顯放大，主力機構展開初期上漲之後的回檔洗盤吸籌行情。此時投資人可以在當日先賣出手中籌碼，待股價回檔洗盤到位後再接回。股價回檔至 30 日均線附近時，再次展開橫盤震盪整理洗盤吸籌（補倉）行情，均線系

統由多頭排列逐漸走平、然後逐漸纏繞交叉黏合，成交量呈萎縮狀態。

8 月 24 日主力機構開高，收出一個大陽線漲停板，突破前高（震盪整理平台），成交量較前一交易日放大 3 倍多，形成大陽線漲停 K 線型態。此時均線呈多頭排列，MACD、KDJ 等技術指標開始走強，股價的強勢特徵已經顯現，後市上漲的機率大，投資人可以在當日搶板或次日擇機進場加碼。

8 月 25 日該股漲停開盤，收出一個 T 字漲停板（當日漲停板被打開），突破前高，留下向上突破缺口，成交量較前一交易日明顯放大，形成向上突破缺口和 T 字漲停 K 線型態。此時均線呈多頭排列，MACD、KDJ 等技術指標走強，股價的強勢特徵已經非

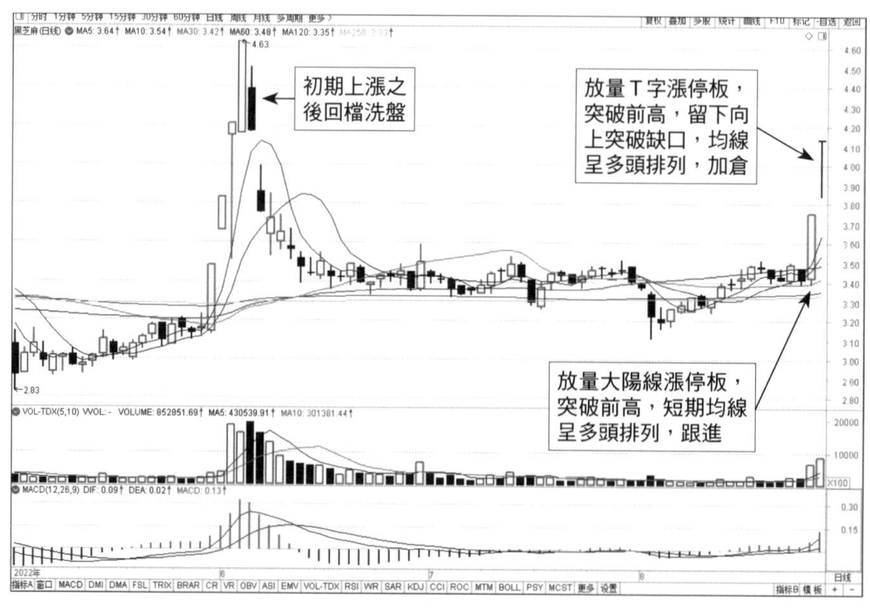

▲ 圖2-11

常明顯，後市持續快速上漲的機率大，投資人可以在當日或次日進場加碼。

圖 2-12 是 000716 黑芝麻 2022 年 8 月 25 日開盤後至 9:41 的分時圖，是該股當日開盤後 11 分鐘的分時圖。由於前一交易日拉出一個放量大陽線漲停板，各項技術指標非常強勢，投資人可以在當日集合競價時做好買進的準備。從圖中可以看出，當日該股漲停開盤後成交量迅速放大。

9:39 漲停板被一筆 14 萬 3 千多張的大賣單打開（這筆 14 萬 3 千多張的大賣單中，有前期獲利盤出逃的賣單，也有主力機構誘騙投資人賣出手中籌碼的殺跌盤）。9:40 一筆 2 萬 8 千多張的買單將股價封回漲停板，之後成交量逐步萎縮，至收盤漲停板沒再打開。

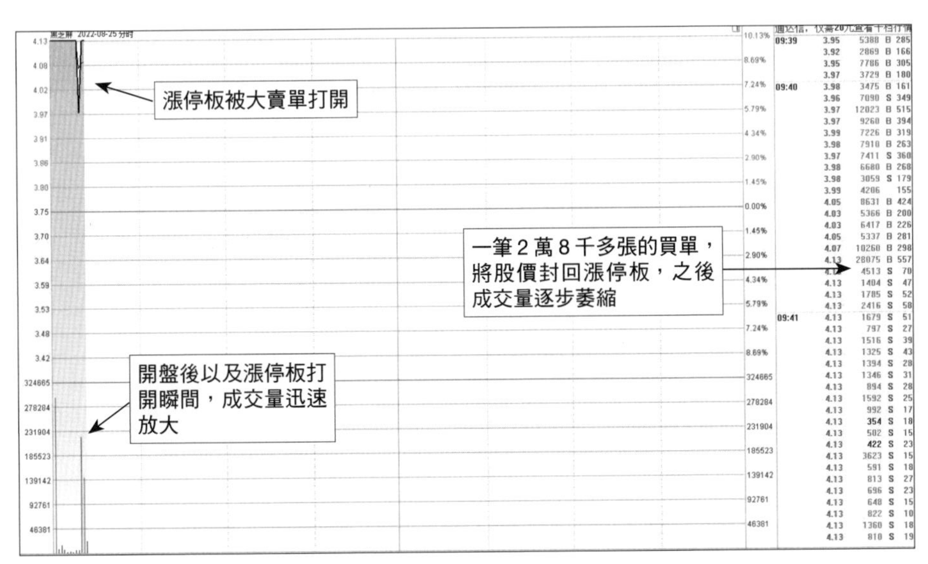

▲ 圖 2-12

從當日分時盤面可以看出，早盤漲停開盤後成交量迅速放大，投資人如果想進場搶板買進，還是有機會。9:39 漲停板被大賣單打開，這是前期獲利盤出逃與主力機構盤中殺跌洗盤吸籌共同作用的結果，也是主力機構操盤計畫之題中應有之義，是一種典型的誘空行為。

像這種初期上漲回檔洗盤（橫盤震盪洗盤）之後打開的漲停板，投資人如果已經進場應持股待漲，可以趁漲停板打開之際再次加碼。之前沒有進場買進籌碼的投資人，可以趁漲停板打開時，逢低加倉買入，待股價出現明顯見頂訊號時賣出。

2-2-3　高位或相對高位打開再鎖死，要逢高賣出

一般情況下，出現在個股走勢的高位或相對高位，主力機構用以拉出利潤空間、吸引跟風盤以便出貨所需的漲停板，是拉高出貨型漲停板。股價上漲至高位或相對高位後，多數主力機構會利用漲停誘多的方式出貨。即採取對敲的操盤手法主動先買入部分籌碼，引起市場關注，吸引其他投資人的眼球、引誘跟風盤，然後在市場買盤的推動下封漲停板。

股價漲停後，主力機構會經由撤換買一位置的買單、小單進大單出、大賣單打開漲停板等操盤手法展開出貨，待市場人氣低落時，主力機構會及時封回漲停板，以便次日高位再出貨。

實戰操盤中，對於這類高位或相對高位即上漲後期打開再封回的漲停板，投資人可以在當日果斷以漲停價賣出手中籌碼，或次日及時逢高賣出手中籌碼。對處於高位或相對高位漲停板打開沒再

封回的個股，後市風險較大，投資人最好在當日及時賣出手中籌碼。

圖 2-13 是 000755 山西路橋 2022 年 7 月 6 日收盤時的 K 線走勢圖，可以看出此時個股處於上升趨勢。股價從前期相對高位一路震盪下跌，下跌時間長、跌幅大。然後主力機構展開大幅震盪盤升（挖坑）洗盤吸籌行情，高賣低買與洗盤吸籌並舉。震盪盤升其間，主力機構拉出過 3 個漲停板，均為吸籌建倉型漲停板。

7 月 6 日該股開高，收出一個大陽線漲停板，突破前高，成交量較前一交易日放大 4 倍多，形成大陽線漲停 K 線型態，且當日大陽線漲停板與 6 月 29 日放量大陽線，形成變異的上升三法 K 線型態。此時均線呈多頭排列（除 120 日均線外），MACD、KDJ 等

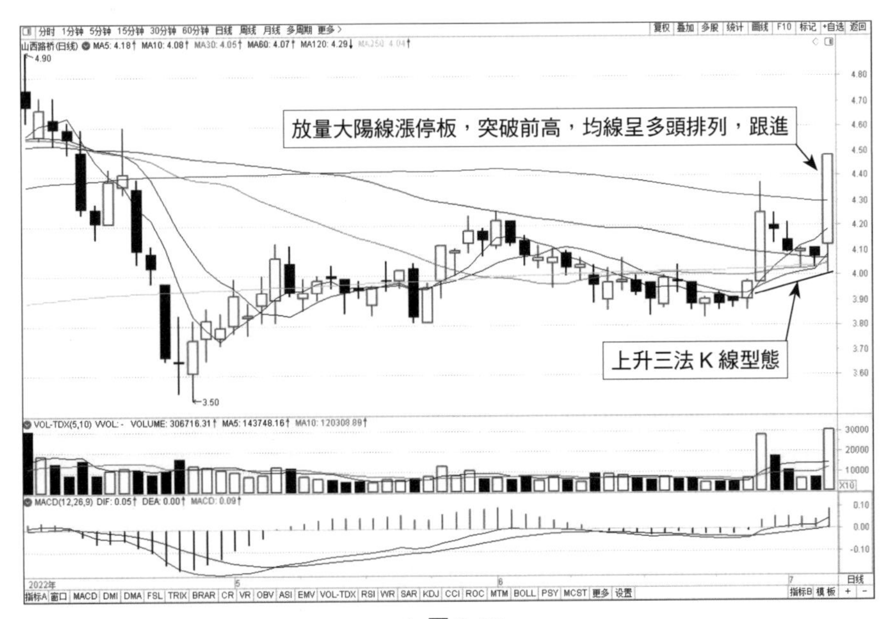

▲ 圖 2-13

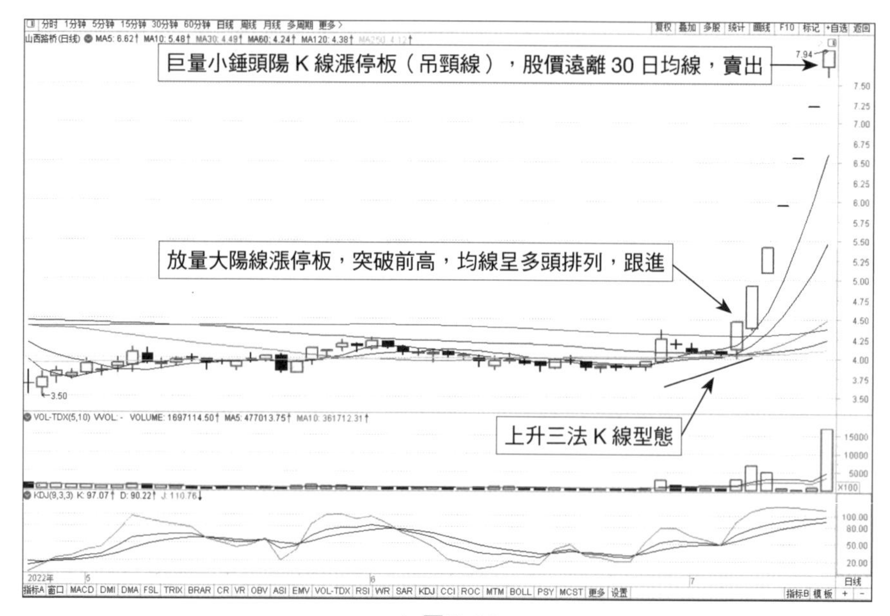

▲ 圖 2-14

技術指標走強，股價的強勢特徵非常明顯，後市快速上漲的機率大。投資人可以在當日股價即將漲停時買進，或次日擇機跟進買入籌碼。

圖 2-14 是 000755 山西路橋 2022 年 7 月 14 日收盤時的 K 線走勢圖，可以看出，7 月 6 日主力機構開高拉出一個放量大陽線漲停板，突破前高，形成大陽線漲停 K 線型態，均線呈多頭排列。加上上升三法 K 線型態，股價的強勢特徵非常明顯，此後主力機構快速向上拉升股價。

從拉升情況來看，從 7 月 7 日起（當日收出一根開低放量大陽線漲停板，正是投資人進場買進籌碼的好時機），主力機構依托 5 日均線，採取盤中洗盤、快速拉高的操盤手法，展開大幅直線拉升行情。至 7 月 14 日，6 個交易日時間共拉出 6 根陽線。其中 3 個一字漲停板、2 個小陽線漲停板、1 個大陽線漲停板，漲幅還是非常大的。

7 月 14 日該股大幅跳空開高（向上跳空 7.06% 開盤），拉出一根小錘頭陽 K 線漲停板（高位或相對高位的錘頭線，又稱上吊線或吊頸線），成交量較前一交易日放大 20 多倍。此時，股價遠離 30 日均線且漲幅大，KDJ 等部分技術指標開始走弱，盤面的弱勢特徵已經顯現。投資人當天如果還有籌碼沒出完，次日應逢高賣出。

圖 2-15 是 000755 山西路橋 2022 年 7 月 14 日收盤時的分時走勢圖，可以看出早盤主力機構大幅開高，股價急速上衝封漲停板，成交量同步急速放大。

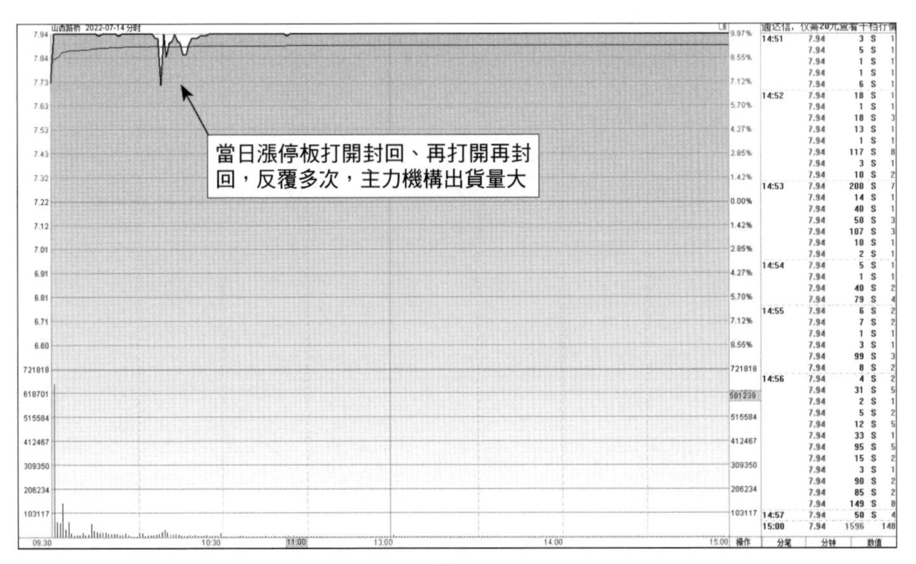

▲ 圖 2-15

從 9:46 開始，主力機構採取撤換漲停價位買單、反覆打開和封回漲停板等操盤手法，引誘跟風盤進場而展開高位出貨。當日漲停板打開封回、再打開再封回，反覆多次，主力機構出貨量大。雖然當日仍以漲停報收，但盤面弱市特徵已經顯現。投資人當天如果還有籌碼沒出完，次日應逢高賣出。

重點整理

了解主力法人的買進 2

- 低位（或底部）區域出現的打開再封回的漲停板，如果已經進場應持股待漲，可以趁漲停板打開之際加碼。
- 中繼回檔洗盤（或橫盤震盪洗盤）之後打開再封回的漲停板，投資人要結合 K 線走勢、當日盤面分時走勢，整體分析後快速進場。
- 高位或相對高位即上漲後期打開再封回的漲停板，投資人可以在當日果斷以漲停價賣出手中籌碼，或次日及時逢高賣出手中籌碼。

【實戰範例】

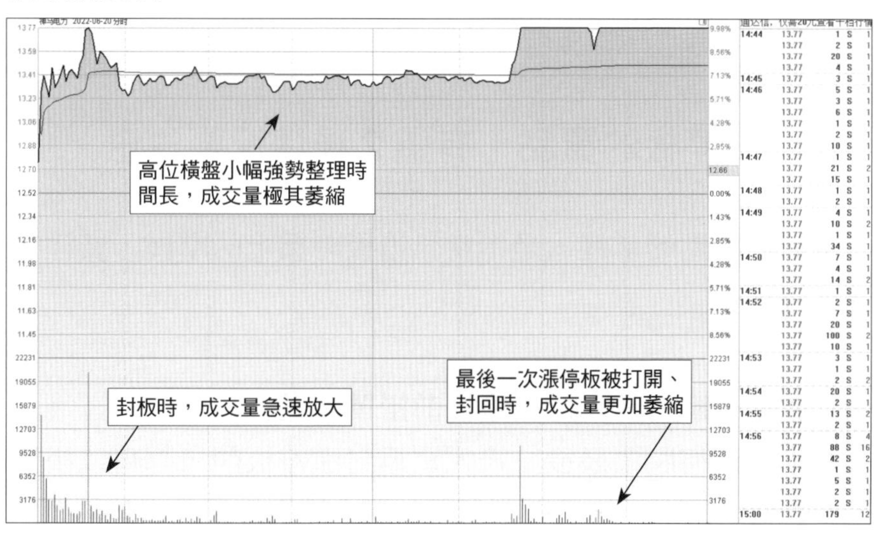

2-3

放量漲停後，你該了解的 7 種情況……

漲停板是主力機構主導、市場資金共同推動而形成的，主力機構行為是關鍵。搶板前，投資人要分析目標股票股價在 K 線走勢中所處的位置、均線走勢、量價關係後，再做出搶板的決策。

2-3-1　漲停板的買點，有這 2 種情況要注意

漲停板買點的掌握，是指當日搶板時機上的掌握，要注意以下追漲時機。

（一）最後一筆大買單封漲停板前掛單買進

並不是任何股票最後一筆大買單封漲停板前，都可以掛買單買進。實戰操盤中，如果目標股票前期處於上升趨勢，且前期已經有過漲停板，盤面強勢特徵明顯，在當日最後一筆大買單即將封漲停板前，投資人可以掛買單跟進。

圖 2-16 是 002193 如意集團 2022 年 12 月 2 收盤時的 K 線走勢

圖，可以看出，此時個股處於上升趨勢。股價從前期相對高位一路震盪下跌，至 2022 年 4 月 27 日的最低價 4.36 元止跌，下跌時間長、跌幅大。之後，主力機構展開震盪盤升（挖坑）洗盤吸籌行情，其間主力機構拉出過 4 個吸籌建倉型漲停板。

12 月 2 日該股開平，收出一個大陽線漲停板，突破前高，成交量較前一交易日放大 3 倍多，形成大陽線漲停 K 線型態。此時均線呈多頭排列（除 250 日均線外），MACD、KDJ 等技術指標走強，盤面的強勢特徵非常明顯，股價次日繼續漲停且快速上漲的機率大。

投資人可以在當日漲停時搶板買進，或次日加碼，即可在最後一筆大買單即將封漲停板前，掛買單跟進。

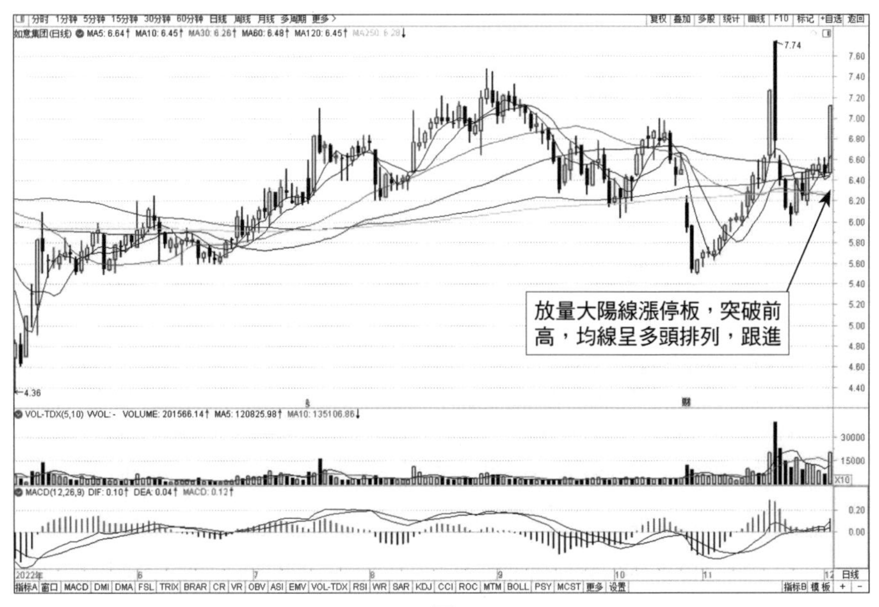

▲ 圖 2-16

圖 2-17 是 002193 如意集團 2022 年 12 月 5 開盤後至 9:40 的分時圖，是該股在前一交易日拉出一個大陽線漲停板之次日的分時圖。從當日該股開盤後 10 分鐘的分時圖來看，當日早盤開高後，股價衝高回落，成交量快速放大，應該是前期獲利盤賣出，股價回落至前一交易日收盤價上方時拐頭上衝，一個波次封漲停板。

從分時盤面右邊的成交明細可以看到，9:39 最後一筆 17286 張的大買單將股價封死在漲停板上。實戰操盤中，投資人可以在最後一筆 17286 張的大買單將股價封死漲停板前，掛買單跟進。也可以在 9:38 倒數第兩筆吃掉 7.80 元賣盤時，快速下單買進。

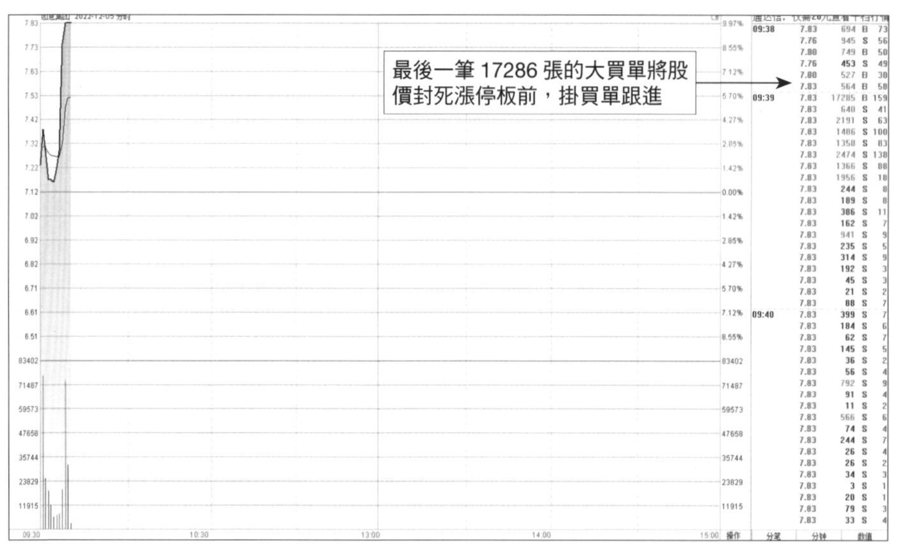

▲ 圖 2-17

（二）漲停板打開時掛單買進

實戰操盤中，並不是任何打開漲停板的股票，都可以在打開時掛單買進。比如高位出貨過程中打開的漲停板、下降通道中打開的漲停板等，是不能在漲停板打開時隨意掛單買進的。而對於前期有過漲停，股價處於低位（或相對低位）、中期整理確認以及拉升初（中）期的漲停板，在漲停板打開時（或打開瞬間），則可以積極進場掛單買進籌碼。

圖 2-18 是 601858 中國科傳 2022 年 11 月 23 日收盤時的 K 線走勢圖，可以看出股價從前期相對高位一路震盪下跌，至 2022 年 4 月 27 日最低價 6.91 元止跌。股價下跌時間長、跌幅大，然後主力機構展開橫盤震盪（挖坑）洗盤吸籌行情，高賣低買與洗盤吸籌並舉。橫盤震盪其間主力機構收出過 1 個大陽線漲停板，為吸籌建倉型漲停板。

2022 年 11 月 22 日該股開低，收出一個大陽線漲停板，突破前高，成交量較前一交易日放大 6 倍多，形成大陽線漲停 K 線型態。此時均線呈多頭排列，MACD、KDJ 等技術指標走強，股價的強勢特徵相當明顯，後市持續快速上漲的機率大。投資人可以在當日搶板，或在次日集合競價時，以漲停價掛買單排隊等候買進。

11 月 23 日主力機構大幅開高（向上跳空 5.38% 開盤），拉出一個小陽線漲停板（從當日分時來看，如果投資人在集合競價時以漲停價掛買單排隊，買進應該沒問題），突破前高，留下向上突破缺口，成交量較前一交易日萎縮，形成向上突破缺口和小陽線漲停 K 線型態。均線呈多頭排列，盤面的強勢特徵特別明顯。投資人可以在次日集合競價時，以漲停價掛買單排隊等候買進，或漲停板打

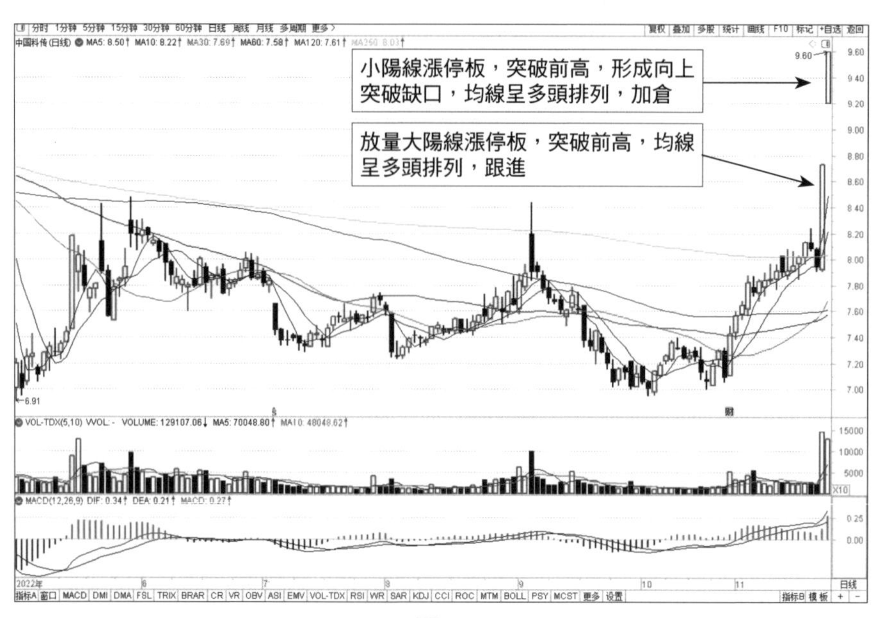

▲圖2-18

開時快速掛單買進。

圖2-19是601858中國科傳2022年11月24日開盤後至9:42的分時圖，是該股在前2個交易日主力機構收出一個大陽線漲停板，和一個小陽線漲停板之次日的分時圖。從當日開盤後的分時圖來看，當日該股漲停開盤後，成交量快速放大，應該是前期獲利盤賣出。當日在集合競價時，以漲停價掛買單排隊等候買進的投資人，應該都能成交。

從分時盤面來看，從10:34開始有千張以上大賣單賣出成交，10:40最後一筆20463張大賣單把漲停板打開，此後成交量持續放大。由於漲停板打開時間太短，買一位置買盤的單量大，所以我們看不到分時價格線砸出的小坑。但從右邊的成交明細可以看到，

10:40 最後一筆成交價格，由漲停價 10.56 元，跌到 10:41 第一筆成交價格 10.45 元。

隨著賣盤的成交，股價最低跌到 10.25 元，在同 1 分鐘內，主力機構封回漲停板。10:42 分有賣盤將漲停板打開，直到 10:43 分主力機構才封死漲停板。實戰操盤中，投資人如果有注意盯盤，只要在 10:40 最後一筆 20463 張大賣單把漲停板打開時，快速下單買進，成交的機率非常大。

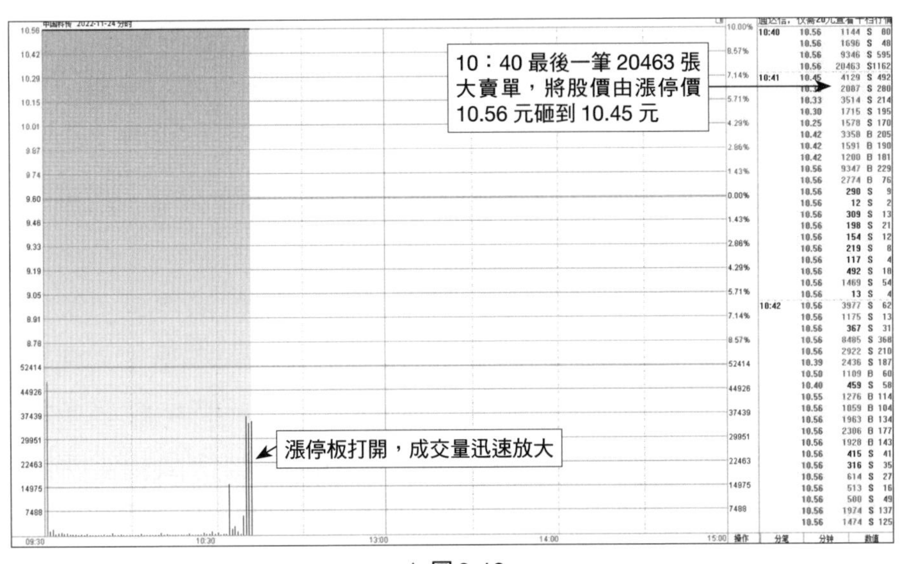

▲ 圖 2-19

2-3-2　分析漲停板後期走勢的 7 種情況

只要投資人跟進的是股價處於低位（或相對低位），或者中期整理確認之後，或者正在拉升初（中）期的漲停板，後市一般都有一波不錯的上漲行情。但如果到受政策面、基本面利空消息衝擊或大盤下跌的影響，目標股票次日的走勢可能有走弱的現象。漲停板之後期的走勢一般有以下七種情況。

（一）次日股價直接漲停開盤

此類直接以強勢漲停開盤的個股，一般來說當日都能拉出縮量一字板，投資人不但不要急於賣出手中籌碼，而且應該在當日搶板，或在下一交易日進場再擇機加碼。

圖 2-20 是 002613 北玻股份 2022 年 3 月 16 日收盤時的 K 線走勢圖，可以看出此時個股處於上升趨勢。股價從前期相對高位大幅震盪下跌，下跌時間較長、跌幅大。此後，主力機構展開大幅震盪盤升（挖坑）洗盤吸籌行情，高賣低買與洗盤吸籌並舉，震盪盤升其間收出過 4 個漲停板，均為吸籌建倉型漲停板。

2022 年 3 月 15 日該股開高，收出一個大陽線漲停板，突破前高，成交量較前一交易日萎縮（一是漲停的原因，二是主力機構高度控盤的原因），形成大陽線漲停 K 線型態。此時均線呈多頭排列，MACD、KDJ 等技術指標走強，股價的強勢特徵相當明顯，後市持續快速上漲的機率大。投資人可以在當日搶板，或在次日集合競價時，視情況以漲停價掛買單排隊等候買進。

3 月 16 日主力機構漲停開盤，拉出一個一字漲停板（當日在集合競價時以漲停價掛買單排隊等候買進的投資人，應該都能成交），突破前高，留下向上突破缺口。成交量較前一交易日大幅萎縮，形成向上突破缺口和一字漲停 K 線型態，盤面的強勢特徵特別明顯，後市再次拉出漲停板的機率非常大。此前買進籌碼的投資人可以持股待漲，也可以在次日集合競價時，視情況以漲停價掛買單排隊等候加倉買進。

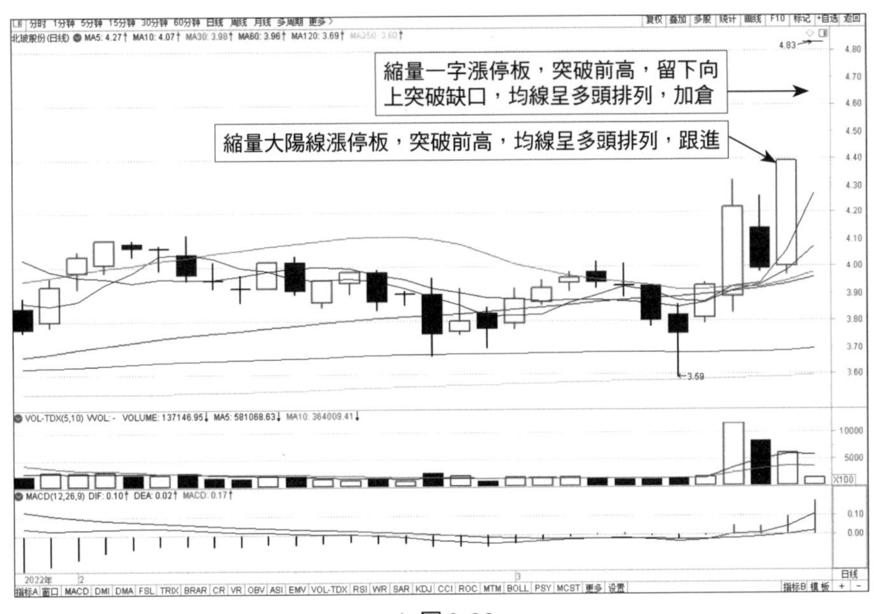

▲ 圖 2-20

圖 2-21 是 002613 北玻股份 2022 年 3 月 17 日收盤時的分時走勢圖，當日早盤主力機構繼續漲停開盤，至收盤漲停板沒打開，再次拉出一個一字漲停板，成交量較前一交易日再度萎縮，後續連續漲停的機率仍很大。投資人可以在次日集合競價時，視情況以漲停價掛買單排隊加碼。

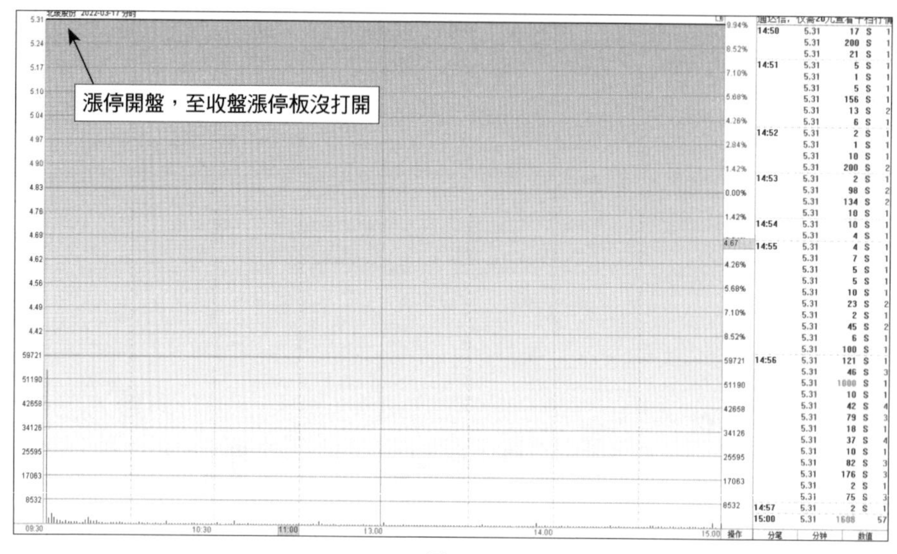

▲ 圖 2-21

（二）次日股價開高走高

此類開高走高的目標股票，當日一般能拉出小陽線或大陽線漲停板。若盤中股價不回檔，或股價回檔但不跌破前一交易日收盤價，盤面會留下向上突破缺口，強勢特徵依舊，投資人可繼續持股，還可以擇機加倉。

圖 2-22 是 000863 三湘印象 2022 年 11 月 10 日收盤時的 K 線走勢圖，可以看出此時個股處於上升趨勢。股價從前期相對高位一路震盪下跌，下跌時間長、跌幅大，然後主力機構展開大幅震盪盤升（挖坑）洗盤吸籌行情，高賣低買與洗盤吸籌並舉。震盪盤升其間，主力機構拉出過 17 個漲停板，多數是吸籌建倉型漲停板。

2022 年 11 月 10 日該股開高，收出一個大陽線漲停板，突破前高，成交量較前一交易日放大 2 倍多，形成大陽線漲停 K 線型態。

此時均線呈多頭排列（除 30 日均線外），MACD、KDJ 等技術指標走強，股價的強勢特徵相當明顯，後市快速上漲的機率大，且次日開高走高的機率也很大。投資人可以在當日搶板，或在次日集合競價時視情況加碼。

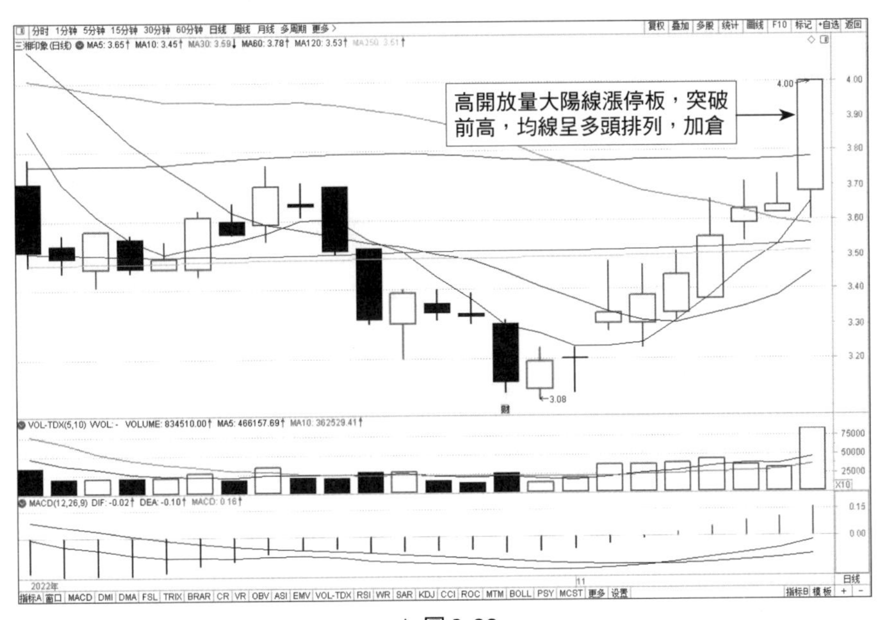

▲圖 2-22

圖 2-23 是 000863 三湘印象 2022 年 11 月 11 日收盤時的分時走勢圖，是主力機構在前一交易日，收出一個大陽線漲停板之次日的分時圖。

從分時盤面來看，當日主力機構向上跳空 2.5% 開盤，然後分 3 個波次快速衝高，成交量同步放大，於 9:41 封漲停板，至收盤漲停板沒打開，K 線走勢上留下向上突破缺口，成交量較前一交易日

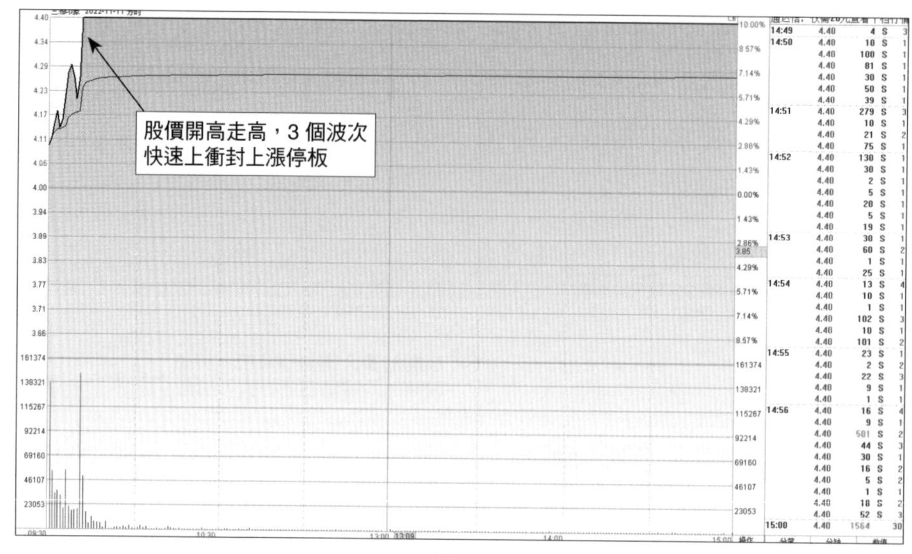

▲ 圖 2-23

萎縮。盤面的強勢特徵十分明顯，投資人可以在次日集合競價時，視情況以漲停價掛買單排隊加碼。

（三）次日股價開高走低

個股這種開盤及走勢，只要非政策面、基本面、消息面利空或大盤下跌原因，應該就是主力機構故意回檔洗盤。如果股價回落（跌破前一交易日收盤價）不是太深就拐頭上行，仍以漲停報收，拉出大陽線漲停板，且當日成交量不是過大，可持股不動並逢低加碼。

圖 2-24 是 000721 西安飲食 2022 年 11 月 3 日收盤時的 K 線走勢圖，可以看出此時個股處於上升趨勢。股價從前期相對高位一路震盪下跌，下跌時間長、跌幅較大。然後主力機構展開大幅震盪盤

升（挖坑）洗盤吸籌行情，高賣低買與洗盤吸籌並舉，震盪盤升其間主力機構拉出過 11 個漲停板，多數為吸籌建倉型漲停板。

11 月 3 日該股開低收出一個大陽線漲停板，突破前高，成交量較前一交易日明顯放大，形成大陽線漲停 K 線型態。此時均線呈多頭排列，MACD、KDJ 等技術指標走強，股價的強勢特徵十分明顯，投資人可以在當日搶板或次日擇機加碼。

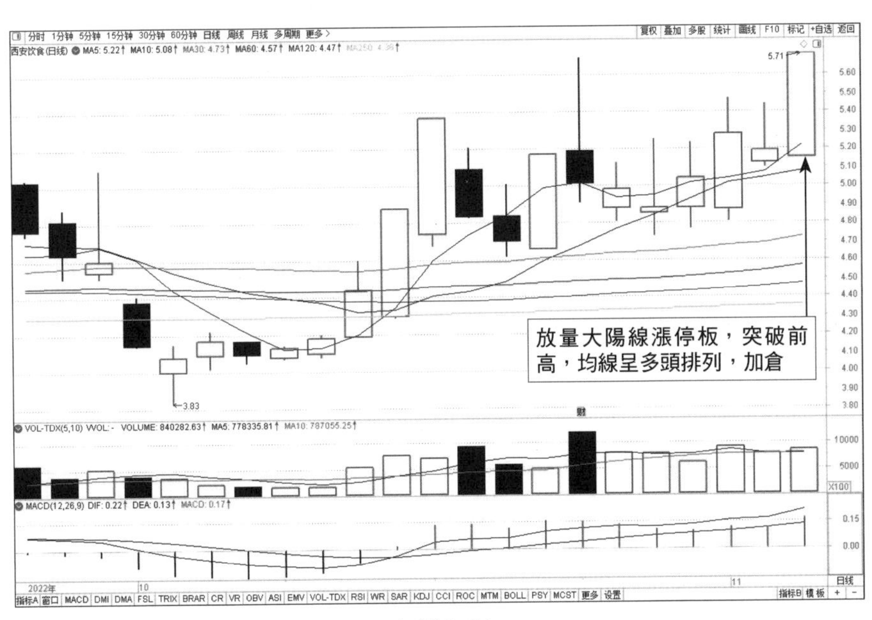

▲ 圖 2-24

圖 2-25 是 000721 西安飲食 2022 年 11 月 4 日收盤時的分時走勢圖，是主力機構在前一交易日收出一個大陽線漲停板之次日的分時圖。從分時盤面來看，當日主力機構向上跳空 0.35% 開盤後，股價快速衝高回落，跌破前一交易日收盤價不深，迅速拐頭向上穿過

前一交易日收盤價，展開短暫整理洗盤，然後再次衝高展開高位震盪洗盤，10:11 封漲停板。

雖然之後漲停板被打開過兩次，但 10:34 最後一次封漲停板至收盤再沒打開。K 線走勢收出一個放量大陽線漲停板，強勢特徵十分明顯，投資人仍可在次日開盤後視情加碼。

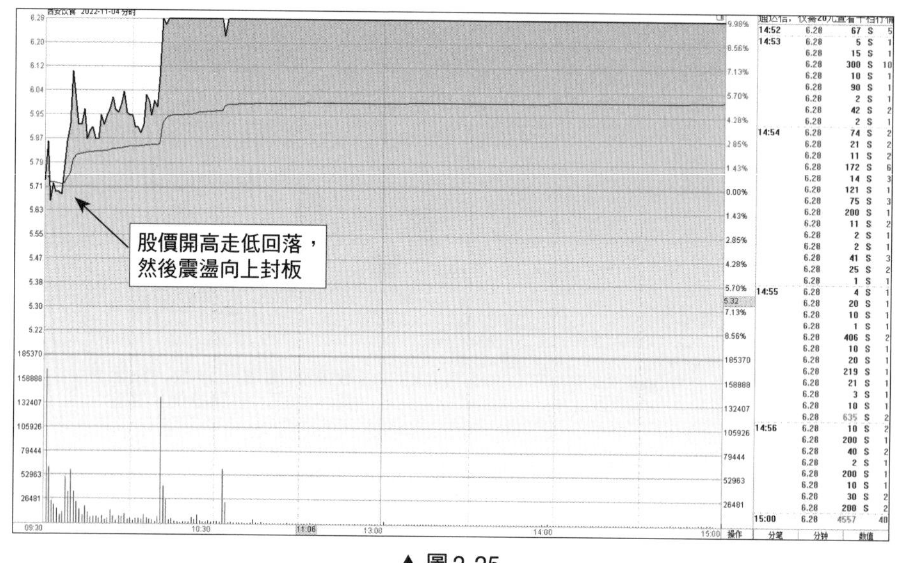

▲ 圖 2-25

（四）次日股價開平走高

此類開平走高的強勢目標股票，當日一般能拉出大陽線漲停板或大陽線。如果拉出大陽線漲停板，且當日成交量不是過大，仍可繼續持股，並且可在當日搶板或次日擇機加碼。但如果收盤收出的是帶上下影線的大陽線，且成交量較前一交易日明顯放大，則可在第 3 日視情況逢高賣出籌碼，以應對主力機構的回檔洗盤。

圖 2-26 是 000573 粵宏遠 A2022 年 9 月 2 日收盤時的 K 線走勢圖，可以看出此時個股處於上升趨勢。股價從前期相對高位一路震盪下跌，下跌時間長、跌幅大，然後主力機構展開大幅震盪盤升（挖坑）洗盤吸籌行情，高賣低買與洗盤吸籌並舉。震盪盤升其間，主力機構拉出過 6 個漲停板，多數為吸籌建倉型漲停板。

9 月 2 日該股開高，收出一個大陽線漲停板，突破前高，成交量較前一交易日放大近 2 倍，形成大陽線漲停 K 線型態。此時均線呈多頭排列（除 120 日均線外），MACD、KDJ 等技術指標走強，股價的強勢特徵相當明顯，後市快速上漲的機率大，投資人可以在當日搶板或次日擇機加碼。

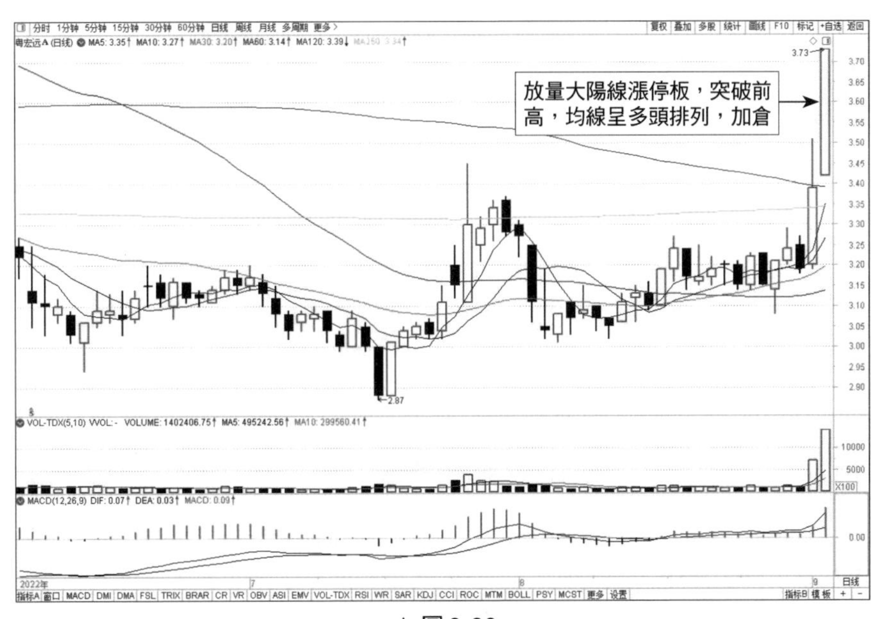

▲ 圖 2-26

圖 2-27 是 000573 粵宏遠 A2022 年 9 月 5 日收盤時的分時走勢圖，是主力機構在前一交易日拉出一個大陽線漲停板之次日的分時圖。從分時盤面來看，當日該股開平後，股價快速衝高，成交量同步放大，然後展開高位震盪盤整行情，清洗獲利盤和套牢盤，拉高新進場投資人成本。

13:11 主力機構封漲停板，至收盤沒再打開，成交量較前一交易日萎縮。K 線走勢收出一個縮量大陽線漲停板，股價的強勢特徵十分明顯，投資人仍可在次日集合競價或開盤後視情況加碼。

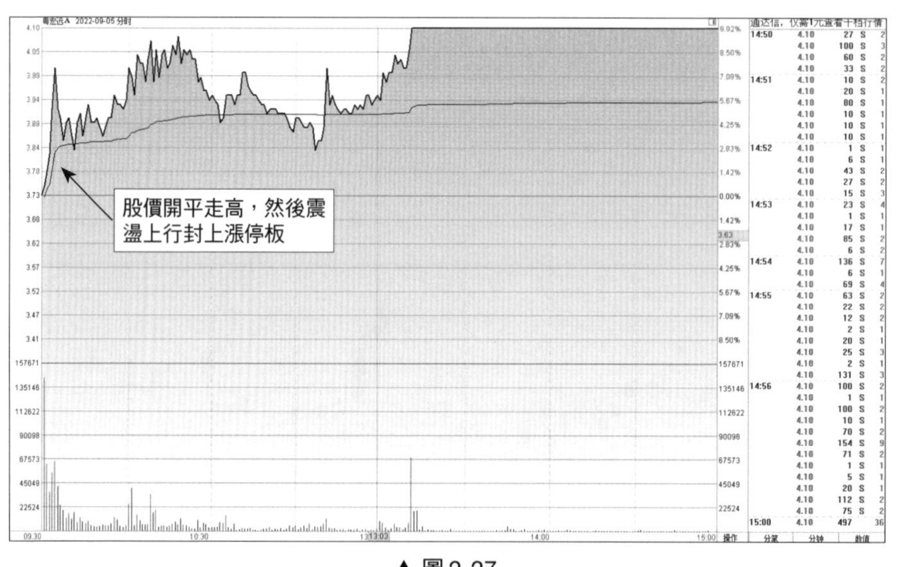

▲ 圖 2-27

（五）次日股價開平走低

如果股價回落跌破前一交易日收盤價太深，應該是主力機構即將展開洗盤回檔行情，投資人可在當日股價盤中反彈時或次日逢高先賣出籌碼，待股價整理到位後，再將籌碼接回。當然，也可以持股再觀察 1 至 2 個交易日，看之後的走勢再定。因為強勢漲停板之後的整理也應該是強勢整理，且時間不會太長。

圖 2-28 是 603929 亞翔集成 2022 年 10 月 31 日收盤時的 K 線走勢圖，可以看出此時個股處於上升趨勢。股價從前期相對高位一路震盪下跌，下跌時間雖然不是很長，但跌幅大。然後主力機構展開大幅震盪盤升（挖坑）洗盤吸籌行情，高賣低買與洗盤吸籌並舉。震盪盤升其間主力機構拉出過 11 個漲停板，多數為吸籌建倉型漲停板。

10 月 28 日該股漲停開盤，收出一個一字漲停板，突破前高，留下向上突破缺口，成交量略大於前一交易日，形成向上突破缺口

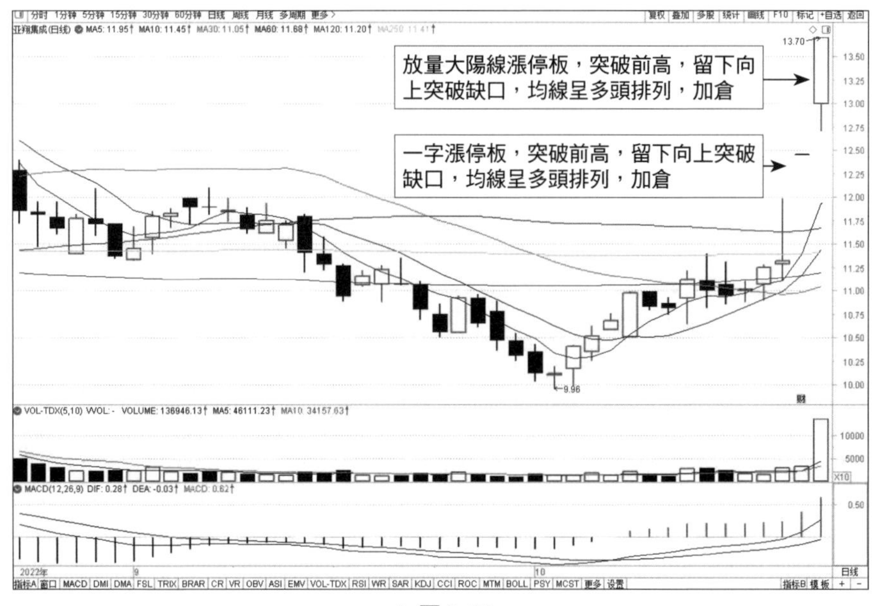

▲ 圖 2-28

和一字漲停 K 線型態。此時均線呈多頭排列，MACD、KDJ 等技術指標走強，股價的強勢特徵已經相當明顯，後市快速上漲的機率大。投資人可以嘗試當日搶板，或次日集合競價時視情況加碼。

10 月 31 日該股大幅開高，收出一個大陽線漲停板，突破前高，留下向上突破缺口。成交量較前一交易日放大 4 倍多，形成向上突破缺口和大陽線漲停 K 線型態，股價的強勢特徵仍然非常明顯，投資人仍可在次日擇機進場加碼。

圖 2-29 是 603929 亞翔集成 2022 年 11 月 1 日收盤時的分時走勢圖，這是該股在前一交易日收出一個放量大陽線漲停板之次日的分時圖。可以看出當日該股開平後，股價直接回落展開下跌，跌幅較深。9:56 股價快速衝高（成交量同步放大），分 3 個波次上衝封漲停板、瞬間打開，然後股價回落，展開高位震盪盤整。

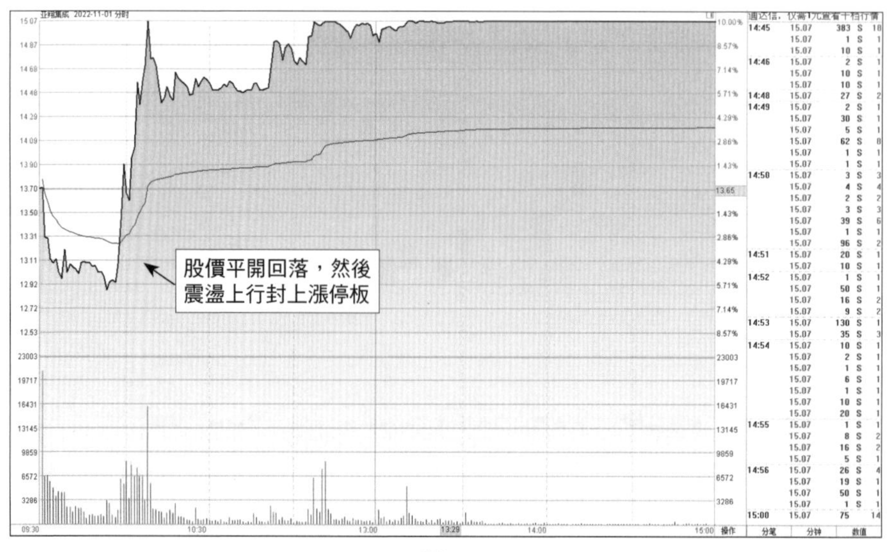

▲ 圖 2-29

11:07 再次封漲停板、瞬間打開，此後股價在封板與打開之間反覆。下午 13:37 主力機構封漲停板，至收盤沒再打開，成交量較前一交易日放大 2 倍多。K 線走勢雖然收出一個放量長下影線大陽線漲停板，但分時盤面漲停板打開、封回反覆的時間長，加上成交量放大，後市展開強勢整理的機率大，投資人可以持股先觀察 1 至 2 個交易日再做決策。

（六）次日股價開低走高（開低幅度不能太大）

如果股價開低走高，向上穿過前一交易日收盤價上行，回檔不再跌破前一交易日收盤價，收盤以漲停報收，拉出大陽線漲停板，且當日成交量不是過大，仍可繼續持股。但如果收盤收出的是帶上下影線的陽 K 線，且成交量較前一交易日明顯放大，則可在第 3 日視情逢高賣出手中籌碼，以應對主力機構的回檔洗盤。

圖 2-30 是 000755 山西路橋 2022 年 7 月 6 日收盤時的 K 線走勢圖，可以看出此時個股處於上升趨勢。股價從前期相對高位一路震盪下跌，下跌時間長、跌幅大，然後主力機構展開大幅震盪盤升（挖坑）洗盤吸籌行情，高賣低買與洗盤吸籌並舉。震盪盤升其間，主力機構拉出過 3 個漲停板，均為吸籌建倉型漲停板。

7 月 6 日該股開高收出一個大陽線漲停板，突破前高，成交量較前一交易日放大 4 倍多，形成大陽線漲停 K 線型態，且當日大陽線漲停板與 6 月 29 日放量大陽線，形成變異的上升三法 K 線型態。此時均線呈多頭排列（除 120 日均線外），MACD、KDJ 等技術指標走強，股價的強勢特徵非常明顯，後市快速上漲的機率大。投資人可以在當日股價即將漲停時搶板買進，或次日擇機買進。

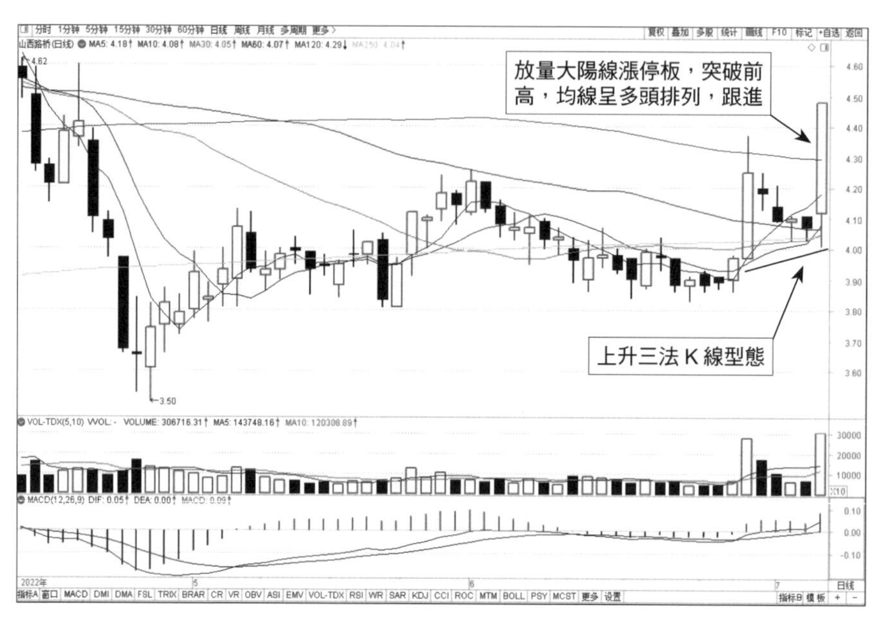

▲ 圖 2-30

圖 2-31 是 000755 山西路橋 2022 年 7 月 7 日收盤時的分時走勢圖，這是主力機構在前一交易日拉出一個大陽線漲停板之次日的分時圖。從分時盤面來看，當日該股開低，股價急速衝高後勾頭回落，成交量同步放大，股價回落跌破前一交易日收盤價後拐頭上行，至開盤後的高點附近展開橫盤震盪整理。10：28主力機構 1 個波次拉升封漲停板，至收盤漲停板沒再打開。

從盤面上來看，當日雖然開低，股價回落跌破前一交易日收盤價，但由於回落幅度不深，加上封板時間較早，且封板後漲停板沒再打開，成交量較前一交易日明顯放大。漲停板的位置處於股價的低位，盤面的強勢特徵仍然非常明顯，投資人仍可在次日集合競價或開盤後視情況加碼。

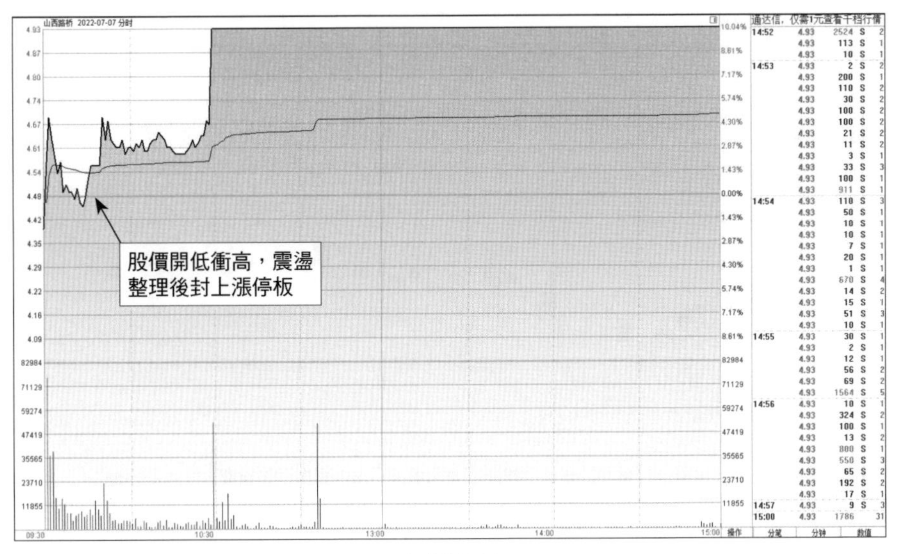

▲ 圖 2-31

（七）次日股價開低走低

如果股價開低幅度較大，應該是主力機構回檔洗盤，投資人可趁股價盤中反彈時先賣出籌碼，待股價回檔到位後再將籌碼接回。當然，也可以持股再觀察 1 至 2 個交易日，看之後的走勢再決策。因為強勢漲停板之後，整理也是強勢整理，且時間不會太長。

圖 2-32 是 001219 青島食品 2022 年 12 月 2 日收盤時的 K 線走勢圖，可以看出該股是 2021 年 10 月 21 日上市的次新股，此時個股處於高位下跌之後的反彈趨勢。股價從前期高位一路震盪下跌，至 2022 年 10 月 10 日的最低價 18.23 元止跌，下跌時間雖然不是很長但跌幅大，然後主力機構展開小幅震盪盤升行情，收集籌碼。

12 月 2 日該股開高收出一個大陽線漲停板，突破前高，成交量較前一交易日明顯放大，形成大陽線漲停 K 線型態。此時短中期均

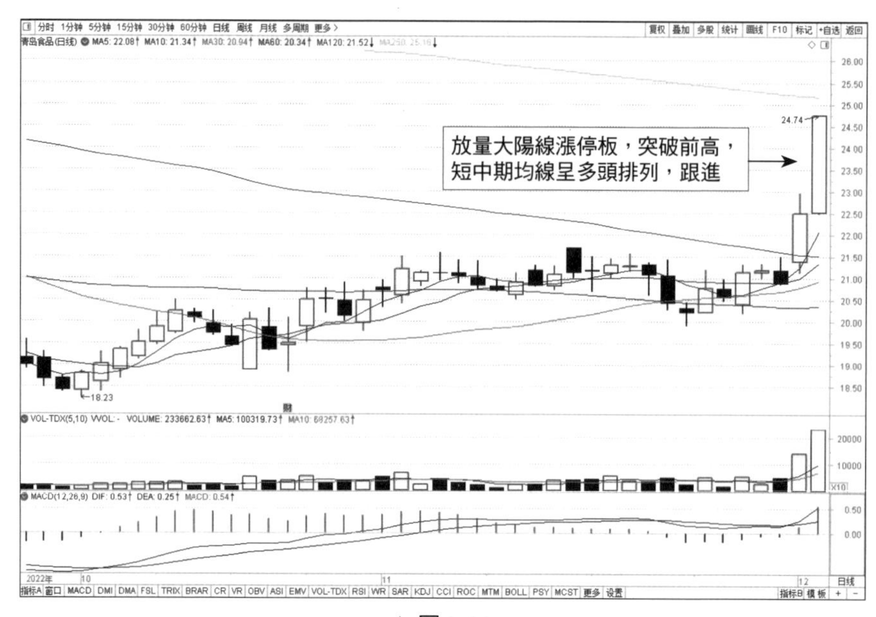

▲ 圖 2-32

線呈多頭排列，MACD、KDJ 等技術指標走強，股價的強勢特徵已經顯現，後市上漲的機率大，投資人可以在當日或次日買入籌碼。

圖 2-33 是 001219 青島食品 2022 年 12 月 5 日收盤時的分時走勢圖，這是主力機構在前一交易日拉出一個大陽線漲停板之次日的分時圖。從分時盤面來看，當日該股大幅開低（向下跳空 -4.00% 開盤），股價震盪回落，然後展開小幅橫盤整理行情。至收盤漲幅 -6.10%，成交量較前一交易日萎縮，明顯是主力機構縮量強勢整理洗盤。投資人可以在當日股價盤中反彈時或在次日，逢高先賣出手中籌碼，待股價整理到位後再接回來。當然，也可以持股待漲，等股價回檔到位確認後，再加倉買入籌碼。

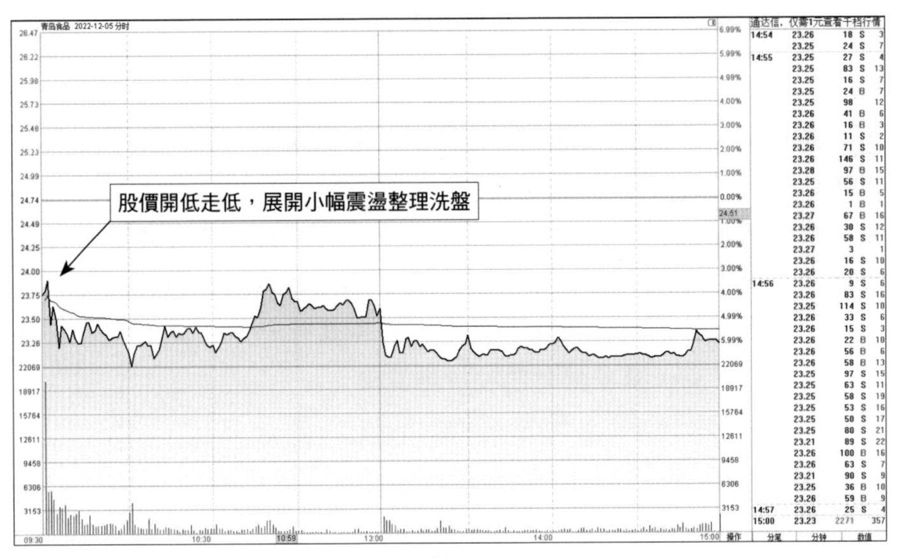
青岛食品 2022-12-05 分时
股價開低走低，展開小幅震盪整理洗盤
26.47
26.22
25.98
25.73
25.48
25.23
24.99
24.74
24.49
24.25
24.00
23.75
23.50
23.26
6.99%
5.99%
4.99%
4.00%
3.00%
2.00%
1.00%
0.00%
24.51
1.00%
2.00%
3.00%
4.00%
4.99%
5.99%
22069
18917
15764
12611
9458
6306
3153
09:30
10:30
10:59
13:00
14:00
15:00
操作
通达信，仅需1元查看千档行情
14:54 23.26 18 S 3
23.25 24 S 7
14:55 23.25 27 S 4
23.25 83 S 13
23.25 16 S 7
23.25 24 B 7
23.25 98 12
23.26 41 B 6
23.26 16 B 3
23.26 11 S 2
23.26 71 S 10
23.26 146 S 11
23.28 97 B 15
23.25 56 S 11
23.26 15 B 5
23.26 1 B 1
23.27 67 B 16
23.26 30 S 12
23.26 58 S 11
23.27 3 1
23.26 16 S 10
23.26 20 S 6
14:56 23.26 9 S 6
23.26 83 S 16
23.25 114 S 10
23.26 33 S 6
23.26 15 S 3
23.26 22 B 10
23.26 56 B 6
23.26 58 B 13
23.25 97 S 15
23.25 63 S 11
23.25 58 S 19
23.25 53 S 16
23.25 50 S 17
23.25 80 S 21
23.21 89 S 22
23.26 100 B 16
23.26 63 S 7
23.21 90 S 9
23.25 36 B 10
23.26 59 B 9
14:57 23.26 25 S 4
15:00 23.23 2271 357
分笔
分钟
数值

▲圖2-33

重點整理

了解主力法人的買進 3

- 漲停板是主力機構主導、市場資金共同推動形成的，其中主力機構的行為是關鍵。
- 因此搶漲停板前，投資人要對目標股票股價在 K 線走勢中所處的位置、均線走勢、量價關係等分析後，再做出搶板的決策。
- 漲停板的買點，要注意以下追漲時機：最後一筆大買單封上漲停板前掛單買進、漲停板打開時掛單買進。

【實戰範例】

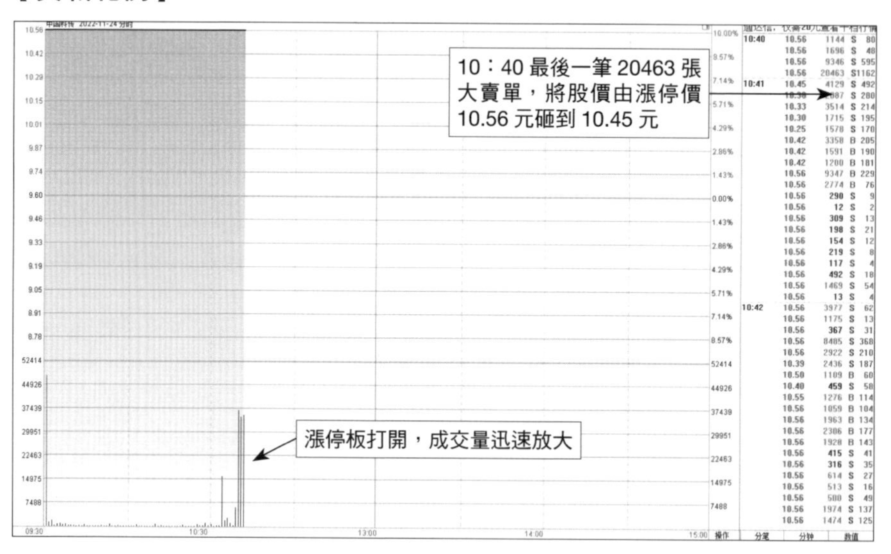

第 3 章

看價之前先看量，是散戶賺錢的不敗秘訣

漲停板是重要的盤面語言之一，強勢漲停板可以立即啟動一波行情，也可以立即推動一波行情的飆升。漲停板是強勢股中最完美最迷人的型態，無論主力機構還是散戶，每天都有很多投資人在追逐漲停板。

股票不會無緣無故地漲停（當然也不會無緣無故地跌停），只有主力機構早就潛伏其中，並且按照其計畫謀劃運作的個股，才有機會漲停。

因此，每一支漲停個股的背後，都有主力機構資金提前佈局、精心設計操盤的痕跡，投資人要認真分析目標股票漲停的動因，再謹慎進場。

3-1

遇到漲停板都要衝嗎？主力可能正準備出貨……

一字漲停板，是指主力機構漲停開盤、至收盤漲停板沒被打開的漲停 K 線型態。由於此種 K 線型態與 「一」字相似，故稱為一字漲停板。

一字漲停板顯然是最強勢的漲停盤面，當然也是主力機構提前預知利多，精心謀劃運作出來的。但由於各主力機構操盤思路和手法不盡相同，一字漲停板盤面情況複雜多樣。尤其一字漲停板之後的走勢較難掌握，所以投資人要慎重選擇一字漲停板個股，以下分析研究 3 種情況。

3-1-1　上漲初期的第一個一字漲停板，跟進

個股經過較長時間震盪下跌之後，展開初期上漲行情，或展開較長時間的震盪整理洗盤吸籌行情，主力機構借助突發利多或建倉控盤到位之後，在某個交易日突然拉出一字漲停板（前期築底其間或底部區域有過吸籌建倉型漲停板的最好），投資人可以在一字漲

停板當日搶板或在次日尋機進場加碼。如果是連續一字漲停板，可以在第2或第3個一字漲停板後出現機會時買進。

當然，個股一字漲停板之後，投資人確定有跟進必要時，也可以在一字漲停板次日集合競價時，以漲停價掛買單排隊買入。投資人進場買入籌碼後不要急於賣出，目標股票一般都有3至5個交易日或更長時間的上漲（拉升）期，跟進當天個股一般都會漲停，有的甚至馬上封漲停。

後面的交易日就要盯緊盤面，關注成交量的變化，待出現高位放量、股價上漲乏力或明顯見頂訊號時（比如均線拐頭向下、大陰線或十字星或螺旋槳K線等訊號），要見好就收、快速出場，重新尋找其他強勢個股追蹤觀察。

圖3-1是002995天地線上2022年11月2日收盤時的K線走勢圖，可以看出，此時個股處於長期下跌之後的反彈趨勢。股價從上市之後的高位一路震盪下跌，至2022年10月11日的最低價13.52元止跌，下跌時間長、跌幅大。之後，主力機構展開大幅震盪盤升（挖坑）洗盤吸籌行情，主要目的是吸籌建倉。其間，主力機構拉出4個漲停板，均為吸籌建倉型漲停板。

2022年10月31日該股大幅開高（向上跳空4.70%開盤），收出一個大陽線漲停板，突破前高，留下向上突破缺口，成交量較前一交易日放大近2倍，形成向上突破缺口和大陽線漲停K線型態。

此時均線呈多頭排列（除250日均線外），MACD、KDJ等技術指標走強，股價的強勢特徵相當明顯，後市快速上漲的機率大，投資人可以在當日搶板或次日加倉買入籌碼。11月1日主力機構整理了一個交易日，回檔沒有回補前一交易日向上突破缺口，正是投資人加碼的好時機。

11 月 2 日主力機構漲停開盤，拉出一個一字漲停板，突破前高，留下向上突破缺口，成交量較前一交易日大幅萎縮，形成向上突破缺口和一字漲停 K 線型態。盤面的強勢特徵特別明顯，後市股價持續快速上漲的機率非常大。此前買進籌碼的投資人可以持股待漲，也可以在當日搶板時，視情況以漲停價掛買單排隊等候買進。

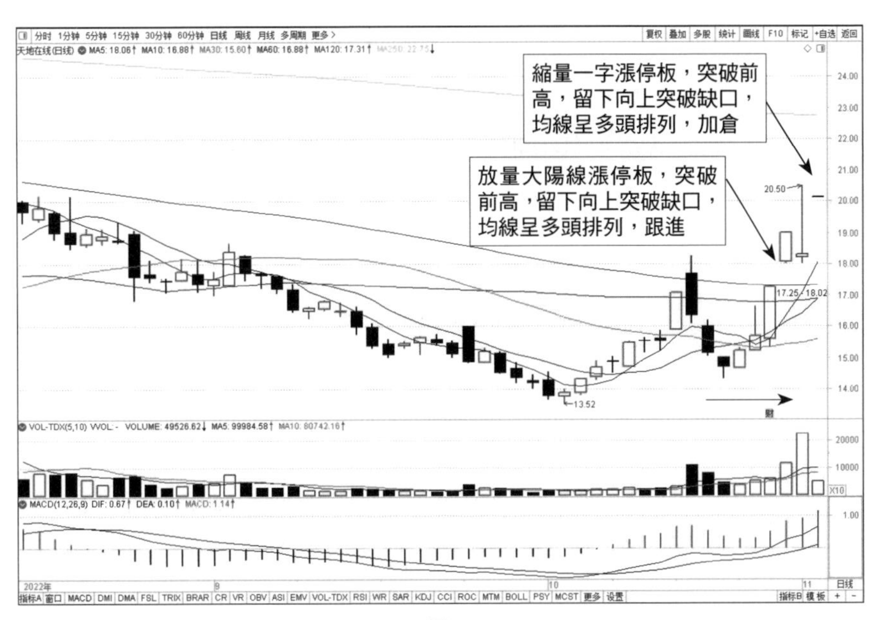

▲ 圖 3-1

圖 3-2 是 002995 天地線上 2022 年 11 月 3 日收盤時的分時走勢圖，可以看出，早盤該股漲停開盤後，漲停板瞬間被大賣單打開，成交量迅速放大。9:31 封回漲停板後，瞬間被大賣單打開，9:34 封回漲停板至中午收盤沒再打開。下午漲停板又反覆被打開封回多

次，14:14 封回後沒再打開。

從成交量來看，早盤漲停板被打開後的成交量，比下午漲停板被打開後的成交量大，應該是前期獲利盤出逃，當然也有主力機構誘騙其他投資人賣出手中籌碼的殺跌盤。

從分時盤面來看，當日漲停板被打開的整體時間雖然不是很長，但次數較多，早盤在集合競價時以漲停價掛買單排隊等候買進的投資人，應該都能成交，當日主力機構拉出一個放量小 T 字漲停板。像這種初期上漲過程中一字板之後打開的漲停板，投資人如果此前已經進場，應持股待漲，也可以趁漲停板打開之際，再次加碼。之前沒有進場買進籌碼的投資人，可以趁漲停板打開時，進場逢低買入籌碼，待股價出現明顯見頂訊號時再賣出。

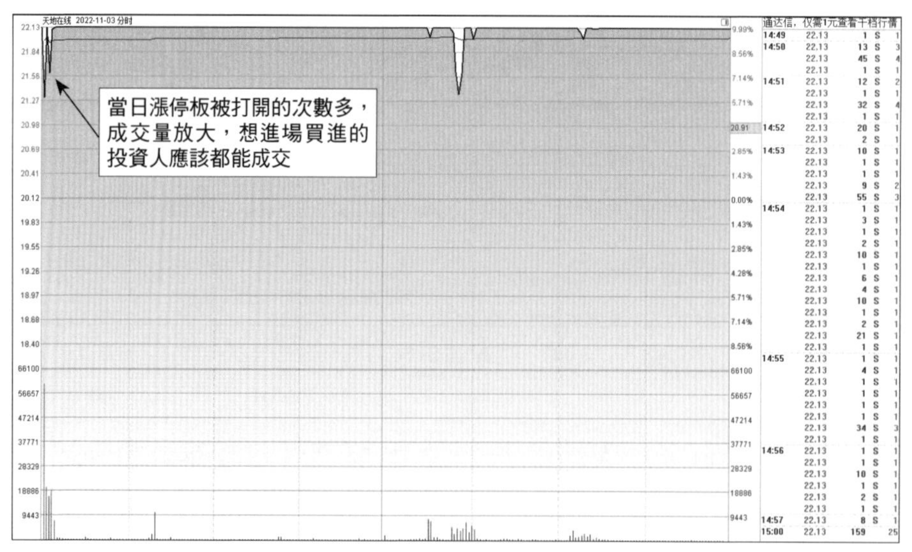

▲ 圖 3-2

圖 3-3 是 002995 天地線上 2022 年 11 月 9 日收盤時的 K 線走勢圖，可以看出，11 月 2 日主力機構拉出一個縮量一字漲停板之後，11 月 3 日又拉出一個放量小 T 字漲停板，突破前高，留下向上突破缺口。均線呈多頭排列，股價的強勢特徵相當明顯，此後主力機構展開向上拉升行情。

從拉升情況來看，11 月 3 日起主力機構依托 5 日均線，採取直線拉升、盤中洗盤、迅速拉高的操盤手法，急速向上拉升股價。至 11 月 8 日連續拉出 4 個漲停板，其中 3 個小 T 字漲停板、1 個大陽線漲停板，漲幅還是相當可觀的。

11 月 9 日該股開低，股價衝高回落，收出一根錘頭陽 K 線（高位或相對高位的錘頭線，又稱上吊線或吊頸線），收盤漲幅

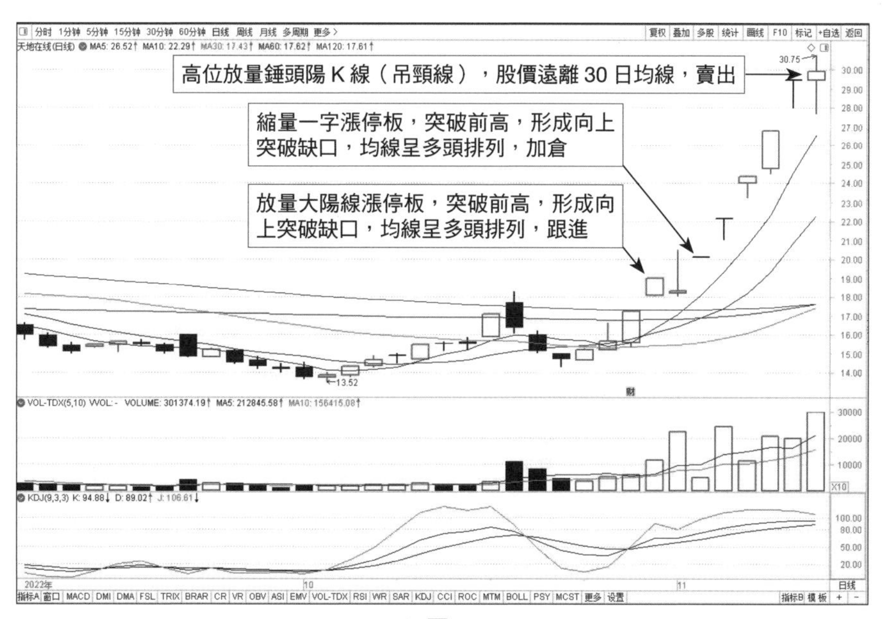

▲ 圖 3-3

1.60%。當日成交量較前一交易日明顯放大，顯露出主力機構當日採取開低拉高、盤中大幅震盪的操盤手法，引誘跟風盤進場而大量出貨的跡象。

此時股價遠離30日均線且漲幅較大，KDJ等部分技術指標開始走弱，盤面的弱勢特徵已經顯現。投資人當天如果還有籌碼沒出完，次日應逢高賣出。

圖3-4是603399吉翔股份2022年1月7日收盤時的K線走勢圖，可以看出，此時個股處於上升趨勢。股價從前期相對高位一路震盪下跌，至2021年2月8日的最低價3.24元止跌，下跌時間長、跌幅大。之後主力機構快速推升股價，收集籌碼，然後展開大幅震盪盤升（挖坑）洗盤吸籌行情，高賣低買與洗盤吸籌並舉。

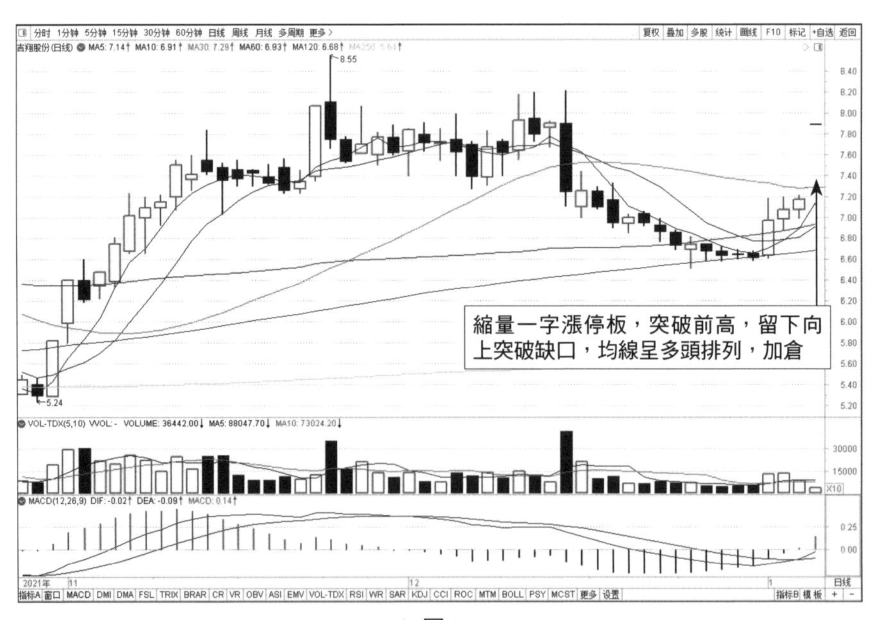

▲圖3-4

1 月 7 日該股漲停開盤，收出一個一字漲停板，突破前高，留下向上突破缺口，成交量較前一交易日大幅萎縮，形成向上突破缺口和一字漲停 K 線型態。此時均線呈多頭排列，MACD、KDJ 等技術指標走強，股價的強勢特徵相當明顯，後市股價持續快速上漲的機率非常大。此前買進籌碼的投資人可以持股待漲，也可以在當日搶板或次日集合競價時，視情況以漲停價掛買單排隊等候買進。

圖 3-5 是 603399 吉翔股份 2022 年 1 月 10 日開盤後至 9:47 的分時圖，為該股在前一交易日主力機構拉出一個一字漲停板之次日的分時圖。從當日開盤後 17 分鐘的分時圖來看，當日該股以漲停價 8.68 元開盤，9:42 開始成交量開始放大，千張以上大賣單在慢慢成交。9:43 大量千張以上大賣單快速成交（其中含有一筆 21518 張的大賣單），時間持續 1 分鐘，此後成交量慢慢萎縮。

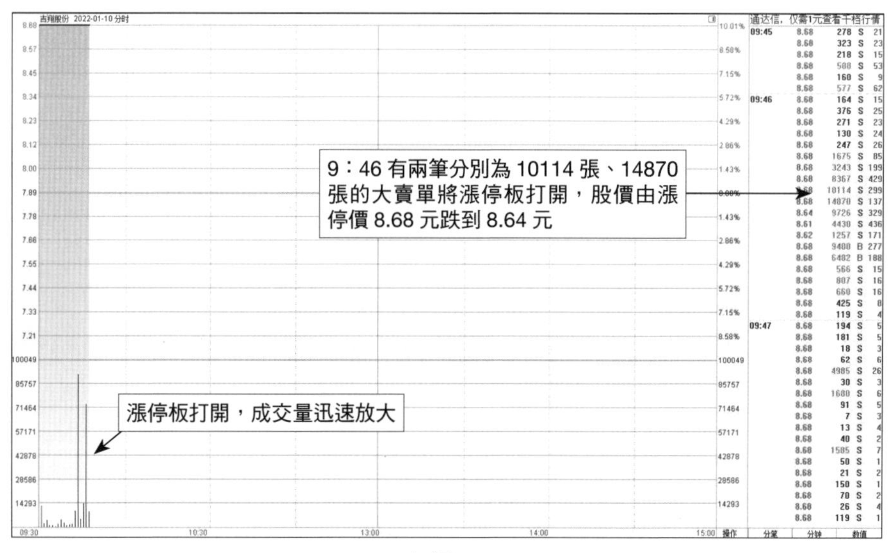

▲ 圖 3-5

9:46 成交量又開始放大，千張以上大賣單逐步成交，其中有兩筆分別為 10114 張、14870 的大賣單將漲停板打開。從右邊的成交明細可以看到，股價由漲停價 8.68 元跌到 8.64 元，同 1 分鐘內，主力機構封回漲停板，此後成交量慢慢萎縮。

由於大賣單砸板時間短，買一位置買盤單量大且同 1 分鐘內打開又封回，所以我們看不到分時價格線上砸出的小坑，但 K 線顯示當日最低價跌到 8.59 元。當日只要在集合競價時以漲停價掛買單排隊等候買進的投資人，應該都能成交。

當日主力機構拉出一個放量小 T 字漲停板，像這種初期上漲一字漲停板之後打開的漲停板，投資人如果此前已經進場，應該持股待漲，也可以趁漲停板打開之際，再次加碼。之前沒有進場買進籌碼的投資人，可以趁漲停板被打開放量時買入籌碼，待股價出現明顯見頂訊號時再賣出。

圖 3-6 是 603399 吉翔股份 2022 年 3 月 1 日收盤時的 K 線走勢圖，可以看出，1 月 7 日主力機構拉出一個縮量一字漲停板，突破前高，留下向上突破缺口。均線呈多頭排列，股價的強勢特徵相當明顯，此後主力機構展開向上拉升行情。

從拉升情況來看，主力機構採取台階式推升的操盤手法，依托 5 日均線展開拉升行情。因為股價從低位起來，主力機構籌碼鎖定較好，採取台階式拉升的操盤手法。主要是經由台階震盪整理，進一步清洗獲利盤、調倉換籌、拉高新進場投資人的買入成本，確保股價穩中上行、一個台階一個台階往上走。

主力機構向上展開的三個台階，每個台階整理的時間都在 5 至 7 個交易日之內，且整理洗盤幅度不大，基本上沒有跌破 10 日均線

（即使向下跌破也很快拉回）。2 月 17 日開始主力機構快速向上拉升股價，從 K 線走勢來看，整個上漲過程順暢，股價漲幅較大。

3 月 1 日主力機構大幅開高，股價衝高回落，收出一根螺旋槳陽 K 線（高位或相對高位的螺旋槳 K 線，又稱為變盤線或轉勢線），成交量較前一交易日明顯放大，顯露出主力機構採取開高、盤中震盪拉高的操盤手法，引誘跟風盤進場而大量出貨的跡象。此時，股價遠離 30 日均線且漲幅大，KDJ 等部分技術指標開始走弱，盤面的弱勢特徵已經顯現。投資人當天如果還有籌碼沒出完，次日應逢高賣出。

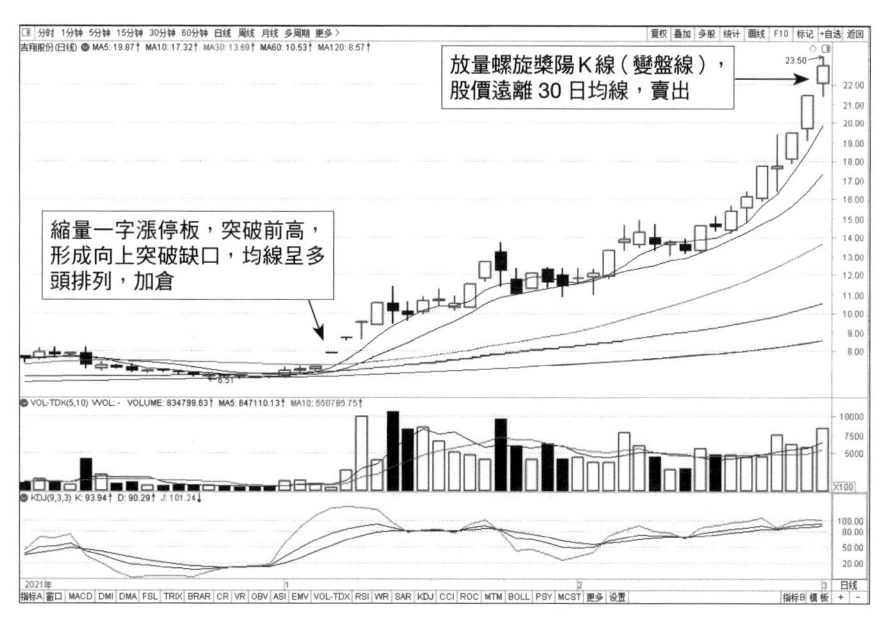

▲ 圖 3-6

3-1-2　前一交易日為一字漲停板，先等等

這裡所說的前一交易日為漲停板的一字漲停板，是指主力機構在拉出一字漲停板之前，已經拉出 1 至 2 個大陽線（或小陽線）漲停板。這種個股一般是經過較長時間的震盪下跌之後（下跌後期主力機構經由打壓股價，已經收集不少籌碼建倉），在展開初期上漲行情或震盪整理洗盤吸籌行情的過程中，經由拉大陽線或小陽線漲停板，加速吸籌建倉。然後經由拉一字板，快速脫離成本區，之後展開快速拉升行情。

投資人要注意的是，選擇一字漲停板時，一字漲停板之前的大陽線（或小陽線）漲停板，不能超過 3 個，否則一字漲停板之後主力機構的拉升品質，如漲速和漲幅可能就要打折扣了。

圖 3-7 是 603778 乾景園林 2022 年 11 月 11 日收盤時的 K 線走勢圖，可以看出，此時個股處於長期下跌之後的反彈趨勢。股價從前期相對高位一路震盪下跌，至 2022 年 10 月 11 日的最低價 2.77 元止跌，下跌時間不是很長但跌幅大。

尤其下跌後期主力機構借助當時大盤下跌之勢，加速殺跌洗盤，收集不少籌碼建倉。之後主力機構快速推升股價，收集籌碼，然後展開強勢整理行情，洗盤吸籌，K 線走勢紅多綠少、紅肥綠瘦。

11 月 7 日該股開平收出一個大陽線漲停板，突破前高，成交量較前一交易日放大近 5 倍，形成大陽線漲停 K 線型態。此時短中期均線呈多頭排列，MACD、KDJ 等技術指標開始走強，股價的強勢特徵已經顯現，後市上漲的機率大，投資人可以在當日搶板或次日

擇機買入籌碼。

11 月 10 日該股漲停開盤，收出一個一字漲停板，突破前高，留下向上突破缺口，成交量較前一交易日大幅萎縮，形成向上突破缺口和一字漲停 K 線型態。短中期均線呈多頭排列，股價的強勢特徵已經相當明顯，後市上漲的機率大。投資人可以在當日搶板或次日集合競價時，視情況以漲停價掛買單排隊等候加倉買進。

11 月 11 日該股漲停開盤，再次拉出一個一字漲停板。突破前高，留下第 2 個向上突破缺口，成交量較前一交易日略有放大，形成向上突破缺口和一字漲停 K 線型態。此時均線呈多頭排列（除 120 日均線外），MACD、KDJ 等技術指標走強，股價的強勢特徵非常明顯，後市持續快速上漲的機率非常大，投資人可以在當日搶

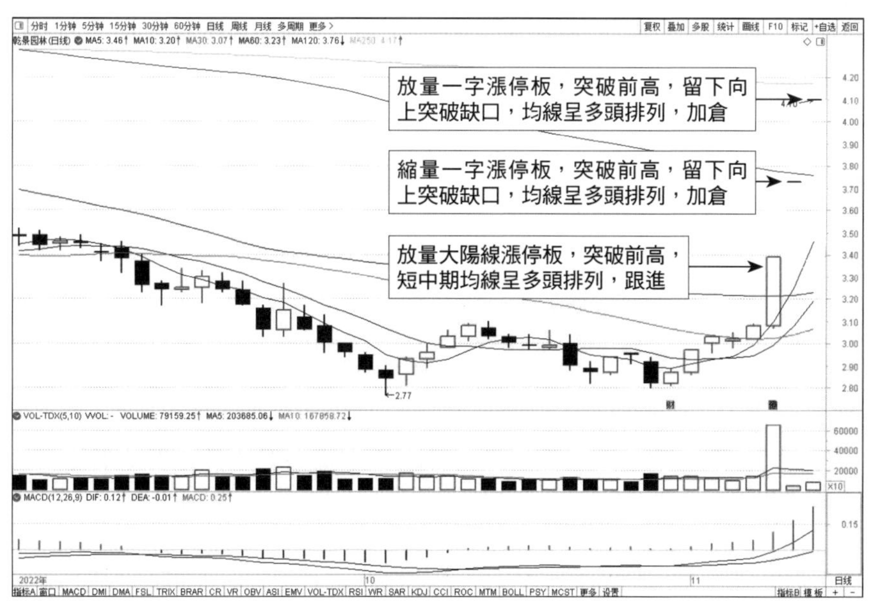

▲ 圖 3-7

板或次日視情況買入籌碼，之前買進籌碼者則可以持股待漲。

圖 3-8 是 603778 乾景園林 2022 年 11 月 14 日收盤時的分時走勢圖，為該股在前3個交易日主力機構分別拉出 1 個大陽線漲停板和 2 個一字漲停板之第 4 日的分時圖。從分時走勢來看，當日該股以漲停價 4.51 元開盤後，漲停板瞬間被大賣單打開，成交量迅速放大，9:50 漲停板被封回。

10:01 漲停板再次被大賣單打開，成交量快速放大，10:04 封回漲停板至收盤。當日只要在集合競價時，以漲停價掛買單排隊等候買進，或開盤後擇機進場買入的投資人，應該都能成交。

當日該股收出一個放量 T 字漲停板，像這種初期上漲一字漲停板之後打開的一字漲停板，投資人如果此前已經進場買入的，應該持股待漲，也可以趁漲停板打開之際再次加碼。之前沒有進場買進籌碼的投資人，可以趁漲停板被打開放量時進場加碼，待股價出現明顯見頂訊號時再賣出。

圖 3-9 是 603778 乾景園林 2022 年 12 月 05 日收盤時的 K 線走勢圖，這是前一交易日已經收出一個大陽線漲停板之後，出現一字漲停板的 K 線型態。11 月 10 日、11 日，主力機構連續拉出 2 個縮量一字漲停板之後，11 月 14 日又拉出一個放量 T 字漲停板。突破前高，均線呈多頭排列，股價的強勢特徵相當明顯，此後主力機構展開向上拉升行情。

從拉升情況來看，11 月 15 日起主力機構依托 5 日均線，採取幾乎直線拉升、盤中洗盤、迅速拉高的操盤手法，急速向上拉升股價。至 12 月 2 日共 14 個交易日時間，收出 10 根陽線，其中 3 個漲停板，漲幅還是相當可觀的。

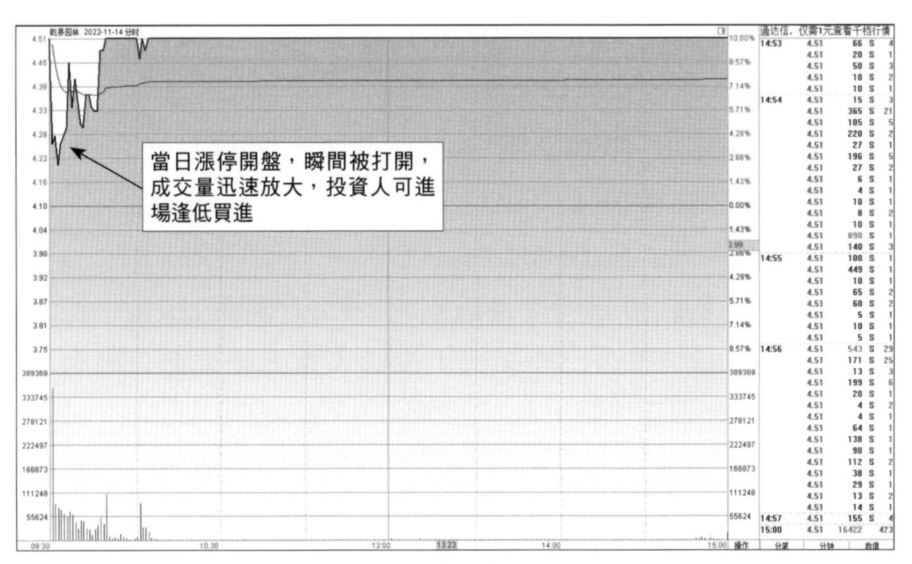
當日漲停開盤，瞬間被打開，
成交量迅速放大，投資人可進
場逢低買進

▲ 圖 3-8

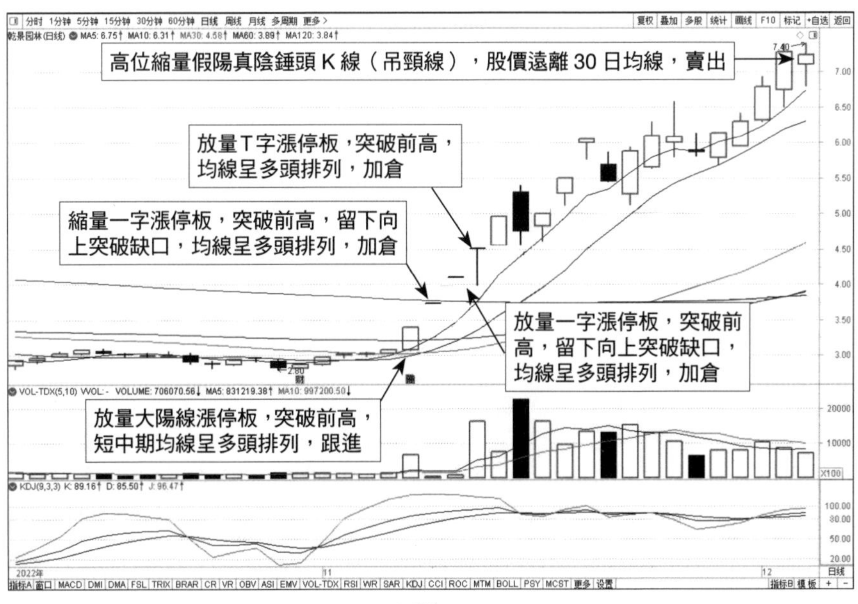
高位縮量假陽真陰錘頭 K 線（吊頸線），股價遠離 30 日均線，賣出
放量 T 字漲停板，突破前高，
均線呈多頭排列，加倉
縮量一字漲停板，突破前高，留下向
上突破缺口，均線呈多頭排列，加倉
放量一字漲停板，突破前
高，留下向上突破缺口，
均線呈多頭排列，加倉
放量大陽線漲停板，突破前高，
短中期均線呈多頭排列，跟進

▲ 圖 3-9

12 月 5 日該股開低，股價衝高回落，收出一根假陽真陰錘頭 K 線（高位或相對高位的錘頭線，又稱為上吊線或吊頸線，千萬小心高位假陽真陰）。收盤漲幅 -0.55%，當日成交量較前一交易日萎縮，顯露出主力機構採取開低拉高、盤中大幅震盪的操盤手法，引誘跟風盤進場而大量出貨的跡象。

此時股價遠離 30 日均線且漲幅大，KDJ 等部分技術指標開始走弱，盤面的弱勢特徵已經顯現，投資人當天如果還有籌碼沒出完，次日應逢高賣出。

圖 3-10 是 000638 萬方發展 2022 年 10 月 12 日收盤時的 K 線走勢圖，此時個股處於上升趨勢。股價從前期相對高位一路震盪下跌，下跌時間雖然不長但跌幅大。此後主力機構快速推升股價，收

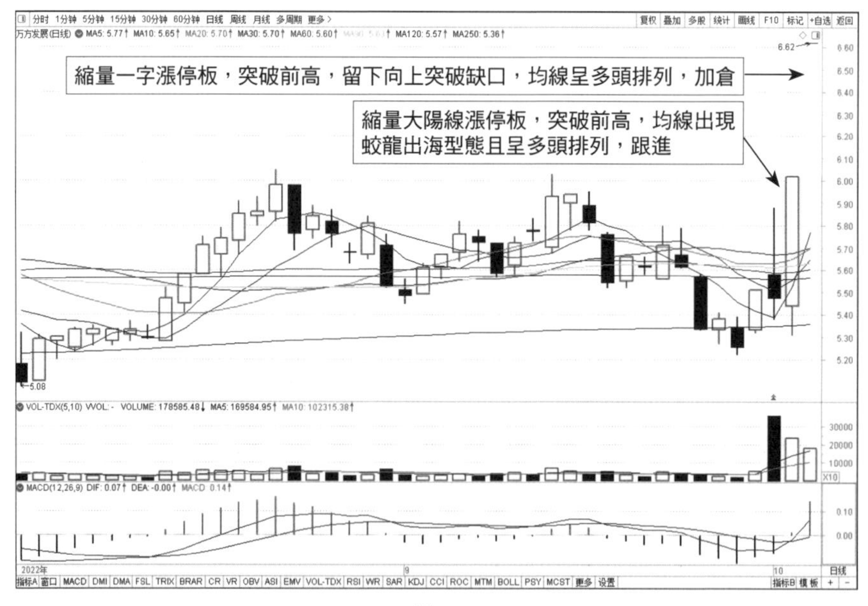

▲ 圖 3-10

集籌碼，然後展開大幅震盪盤升洗盤吸籌行情，高賣低買與洗盤吸籌並舉。

10 月 11 日該股開低，收出一個大陽線漲停板，突破前高，成交量較前一交易日萎縮（漲停的原因），形成大陽線漲停 K 線型態。當日股價向上穿過 5、10、20、30、60、90 和 120 日均線（一陽穿 7 線），250 日均線在股價下方上行，均線蛟龍出海型態形成。此時均線呈多頭排列，MACD、KDJ 等技術指標走強，股價的強勢特徵相當明顯，後市快速上漲的機率大，投資人可以在當日搶板或在次日進場加碼。

10 月 12 日該股漲停開盤，收出一個一字漲停板，突破前高，留下向上突破缺口，成交量較前一交易日大幅萎縮，形成向上突破缺口和一字漲停 K 線型態。此時均線呈多頭排列，MACD、KDJ 等技術指標走強，股價的強勢特徵相當明顯，後市持續快速上漲的機率非常大。此前買進籌碼的投資人可以持股待漲，也可以在當日搶板或次日集合競價時，視情況以漲停價掛買單排隊等候加倉買進。

圖 3-11 是 000638 萬方發展 2022 年 10 月 13 日收盤時的分時走勢圖，為該股在前 2 個交易日主力機構，分別拉出 1 個大陽線漲停板和 1 個一字漲停板之第 3 日的分時圖。從分時走勢來看，早盤該股大幅開高快速衝高後震盪回落，成交量迅速放大，然後急速拐頭上行，於 9:47 封漲停板。9:49 漲停板被大賣單打開，成交量迅速放大，此後股價展開高位震盪，幅度較大，成交量呈萎縮狀態。13:04 封回漲停板至收盤，當日成交量較前一交易日大幅放大，想進場買進籌碼的投資人都能成交。

當日主力機構拉出一個放量大陽線漲停板，像這種初期上漲

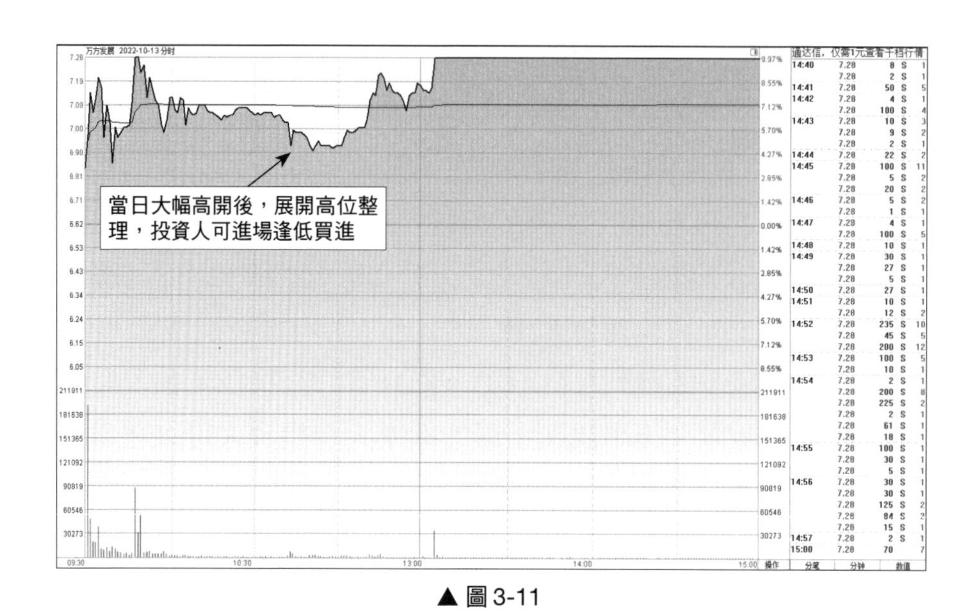

▲ 圖 3-11

一字板之後的大陽線漲停板，投資人如果此前已經進場，應該持股待漲，也可以趁漲停板打開之際再次加碼。之前沒有進場買進籌碼的投資人，可以趁上午股價整理之際，進場加碼，待股價出現明顯見頂訊號時再賣出。

圖 3-12 是 000638 萬方發展 2022 年 10 月 20 日收盤時的 K 線走勢圖，可以看出，這是前一交易日已經收出一個大陽線漲停板之後出現一字漲停板的 K 線型態。10 月 12 日主力機構拉出 1 個縮量一字漲停板之後，11 月 13 日又拉出一個放量大陽線漲停板，突破前高，均線呈多頭排列，股價的強勢特徵相當明顯，此後主力機構展開向上拉升行情。

從拉升情況來看，從 10 月 14 日起，主力機構依托 5 日均線，採取直線拉升、盤中洗盤、迅速拉高的操盤手法，急速向上拉升股

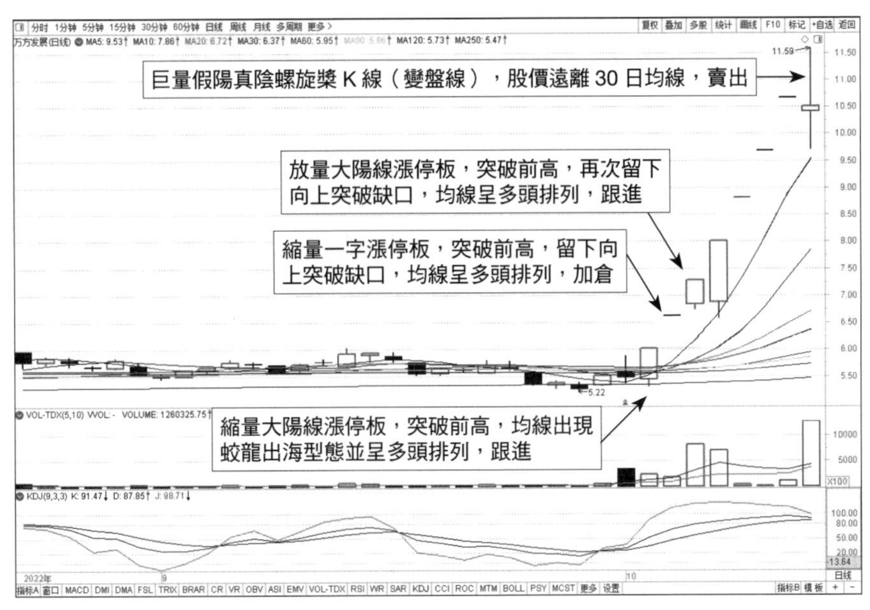

▲ 圖 3-12

價。至 10 月 19 日，4 個交易日時間，拉出 4 個漲停板，其中 1 個大陽線漲停板，3 個一字漲停板，漲幅還是相當可觀的。

10 月 20 日該股大幅開低，股價衝高回落，收出一根實體很小帶長上下影線的假陽真陰螺旋槳 K 線（高位或相對高位的螺旋槳 K 線，又稱為變盤線或轉勢線，千萬小心高位假陽真陰）。收盤漲幅 -1.50%，成交量較前一交易日放大 11 倍多，顯露出主力機構採取開低拉高、盤中大幅震盪的操盤手法，引誘跟風盤進場而大量出貨的跡象。

此時，股價遠離 30 日均線且漲幅大，KDJ 等部分技術指標開始走弱，盤面的弱勢特徵已經顯現。投資人當天如果還有籌碼沒出完，次日應逢高賣出。

3-1-3 前期有過 2 個以上的一字漲停板，要盯好盤

個股處於上升趨勢，已經有不少漲幅，且前期已出現過 2 個以上漲停板，主力機構經由拉一字漲停板拉高，不再讓投資人有進場的機會。目的是拉出利潤和出貨空間，為後面出貨（比如打壓出貨或橫盤震盪出貨）做準備，這種個股較危險，投資人要謹慎選擇。如已選擇一定要注意盯盤，關注 K 線走勢、成交量、均線和其他技術指標的變化，若出現見頂訊號立馬出場。

圖 3-13 是 002420 毅昌科技 2022 年 11 月 30 日收盤時的 K 走勢圖，可以看出此時個股處於上升趨勢。股價從前期相對高位一路下跌，下跌時間雖然不長但跌幅大。

2019 年 6 月 10 日股價止跌後，主力機構展開大幅震盪盤升行情，高賣低買與洗盤吸籌並舉。

2022 年 11 月 28 日該股開平，收出一個大陽線漲停板，突破前高，成交量較前一交易日放大 2 倍多，形成大陽線漲停 K 線型態。此時均線呈多頭排列，MACD、KDJ 等技術指標開始走強，股價的強勢特徵已經顯現，後市上漲的機率大，投資人可以在當日搶板或次日擇機進場加碼。

11 月 29 日該股跳空開高，再次收出一個大陽線漲停板，突破前高，留下向上突破缺口。成交量較前一交易日明顯萎縮，形成向上突破缺口和大陽線漲停 K 線型態，均線呈多頭排列，股價的強勢特徵已經相當明顯，後市快速上漲的機率大。投資人可以在當日搶板或次日集合競價時，視情況以漲停價掛買單排隊等候加倉買進。

11 月 30 日主力機構漲停開盤，拉出一個一字漲停板，突破前

高，留下第 2 個向上突破缺口，成交量較前一交易日大幅萎縮，形成向上突破缺口和一字漲停 K 線型態。此時均線呈多頭排列，MACD、KDJ 等技術指標走強，股價的強勢特徵非常明顯，後市股價持續快速上漲的機率非常大，投資人可以在當日搶板或在次日視情況加碼。

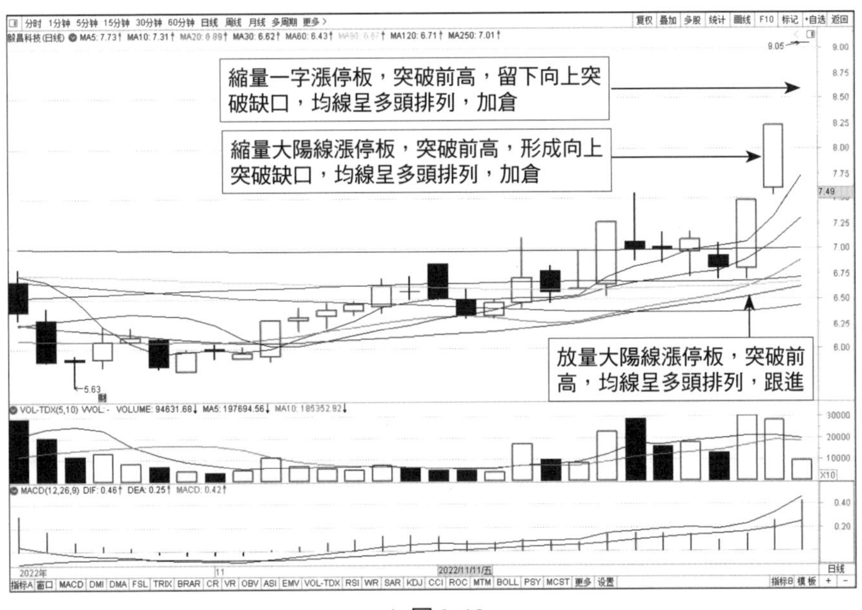

▲圖 3-13

圖 3-14 是 002420 毅昌科技 2022 年 12 月 1 日收盤時的分時走勢圖，為該股在前 3 個交易日主力機構分別拉出 2 個大陽線漲停板和 1 個一字漲停板之第 4 日的分時走勢。從分時圖來看，當日該股漲停開盤，9:32 漲停板被大賣單打開，成交量迅速放大。之後股價快速震盪回落，跌破前一交易日收盤價且在前一交易日收盤價下方

展開震盪整理，成交量呈萎縮狀態。

下午開盤後股價急速上衝封回漲停板，至收盤沒再打開，當日成交量較前一交易日放大 15 倍多。從分時走勢來看，只要當日是想進場買進籌碼的投資人，都能如願以償。

當日漲停板打開時間長達 2 個小時，分時盤面留下一個大深坑，明顯是主力機構經由打開漲停板出貨，已經賣出大量籌碼，當日漲停板封板結構弱。

當日該股收出一個巨量長下影線 T 字漲停板，加上此前已經收出 3 個漲停板，股價的整體漲幅偏大，投資人後期操作就要注意了。

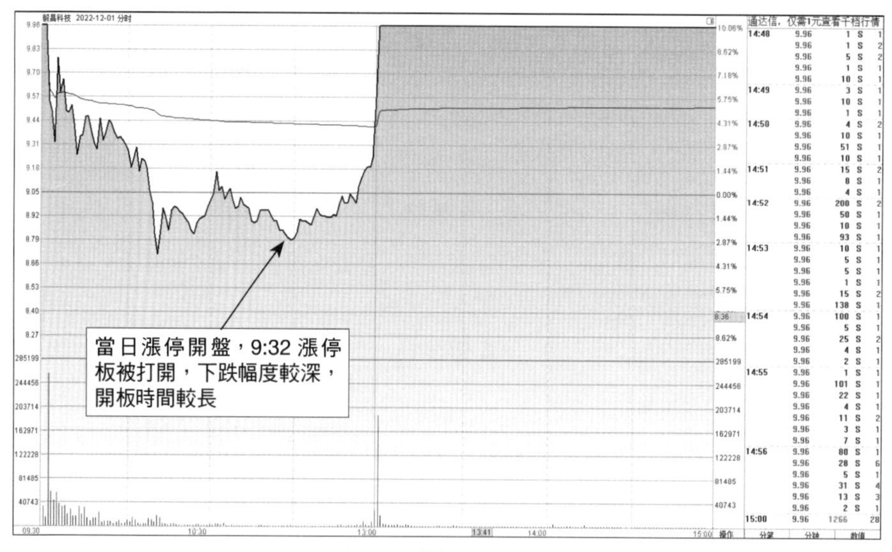

▲ 圖 3-14

圖 3-15 是 002420 毅昌科技 2022 年 12 月 5 日收盤時的 K 走勢圖，可以看出，這是前面交易日已經收出 2 個大陽線漲停板之後出現一字漲停板的 K 線型態。11 月 30 日主力機構收出 1 個縮量一字漲停板後，12月1日又收出一個巨量長下影線 T 字漲停板，此時股價的強勢特徵仍較明顯。

12 月 2 日該股開低收出一個大陽線漲停板，突破前高，成交量較前一交易日略為萎縮。從當日分時走勢來看，該股早盤開高急速衝高，於 9:41 觸及漲停瞬間回落，展開高位震盪。11:02 封回漲停板，至收盤沒再打開。從早盤的成交量來看，開盤後股價觸及漲停回落，展開高位震盪，主力機構的不少籌碼在此其間已經出逃。

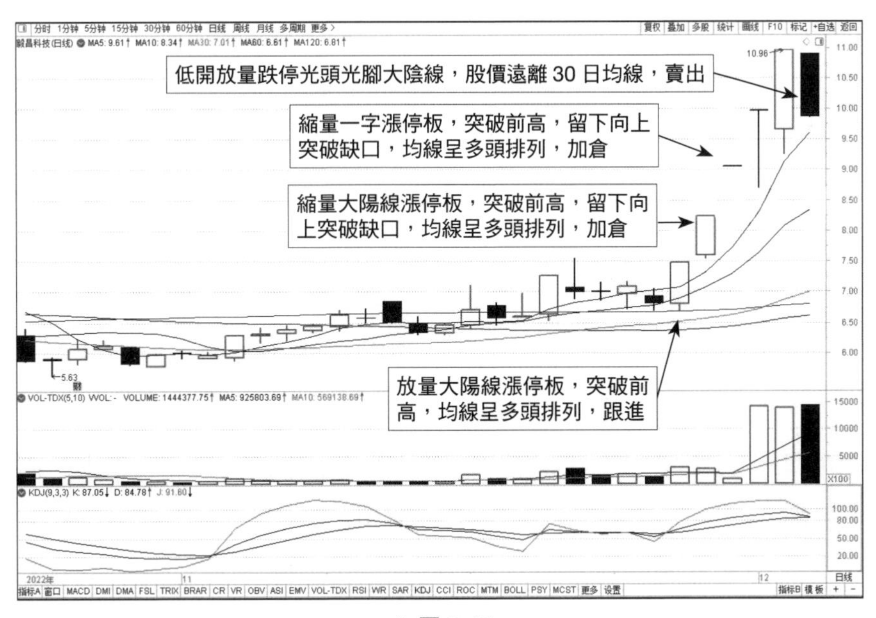

▲ 圖 3-15

12 月 5 日該股開低，股價瞬間回落跌停，收出一根光頭光腳大陰線，成交量較前一交易日略有放大，顯露出主力機構採取打壓股價出貨的堅決態度（但主力機構手中籌碼多，短短 3 個交易日很難出完，後期還得繼續做盤）。此時股價遠離 30 日均線且漲幅大，KDJ 等部分技術指標已經走弱，盤面的弱勢特徵已經顯現。投資人當天如果還有籌碼沒出完，次日應逢高賣出。

圖 3-16 是 000678 襄陽軸承 2022 年 7 月 28 日收盤時的 K 走勢圖，可以看出此時該股處於上升趨勢。股價從前期相對高位一路下跌，下跌時間長、跌幅大，其間有過多次反彈，且反彈幅度較大。

2022 年 4 月 27 日股價止跌後，主力機構展開大幅震盪盤升（挖坑）洗盤吸籌行情，其間主力機構拉出過 4 個大陽線漲停板，均為吸籌建倉型漲停板。

2022 年 7 月 22 日該股開平，收出一個大陽線漲停板，突破前高，成交量較前一交易日放大近 2 倍，形成大陽線漲停 K 線型態。此時均線呈多頭排列（除 20 日均線外），MACD、KDJ 等技術指標開始走強，股價的強勢特徵已經顯現，後市上漲的機率大，投資人可以在當日搶板或次日擇機進場加碼。

7 月 25 日、26 日該股大幅跳空開高，連續收出 2 個漲停板（一個大陽線漲停板和一個小陽線漲停板），突破前高，留下 2 個向上突破缺口，成交量呈萎縮狀態，形成向上突破缺口和大（小）陽線漲停 K 線型態。均線呈多頭排列，股價的強勢特徵已經十分明顯，後市連續快速上漲的機率大。投資人可以在漲停當日搶板或次日集合競價時，視情況以漲停價掛買單排隊等候買進。

7 月 27 日該股漲停開盤，收出一個一字漲停板，突破前高，留

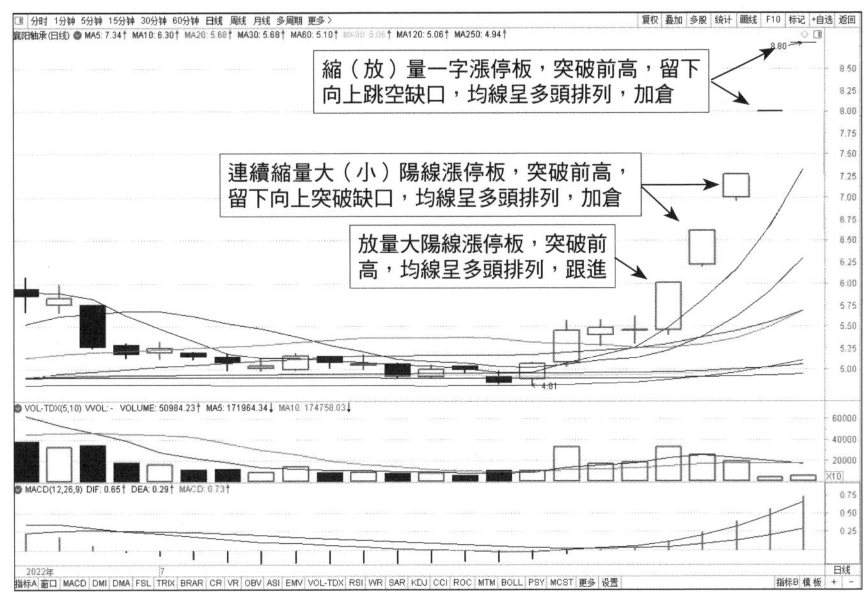

▲ 圖 3-16

下向上跳空缺口，成交量較前一交易日大幅萎縮，形成一字漲停 K 線型態。股價的強勢特徵非常明顯，投資人可以在當日搶板或次日視情況加碼。

7 月 28 日該股繼續漲停開盤，再次收出一個一字漲停板，突破前高，留下向上跳空缺口，成交量較前一交易日略有放大，形成一字漲停 K 線型態。此時均線呈多頭排列，MACD、KDJ 等技術指標強勢，股價的強勢特徵仍然十分明顯，後市股價快速上漲的機率非常大，投資人可以在當日搶板或次日視情況加碼。

圖 3-17 是 000678 襄陽軸承 2022 年 7 月 29 日收盤時的分時走勢圖，為該股在前 5 個交易日主力機構分別拉出 2 個大陽線漲停板、1 個小陽線漲停板和 2 個一字漲停板之第 6 日的分時走勢。從

分時走勢來看，當日該股漲停開盤瞬間回落，成交量迅速放大，之後股價震盪回落至前一交易日收盤價上方，展開震盪盤整行情，成交量呈萎縮狀態。14:56 封回漲停板至收盤，當日成交量較前一交易日放大 26 倍多。

從分時盤面可以看出，當日主力機構主要是採取漲停開盤、高位震盪盤整的操盤手法，引誘跟風盤進場而展開大量出貨。尾盤拉回漲停板，也是為了次日開盤出貨賣個好價錢。當日漲停板封板結構極弱。

當日該股收出一個巨量長下影線 T 字漲停板，加上此前已經收出 5 個漲停板，股價的整體漲幅偏大。像這種情況，投資人後期操作一定要注意安全。

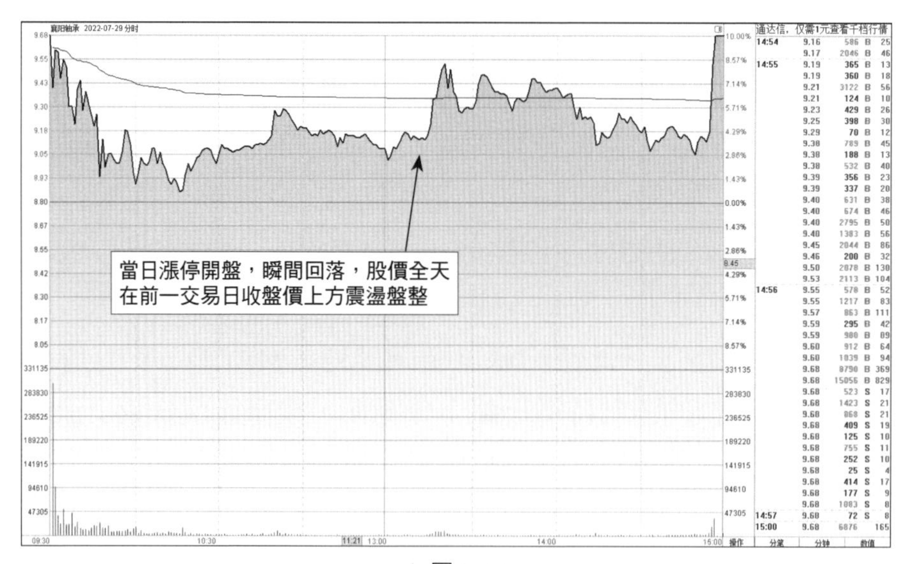

▲ 圖 3-17

圖 3-18 是 000678 襄陽軸承 2022 年 8 月 2 日收盤時的 K 走勢圖，可以看出，這是前面交易日已經收出 3 個大（小）陽線漲停板之後出現一字漲停板的 K 線型態。7 月 27 日、28 日主力機構連續收出 2 個縮（放）量一字漲停板之後，7 月 29 日又收出一個巨量長下影線 T 字漲停板。從 K 線走勢表面上來看，此時股價的強勢特徵仍較明顯，但從 7 月 29 日的分時盤面來看，股價的弱勢特徵已經開始顯現。

8 月 1 日該股開平收出一個大陽線漲停板，突破前高，成交量較前一交易日略為萎縮。從當日分時走勢看，該股早盤開平急速回落，然後衝高至前一交易日收盤價上方，圍繞前一交易日收盤價展開大幅震盪整理。14:41 封漲停板，至收盤漲停板沒打開。從盤面

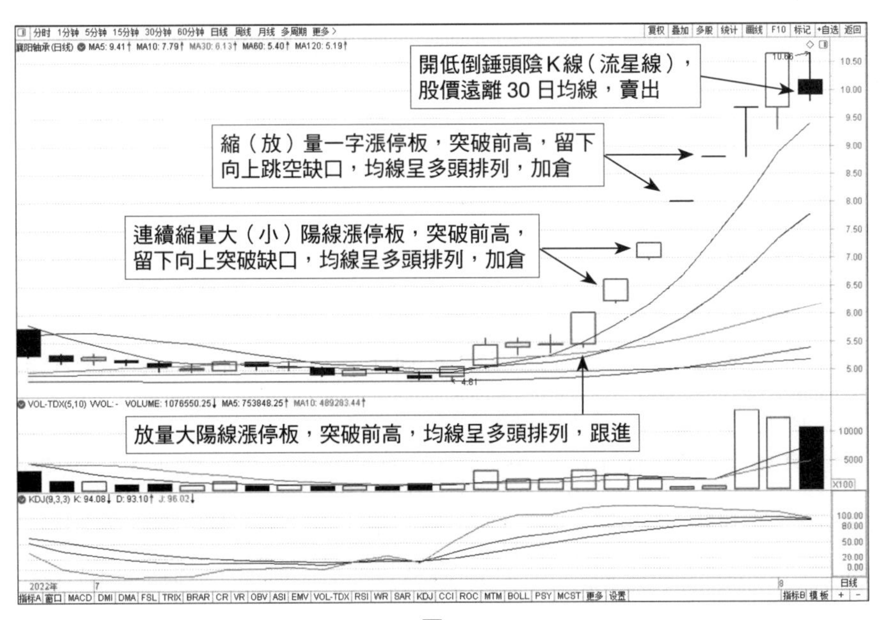

▲ 圖 3-18

來看，仍是主力機構利用高位震盪盤整的操盤手法，引誘跟風盤進場而繼續展開大量出貨的行為。

8月2日該股大幅開低（向下跳空 -4.41% 開盤），股價衝高回落，收出一根倒錘頭陰K線（高位倒錘頭K線，又稱為射擊之星或流星線），成交量較前一交易日萎縮，當日收盤漲幅 -6.95%，顯露出主力機構直接大幅開低打壓出貨的堅決態度。此時，股價遠離30日均線且漲幅大，KDJ 等部分技術指標已經走弱，盤面的弱勢特徵已經顯現。投資人當天如果還有籌碼沒出完，次日應逢高賣出。

3-1-4　要提防這類漲停板，因為主力已經準備出貨

連續收出5個（含5個）以上一字漲停板的個股，都是因為重大利多消息的刺激。主力機構經由連續拉出一字漲停板拉高，不讓投資人有進場的機會，目的是拉出利潤和出貨空間，為後面的出貨做準備。

大多連續一字漲停板的個股，在拉出一字漲停板之前，都有一定幅度的上漲，且已經拉出過多個建倉型漲停板，說明「先知先覺」的主力機構和個別散戶，早就開始謀劃運作了。所以，在實戰操盤中，對於主力機構連續拉出5個（含5個）以上一字漲停板的個股，投資人一定要全面分析、小心操盤。

對於重大利多消息連續一字漲停的個股，投資人想在集合競價時以漲停價掛買單排隊買入，也不是一件容易的事，因為主力機構在買一位置掛單量巨大，但賣盤稀少。待到主力機構將股價拉到目標價位開始悄悄出貨時，風險已經來臨了。

對於已經達到目標價位的連續一字漲停的個股，主力機構最初的出貨方式，應該是經由撤換買一位置的單量，以及小單進大單出的操盤方式悄悄展開出貨。由於市場集聚大量人氣、買一位置單量大，分時盤面的分時價格線不會出現打開缺口，即漲停板是不會打開的，但當日的成交量是放大的。接下來，主力機構就會經由打開一字漲停板的方式，大量賣出手中籌碼，當日成交量極度放大，K線走勢收出放量長下影線 T 字漲停板。

連續一字漲停的個股漲停板被打開後，意味著股價即將見頂。當然，主力機構手中籌碼量大，一時半會出不完，後期股價還會震盪盤升，甚至拉出漲停板，但卻無法再現之前的強勢風光。如果投資人之前或一字板打開後有幸跟進，一定要注意盯盤，股價出現明顯見頂訊號時立馬出場，以防被套牢。

當然，有的主力機構在連續拉出 5 個（含 5 個）以上一字漲停板後，因為大勢不好或其他原因，導致出貨困難，不得不展開整理洗盤，高賣低買，待整理到位後重拾升勢，展開最後的出貨。

圖 3-19 是 002613 北玻股份 2022 年 3 月 22 日收盤時的 K 線走勢圖，可以看出此時該股處於上升趨勢。股價從前期相對高位，即 2020 年 2 月 27 日和最高價 7.59 元（此前有過一波大漲），大幅震盪下跌，至 2021 年 2 月 4 日的最低價 2.92 元止跌，下跌時間較長、跌幅大。

此後，主力機構展開大幅震盪盤升（挖坑）洗盤吸籌行情，高賣低買與洗盤吸籌並舉，其間收出過 4 個漲停板，均為吸籌建倉型漲停板。

2022 年 3 月 15 日該股開高，收出一個大陽線漲停板，突破前高，成交量較前一交易日萎縮（一是因為漲停的原因，二是因為主力機構高度控盤），形成大陽線漲停 K 線型態。漲停原因為「玻璃＋光伏」概念炒作，由於利多的助推，股價後市持續快速上漲的機率非常大。此時均線呈多頭排列，MACD、KDJ 等技術指標走強，股價的強勢特徵十分明顯。投資人可以在當日搶板或次日集合競價時，以漲停價掛買單排隊等候買進。

從 3 月 16 日開始，主力機構以一字漲停板的方式連續拉升拉高，目的是不讓投資人跟進買入，同時又可以吸引市場眼球。投資人可以在每個交易日早盤集合競價時，以漲停價掛買單排隊等候買進，成交的可能性雖然不大，但還是有希望的。比如 3 月 18 日的一字漲停板，當日成交量就較前一交易日（17 日）放大 7 倍，換手

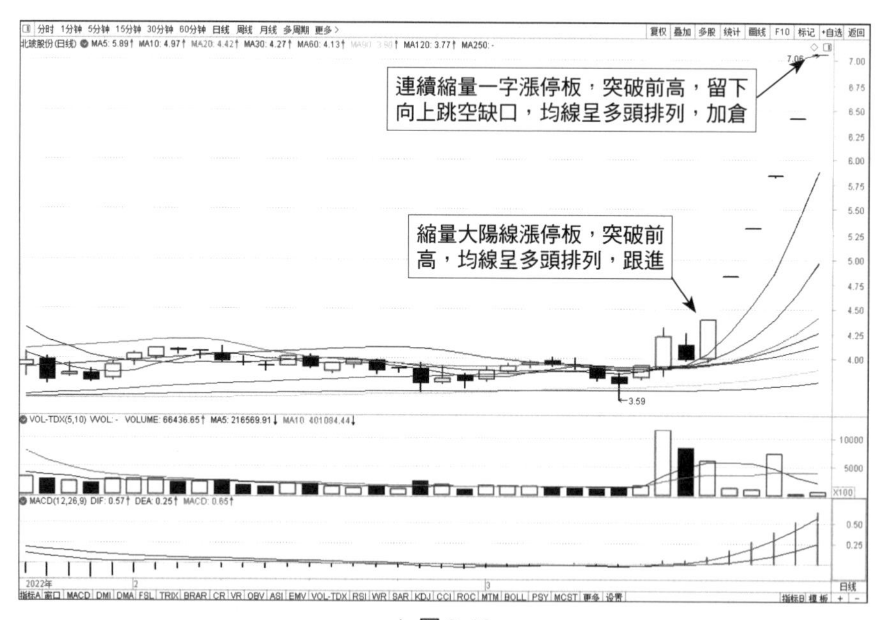

▲ 圖 3-19

率達到 12.95%。

雖然從分時盤面看不到分時價格線上砸出的小坑，但 K 線走勢顯示當日最低價為 5.83 元，而當日一字漲停價是 5.84 元，說明有低於漲停價的賣盤成交。只要是早盤集合競價時，以漲停價掛買單排隊等候買進的投資人，應該都能成交。

3 月 22 日主力機構繼續拉出一字漲停板，突破前高，留下向上跳空缺口，成交量較前一交易日放大，形成一字漲停 K 線型態，盤面的強勢特徵仍特別明顯。這是主力機構拉出的第 5 個一字漲停板，前期有幸跟進的投資人要注意盯盤；沒有買進的，仍可以在當日搶板，或次日開盤後視情況進場買入籌碼。

圖 3-20 是 002613 北玻股份 2022 年 3 月 23 日收盤時的分時走勢圖，為該股在前 6 個交易日主力機構分別拉出 1 個大陽線漲停板

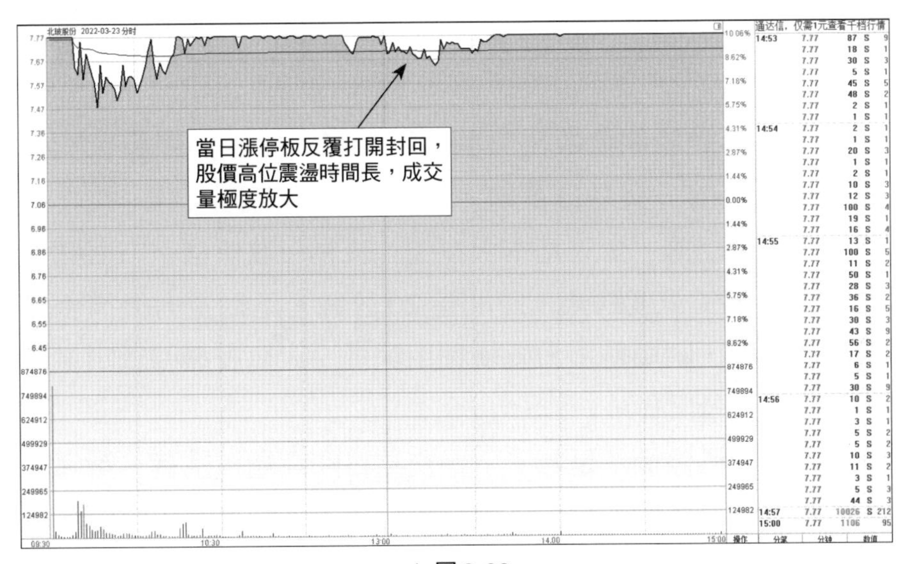

▲ 圖 3-20

和5個一字漲停板之第7日的分時走勢圖。從分時走勢來看，當日該股漲停開盤，9:39漲停板被大賣單打開，成交量迅速放大，此後股價伴隨著漲停板的反覆封板打開，展開高位震盪。14:02封回漲停板至收盤，當日成交量較前一交易日放大43倍多。

從分時盤面可以看出，當日主力機構主要是採取漲停開盤、漲停板反覆打開封回，高位震盪的操盤手法，引誘跟風盤進場而展開大量出貨。漲停板封板結構極弱。

當日該股收出一個巨量T字漲停板，加上此前已經收出6個漲停板，股價的整體漲幅大，投資人後期操作一定要小心。

圖3-21是002613北玻股份2022年3月28日收盤時的K線走勢圖，可以看出，這是前面交易日已經收出1個大陽線漲停板之後，連續收出5個一字漲停板的K線型態。3月23日主力機構拉出一個巨量小T字漲停板，從K線走勢表面上看，此時股價的強勢特徵仍較為明顯，但從3月23日的分時盤面看，股價的弱勢特徵已經顯現。

3月24日該股開低收出一個長下影線大陽線漲停板，突破前高，成交量較前一交易日萎縮。從當日分時走勢來看，該股早盤開低股價震盪回落，全天基本上在前一交易日收盤價下方展開大幅震盪盤整。下午一度跌停、時間達20分鐘，尾盤主力機構急速拉升封回漲停板，明顯是主力機構利用開低、大幅震盪引誘跟風盤進場，而展開大量出貨。

尾盤封回漲停板，是為了下一交易日開高繼續出貨、籌碼能賣個好價錢，當日漲停板封板結構極弱。投資人如果當天手中還有籌碼沒有出完的，次日應逢高賣出。25日該股大幅開高，收出一個小

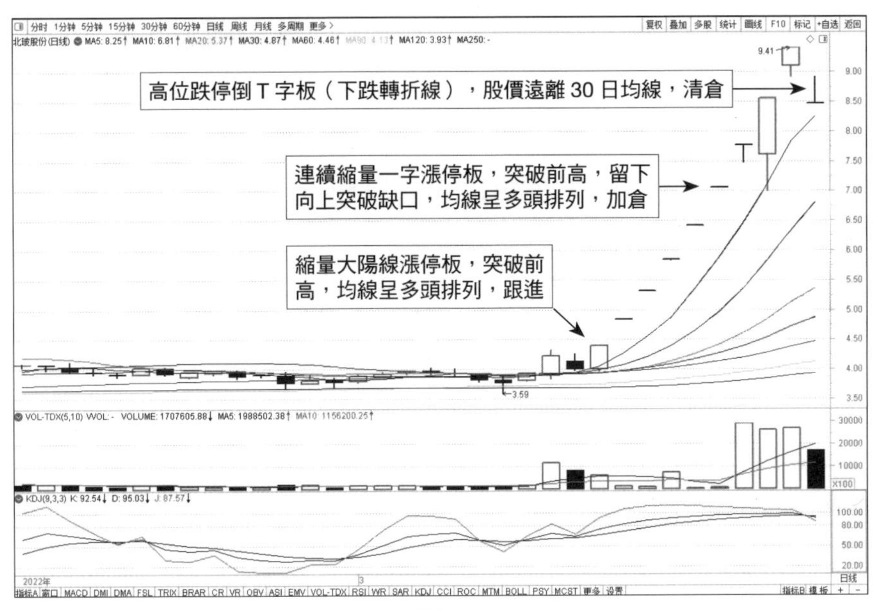

▲ 圖 3-21

陽線漲停板，當天是投資人逢高賣出籌碼的最好也是最後機會。

3 月 28 日該股跌停開盤，股價盤中有所反彈，收出一個倒 T 字跌停板（高位倒 T 字線，又稱下跌轉折線），成交量較前一交易日大幅萎縮，顯露出主力機構直接跌停開盤、打壓股價出貨的堅決態度。此時，股價遠離 30 日均線且漲幅大，MACD、KDJ 等技術指標已經走弱，盤面的弱勢特徵已經顯現。投資人當天如果還有籌碼沒出完，次日應該逢高清倉。

圖 3-22 是 002150 通潤裝備 2022 年 12 月 2 日收盤時的 K 線走勢圖，可以看出此時個股處於上升趨勢。股價從前期相對高位一路震盪下跌，下跌時間長、跌幅大。之後，主力機構展開大幅震盪盤升（挖坑）洗盤吸籌行情，高賣低買與洗盤吸籌並舉。

2022年11月16日該股開高，收出一個大陽線漲停板，突破前高，成交量較前一交易日放大2倍多，形成大陽線漲停K線型態。此時均線呈多頭排列，MACD、KDJ等技術指標開始走強，股價的強勢特徵已經顯現。投資人可以在當日搶板，或次日集合競價時以漲停價掛買單排隊等候買進。

11月23日起，由於「正泰入主＋儲能＋風電＋農機概念」利多的助推，主力機構以一字漲停的方式，連續拉升拉高，目的是不讓投資人跟進買入，同時又可吸引市場眼球。投資人可以在每個交易日早盤集合競價時，以漲停價掛買單排隊等候買進，成交的可能性雖然不大，但還是有希望。

比如11月30日的一字板，當日成交量就較前一交易日（29

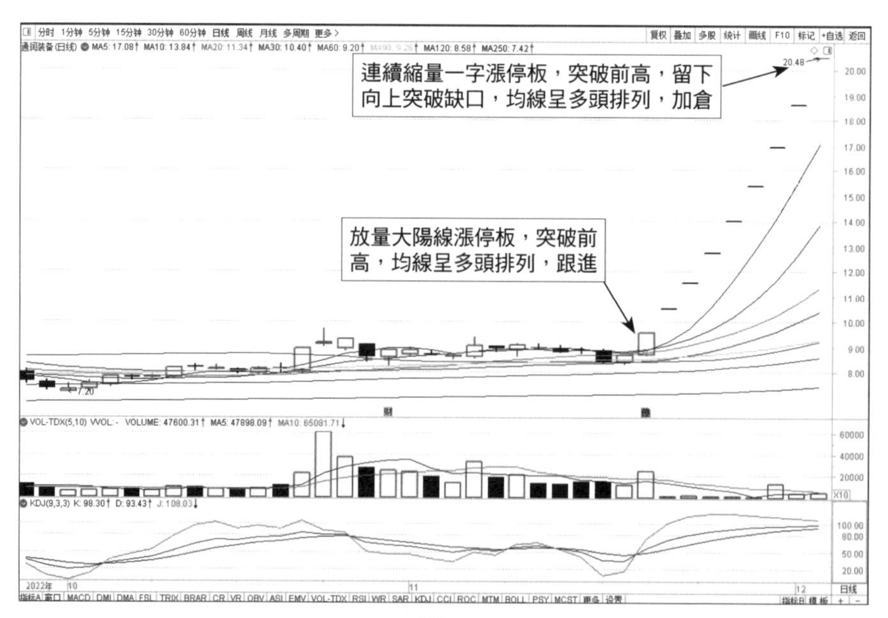

▲ 圖 3-22

日）放大 13 倍，換手率達到 3.64%。從當日開盤後分時盤面右邊的成交明細來看，成交量還是非常大，千（萬）張以上的大賣單成交不少，只要是早盤集合競價時，以漲停價掛買單排隊等候買進的投資人，還是有成交希望的。

12 月 2 日主力機構繼續拉出一字漲停板，突破前高，留下向上跳空缺口，成交量較前一交易日放大，形成一字漲停 K 線型態，盤面的強勢特徵特別明顯。這是主力機構拉出的第 8 個一字漲停板，前期有幸跟進的投資人，要注意盯盤了。沒有買進的，仍可以在當日搶板或次日開盤後，視情況進場加碼。

圖 3-23 是 002150 通潤裝備 2022 年 12 月 5 日收盤時的分時走勢圖。從分時走勢來看，當日該股大幅開高（向上跳空 8.40% 開盤），股價急速回落，成交量迅速放大，然後拐頭上行。9:45 封漲

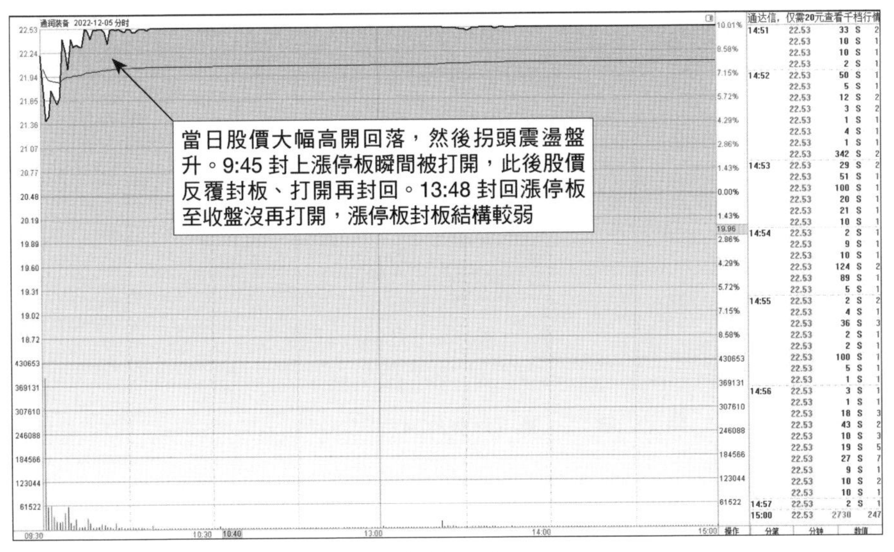

▲ 圖 3-23

停板瞬間被大賣單打開，此後股價反覆封板、打開再封回。13:48 封回漲停板至收盤沒再打開，當日成交量較前一交易日放大 21 倍多，換手率達到 29.18%。

從分時盤面可以看出，當日主力機構主要是採取大幅開高、漲停板反覆打開封回、高位小幅震盪的操盤手法，引誘跟風盤進場而展開大量出貨。

圖 3-24 是 002150 通潤裝備 2022 年 12 月 8 日收盤時的 K 線走勢圖，可以看出，這是前面交易日已經收出 1 個大陽線漲停板之後連續收出 8 個一字漲停板的 K 線型態。12 月 5 日，主力機構拉出一個巨量錘頭陽 K 線漲停板，當日成交量較前一交易日放大 21 倍多，漲停板封板結構較弱。

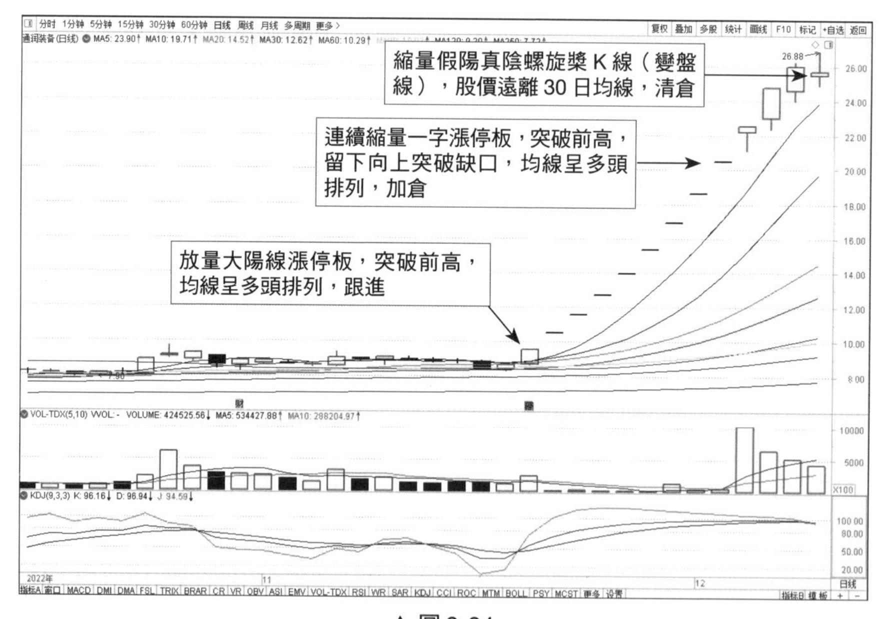

▲ 圖 3-24

12 月 6 日該股開高，收出一個帶下影線大陽線漲停板，突破前高，成交量較前一交易日萎縮。從當日分時走勢來看，該股早盤開高後股價震盪盤升，10:50 封漲停板，10:54 漲停板被打開，此後漲停板反覆封板、打開再封回，14:35 封回漲停板至收盤沒再打開。

當天封板時間晚且漲停板反覆被打開，尾盤再封回，漲停板封板結構非常弱。投資人如果當天手中還有籌碼沒有出完，次日應逢高賣出。12 月 7 日該股開低，收出一個帶上下影線的大陽線（收盤漲幅 4.92%），當天是投資人逢高賣出籌碼的最好時機。

12 月 8 日該股開低，股價衝高回落，收出一根實體較小的假陽真陰螺旋槳 K 線（高位或相對高位的螺旋槳 K 線，又稱為變盤線或轉勢線，千萬小心高位假陽真陰），收盤漲幅 -1.19%，成交量較前一交易日萎縮。顯露出主力機構採取開低拉高、盤中大幅震盪的操盤手法，引誘跟風盤進場而大量出貨的跡象。

此時，股價遠離 30 日均線且漲幅大，KDJ 等部分技術指標開始走弱，盤面的弱勢特徵已經顯現。投資人當天如果還有籌碼沒出完，次日應該逢高清倉。

重點整理

了解主力法人的出貨

- 大多數連續一字漲停板的個股，在此之前都有一定幅度上漲，且已經拉出多個建倉型漲停板，說明主力機構早就開始謀劃運作。
- 主力機構最初的出貨方式，是經由撤換買一位置的單量，以及小單進大單出的操盤方式。
- 有的主力機構在連續拉出 5 個（含 5 個）以上一字漲停板後，因為大勢不好而整理洗盤，待整理到位後展開最後的出貨。

【實戰範例】

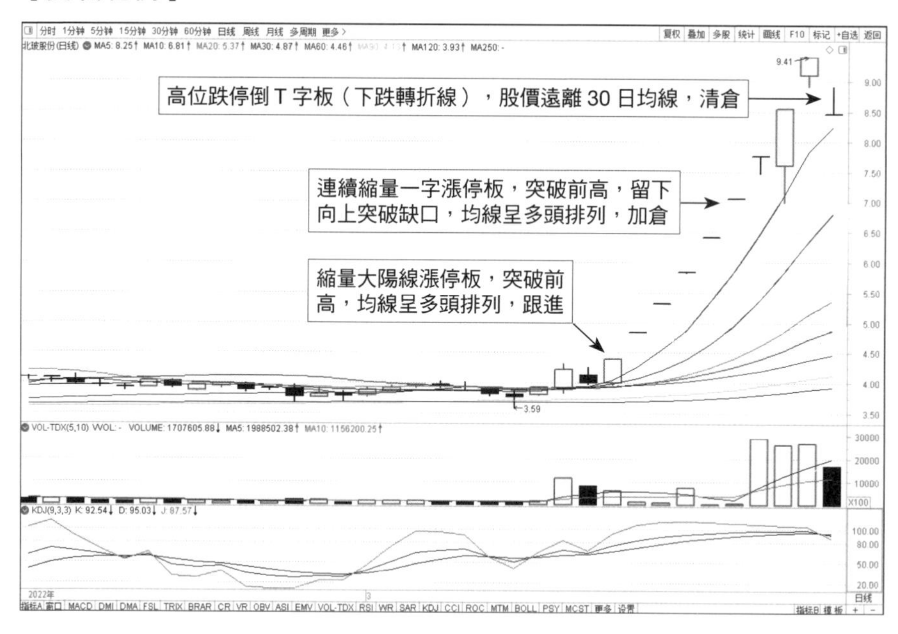

3-2 遇到T字漲停板不敢買？看懂主力操作就不怕

T 字漲停板，是指個股當天以漲停價開盤，盤中漲停板被大賣單打開，之後又再次封回漲停板，K 線走勢上出現一個類似於英文字母 T 字一樣的 K 線型態。

能夠漲停開盤、之後又能把漲停板打開、打開之後又能再次封回，這是主力機構控盤以及謀劃運作的結果。主力機構的目的是什麼呢？由於 T 字板的情況比較複雜，這裡我們分析以下兩種情況。

3-2-1　主力強勢震倉後T 字漲停板，可跟進

目標股票下跌時間較長、跌幅較大，止跌後或展開震盪盤升或橫盤震盪整理洗盤吸籌。K 線走勢表現為小陰小陽、紅多綠少、紅肥綠瘦，且底部逐漸抬高，短中期均線逐漸形成多頭排列。在收出漲停板之前，潛伏其中的主力機構已經悄悄收集大量籌碼，控盤比較到位。某日突然拉出大陽線或小陽線漲停板（或一字板），到

第二個或第三個漲停板時收出 T 字漲停板，這就可能是主力機構再次強勢震倉洗盤（或試盤）的 T 字漲停板。

主力機構強勢震倉洗盤的目的，是清洗獲利盤和前期套牢盤（也可認為是放任獲利盤和前期套牢盤出逃），在清洗意志不堅定投資人的同時，允許急於入場的其他投資人跟進，以拉高市場平均成本，減輕後期拉升壓力。

投資人瀏覽或追蹤過程中，發現這類處於低位或相對低位的 T 字漲停板個股，可以作為立即進場買入的最佳選擇對象。因為 T 字漲停板之前，股價沒有大幅快速拉升過，加上前期股價震盪盤升時間較長，主力機構籌碼鎖定程度較高、控盤比較到位，已經或即將啟動快速拉升行情。

圖 3-25 是 002374 中銳股份 2021 年 11 月 29 日收盤時的 K 線走勢圖，可以看出此時該股處於上升趨勢。股價從前期相對高位，一路震盪下跌，至 2021 年 1 月 13 日的最低價 1.99 元止跌，下跌時間長、跌幅大，其間有過多次較大幅度的反彈。

2021 年 1 月 13 日股價止跌後，主力機構快速推升股價，收集籌碼，然後展開大幅震盪盤升（挖坑）洗盤行情，高賣低買與洗盤吸籌並舉，其間收出過 5 個漲停板，均為吸籌建倉型漲停板。

11 月 25 日該股開高，收出一根大陽線（收盤漲幅 6.49%），突破平台和前高，成交量較前一交易日放大 5 倍多。股價向上突破 5 日、10 日、30 日和 120 日均線（一陽穿 4 線），20 日、250 日均線在股價下方上行，60 日均線在股價上方下行，90 日均線在股價上方上行，均線呈蛟龍出海型態。此時，均線呈多頭排列（除 30 日、60 日均線外），MACD、KDJ 等技術指標開始走強，股價的強勢特徵已經顯現，後市上漲的機率大，投資人可以在當日或次日逢低買進。

11 月 26 日該股跳空開高，收出一個大陽線漲停板，突破前高，成交量較前一交易日明顯放大，形成大陽線漲停 K 線型態。漲停原因為「包裝印刷＋汙水處理＋區塊鏈＋貴宴樽酒業」概念炒作。投資人可以在當日搶板，或次日集合競價時以漲停價掛買單排隊等候買進。

11 月 29 日由於上述概念利多的助推，該股漲停開盤，收出一個 T 字漲停板，突破前高，留下向上跳空突破缺口。成交量較前一交易日略有放大，形成向上突破缺口和 T 字漲停 K 線型態。

此時均線呈多頭排列，MACD、KDJ 等技術指標持續強勢，

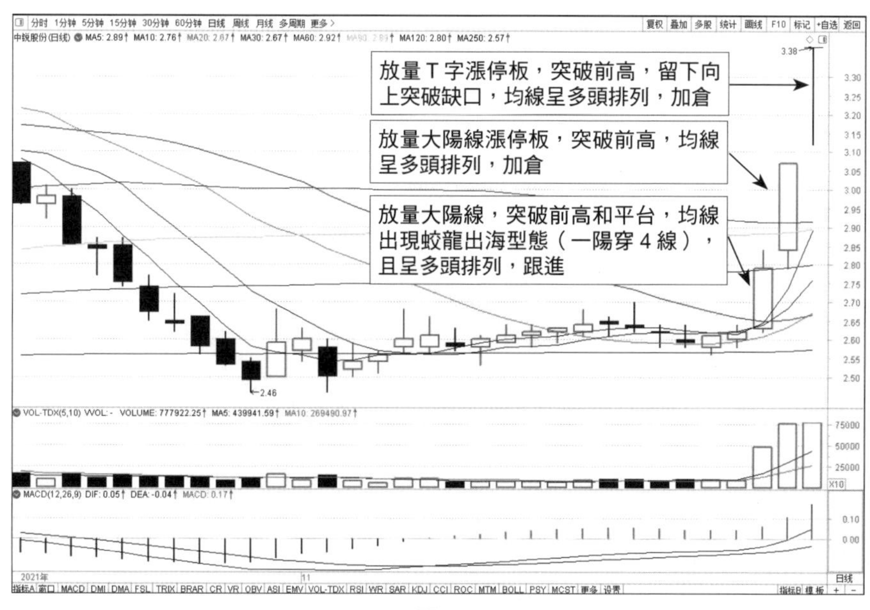

▲圖 3-25

股價的強勢特徵已經十分明顯，後市持續快速上漲的機率非常大。投資人如果當日沒能進場買入籌碼（從當天分時走勢看，開盤後漲停板被打開長達 9 分鐘時間，投資人還是有充足的時間進場買入籌碼），可以在次日集合競價時以漲停價掛買單排隊等候加倉買進，持股待漲，待股價出現明顯見頂訊號時再賣出。

圖 3-26 是 002374 中銳股份 2021 年 11 月 29 日收盤時的分時走勢圖。可以看到當天該股漲停開盤，股價瞬間回落，9:39 封回漲停板至收盤沒再打開，其間成交量迅速放大，分時盤面留下一個坑。明顯是主力機構展開的強勢震倉洗盤行情，放任前期獲利盤和套牢盤出逃，清洗意志不堅定投資人，拉高市場平均成本，減輕後期拉升壓力。

從盤面來看，由於封回漲停板較早，且打開漲停板的時間不

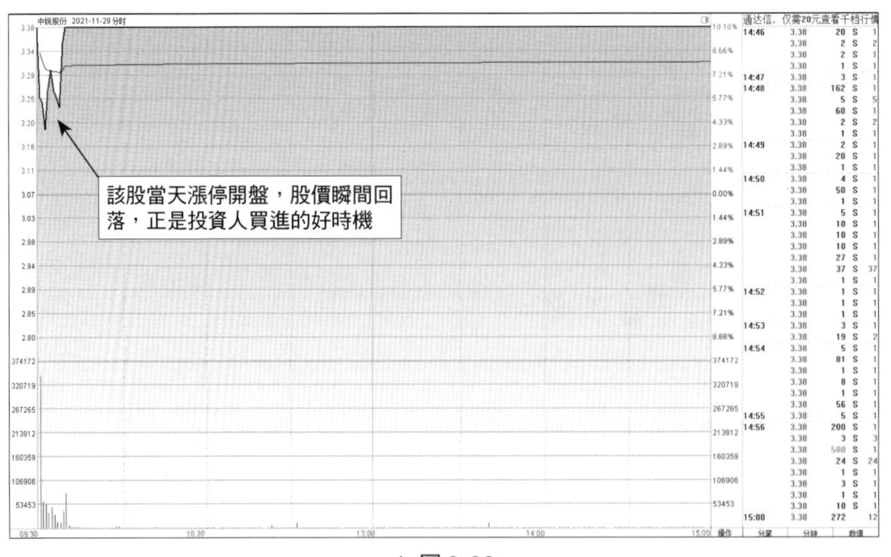

▲ 圖 3-26

是很長，盤面的強勢特徵仍十分明顯。在當天漲停板被打開的 9 分鐘時間裡，堅持在集合競價時以漲停價掛買單排隊等候進場的投資人，應該都進場買進了。這也是前一交易日大陽線漲停板之後，來不及進場的投資人最好的進場時機。當然，反應快的投資人，在當日漲停開盤、瞬間被打開後，也能快速進場買入籌碼。

圖 3-27 是 002374 中銳股份 2021 年 12 月 31 日收盤時的 K 線走勢圖，可以看出 11 月 29 日該股漲停開盤，收出一個 T 字漲停板，股價的強勢特徵相當明顯，此後主力機構開啟快速拉升行情。

從拉升情況來看，主力機構依托 5 日均線展開快速拉升，其間展開過兩次強勢回檔洗盤，股價回檔跌（刺）破 10 日均線馬上收回，10 日均線對股價有較強的支撐作用，整體上漲走勢順暢。從 11 月 29 日至 12 月 31 日共 25 個交易日，拉出 15 個漲停板，其中 5 個一字板、1 個 T 字板、3 個小陽線漲停板、6 個大陽線漲停板，漲幅相當可觀。

12 月 31 日該股漲停開盤，收出一根假陰真陽錘頭 K 線（高位錘頭線，也稱為上吊線或吊頸線），成交量較前一交易日放大 3 倍多。從分時走勢來看，該股當日漲停開盤，瞬間被大賣單打開，成交量迅速放大，此後漲停板反覆打開、封回多次。

9:55 漲停板再次被打開後股價一路震盪回落，尾盤拉高，明顯是主力機構利用漲停開盤（漲停誘多）、漲停板反覆打開封回以及盤中拉高等操盤手法，引誘跟風盤進場而展開高位出貨。此時，股價遠離 30 日均線且漲幅很大，KDJ 等部分技術指標開始走弱，盤面的弱勢特徵已經顯現。投資人當天如果還有籌碼沒出完，次日一定要逢高清倉。

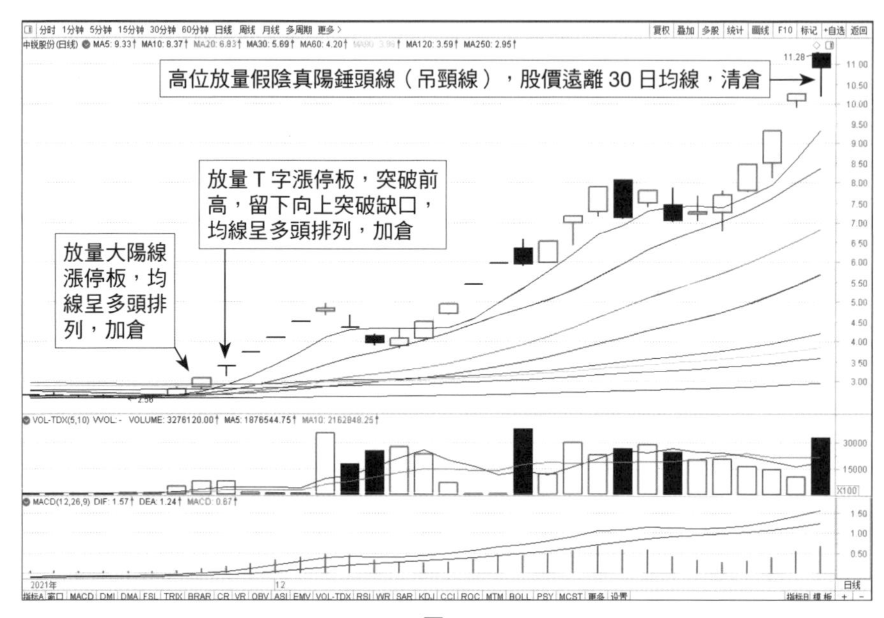

▲ 圖 3-27

圖 3-28 是 000957 中通客車 2022 年 5 月 16 日收盤時的 K 線走勢圖，可以看出此時該股處於高位大幅下跌之後的反彈趨勢。股價從前期相對高位一路震盪下跌，至 2022 年 4 月 27 日的最低價 3.85 元止跌。

下跌時間長、跌幅大，其間有過多次較大幅度的反彈。下跌後期，主力機構經由反彈以及打壓股價，收集了不少籌碼建倉。

2022 年 4 月 27 日股價止跌後，主力機構快速推升股價，收集籌碼，K 線走勢紅多綠少、紅肥綠瘦，底部逐漸抬高。5 月 13 日該股跳空開高，收出一個大陽線漲停板，突破前高，留下向上突破缺口，成交量較前一交易日放大 3 倍多，形成向上突破缺口和大陽線漲停 K 線型態，漲停原因為「汽車整車＋核酸檢測」概念炒作。

當日股價向上突破 5 日、20 日和 30 日均線（一陽穿 3 線），10 日均線在股價下方上行，60 日、90 日、120 日和 250 日均線在股價上方下行，均線呈蛟龍出海型態。此時均線系統較弱，但MACD、KDJ 等技術指標開始走強，股價的強勢特徵開始顯現，加上利多消息的刺激，後市持續快速上漲的機率大。投資人可以在當日搶板，或在次日集合競價時，以漲停價掛買單排隊等候加倉買進。

5 月 16 日由於「汽車整車＋核酸檢測」概念利多的助推，該股漲停開盤，收出一個小 T 字漲停板，突破前高，留下向上跳空突破缺口，成交量較前一交易日略有放大，形成向上突破缺口和 T 字漲停 K 線型態。此時均線呈多頭排列（除 90 日和 250 日均線外），MACD、KDJ 等技術指標持續強勢，股價的強勢特徵已經相當明

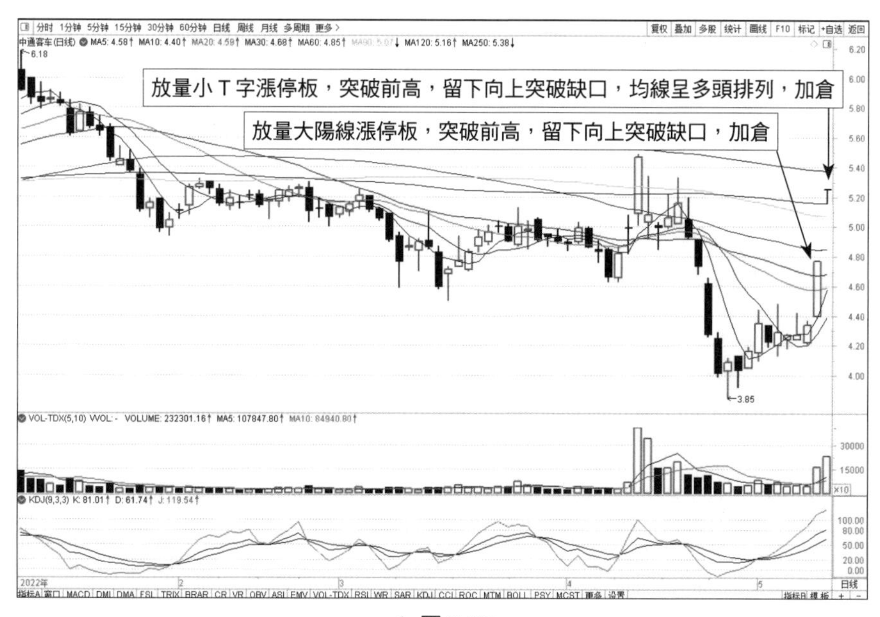

▲ 圖 3-28

顯，後市持續快速上漲的機率非常大。投資人如果當日沒能進場買入籌碼，可以在次日集合競價時以漲停價掛買單排隊，等候加倉買進，然後持股待漲，待股價出現明顯見頂訊號時再賣出。

圖 3-29 是 000957 中通客車 2022 年 5 月 16 日開盤後至 10:37 的分時圖。當天該股漲停開盤，從 10:36 開始有大量千（萬）張以上的大賣單開始砸板（其中最大一筆為 49846 張），隨著千（萬）張以上大賣單成交，漲停板被打開，成交量迅速放大。

從右邊的成交明細可以看到，股價由漲停價 5.25 元跌到 5.19 元，同 1 分鐘內，主力機構封回漲停板；9:37 漲停板再次被打開，股價由漲停價 5.25 元跌到 5.21 元。同 1 分鐘內，主力機構再次封回漲停板，此後漲停板沒有再被打開。由於大賣單砸板時間短且在同 1 分鐘內，盤面買一位置買盤單量大，所以我們看不到分時價格線

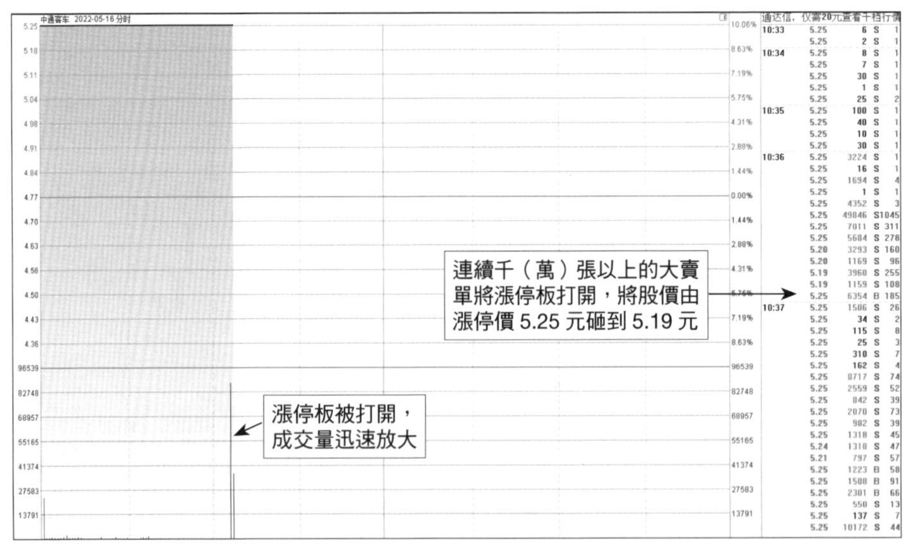

▲ 圖 3-29

上砸出的小坑，但當日 K 線顯示最低價跌到 5.16 元。

從分時成交來看，很明顯是主力機構展開的強勢震倉洗盤行為，放任前期獲利盤和套牢盤出逃，清洗意志不堅定投資人，拉高市場平均成本，減輕後期拉升壓力。當然，當日只要在集合競價時以漲停價掛買單排隊等候買進的投資人，都能如願成交。

當日該股收出一個放量小 T 字漲停板，像這種低位且有利多消息助推的 T 字板，投資人如果此前已經進場，應該持股待漲，也可以趁漲停板打開之機，再次加碼。之前沒有進場買進籌碼的投資人，可以趁漲停板被打開放量時買進，待到股價出現明顯見頂訊號再賣出。

圖 3-30 是 000957 中通客車 2022 年 7 月 6 日收盤時的 K 線走勢圖，可以看出 5 月 16 日該股漲停開盤，收出一個小 T 字漲停板，股價的強勢特徵相當明顯，此後主力機構開啟了快速拉升行情。

從拉升情況來看，主力機構依托 5 日均線，採取直線拉升、盤中洗盤、迅速拉高的操盤手法，急速向上拉升股價，整體上漲走勢乾淨俐落。從 5 月 16 日至 6 月 21 日共 21 個交易日，拉出 19 根陽線，其中 14 個漲停板（3 個一字板、3 個 T 字板、4 個小陽線漲停板、4 個大陽線漲停板），漲幅巨大。

7 月 6 日該股停牌核查後復牌，跌停開盤，股價盤中有所反彈，收出一個倒 T 字跌停板（高位倒 T 字線又稱下跌轉折線），成交量較前一交易日大幅萎縮，顯露出主力機構直接跌停開盤、打壓股價出貨的堅決態度。此時，股價遠離 30 日均線且漲幅大，MACD、KDJ 等技術指標已經走弱，盤面的弱勢特徵已經顯現。投資人當天如果還有籌碼沒出完，次日一定要逢高清倉。

投資人需要注意的是，像這種較低位置出現的震倉洗盤型 T 字板大牛股，實際操盤中很難遇見，多數是數個漲停板之後出現的 T 字漲停板。對於數個漲停板之後出現的 T 字漲停板（T 字漲停板之前的大陽線漲停板加一字漲停板最好不超過 3 個），可以選擇開板時間不長，沒有反覆打開且放量不大的 T 字漲停板個股跟進，該類個股較安全、且獲利的機率較大。

如果投資人已經跟進的 T 字漲停板，當日或次日出現成交量迅速放大，或很快出現明顯見頂訊號，則要在次日擇機逢高清倉。

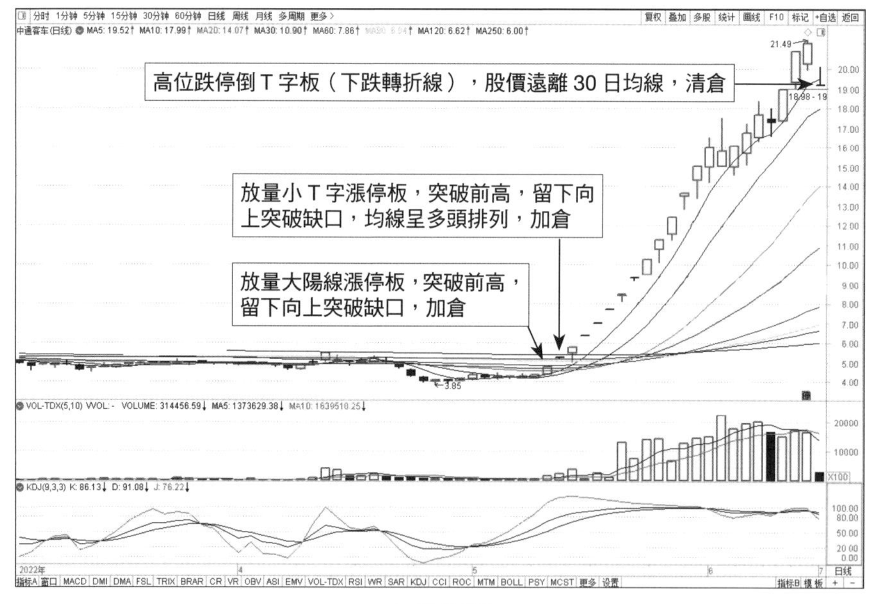

▲ 圖 3-30

3-2-2　主力誘多出貨 T 字漲停板，代表股價已見頂

一般情況下，高位 T 字漲停板被認定為主力機構誘多出貨型漲停板。在這種 T 字漲停板之前，主力機構已經拉出多個陽線漲停板或一字漲停板，獲利豐厚，此時拉出 T 字漲停板是主力機構拉升結束的表現，也是股價即將見頂或已經見頂的象徵。這種 T 字漲停板不是投資人的目標選擇，即便股市高手或膽子大的投資人，買入前也一定要慎之又慎。

高位 T 字漲停板，如果當日盤中打開的次數多、下影線較長、成交量大幅放大，可以確認是主力機構在高位大量出貨。如果當日收出的 T 字漲停板，盤中打開的次數少、下影線不長、成交量放得也不是太大，也應該認定為是主力機構在高位出貨。主力機構在封漲停板後，採取撤換買一位置的買單出貨部分籌碼，然後再打開漲停板派發部分籌碼，這是一種漲停誘多的表現。

不管是哪一種情況，手中有籌碼的投資人都應該逢高出場，見好就收。當然，由於主力機構籌碼多，一兩個交易日時間很難出完手中籌碼，後市應該還有漲停或者震盪走高，或者盤整後繼續向上拉升的可能。但投資人另選主力機構準備啟動拉升行情的其他強勢個股，分析研判後擇機逢低跟進，應該會更安全更可靠些。

圖 3-31 是 002093 國脈科技 2022 年 10 月 19 日收盤時的 K 線走勢圖，可以看出此時該股處於高位大幅下跌之後的反彈趨勢。股價從前期相對高位一路震盪下跌，下跌時間長、跌幅大，其間有過多次較大幅度的反彈。

2022 年 4月 27 日股價止跌後，主力機構快速推升股價，收集

籌碼，然後展開橫盤震盪洗盤（挖坑）吸籌行情，其間拉出過 1 個漲停板，為吸籌建倉型漲停板。

10 月 10 日該股開高，收出一個大陽線漲停板，突破前高，成交量較前一交易日放大 3 倍多，形成大陽線漲停 K 線型態。漲停原因為「數字經濟＋職業教育＋5G」概念炒作。

此時該股均線系統較弱，但 MACD、KDJ 等技術指標開始走強，股價的強勢特徵開始顯現，加上利多消息刺激，後市持續快速上漲的機率大。投資人可以在當日搶板，或次日集合競價時，以漲停價掛買單排隊等候加倉買進。

10 月 11 日由於上述概念利多的助推，主力機構大幅跳空開高（向上跳空 3.59% 開盤），拉出一個大陽線漲停板，突破前高（坑

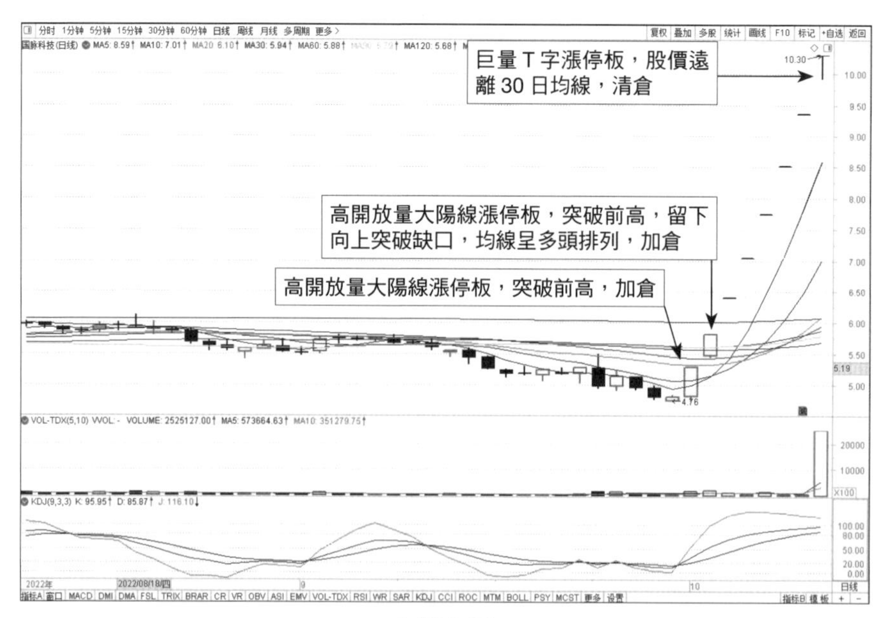

▲ 圖 3-31

口），留下向上跳空突破缺口。成交量較前一交易日略有放大，形成向上突破缺口和大陽線漲停 K 線型態（從當日分時走勢看，該股大幅跳空開高後瞬間漲停，成交量急速放大，在早盤集合競價時以漲停價掛買單排隊等候買進的投資人，應該都能如願成交）。

此時，股價的強勢特徵已經相當明顯，後市持續快速上漲的機率非常大。投資人如果當日沒能進場買進，可以在次日集合競價時，以漲停價掛買單排隊等候加倉買進，然後持股待漲，待股價出現明顯見頂訊號時再賣出。

10 月 12 日至 10 月 18 日，主力機構連續拉出 5 個一字板，漲幅相當可觀。10 月 19 日該股漲停開盤，收出一個高位 T 字漲停板（高位 T 字線是主力機構為了掩護高位出貨，而拉出的漲停誘多 K 線，這種 K 線型態是由主力機構操盤手法形成的騙線），是一種股價見頂轉勢訊號。

當日成交量較前一交易日放大 39 倍多，顯露出主力機構採取漲停開盤、反覆打開封回漲停板、撤換買一位置買單等操盤手法，引誘跟風盤進場而大量出貨的跡象。此時，股價遠離 30 日均線且漲幅大，KDJ 等部分技術指標開始走弱，盤面的弱勢特徵已經顯現。投資人當天如果還有籌碼沒出完，次日一定要逢高清倉。

圖 3-32 是 002093 國脈科技 2022 年 10 月 19 日開盤後至 9:32 的分時圖。從這 2 分多鐘的分時走勢來看，當日該股漲停開盤，股價瞬間回落，成交量急速放大。從分時盤面右邊的成交明細可以看到，萬張（十萬張）以上大賣單密集成交（開盤後最大的兩筆賣單分別為 145453 張、145123 張），隨著大賣單的不斷成交，股價從漲停價 10.30 元瞬間跌到 10.11 元。從開盤後瞬間砸出的萬張（十萬

張）以上大賣單數量看，一定是主力機構（應該也包括一些大戶的獲利盤）趁開盤漲停急速出了一大部分貨，因為一般投資人手中不可能有這麼大數量的籌碼。

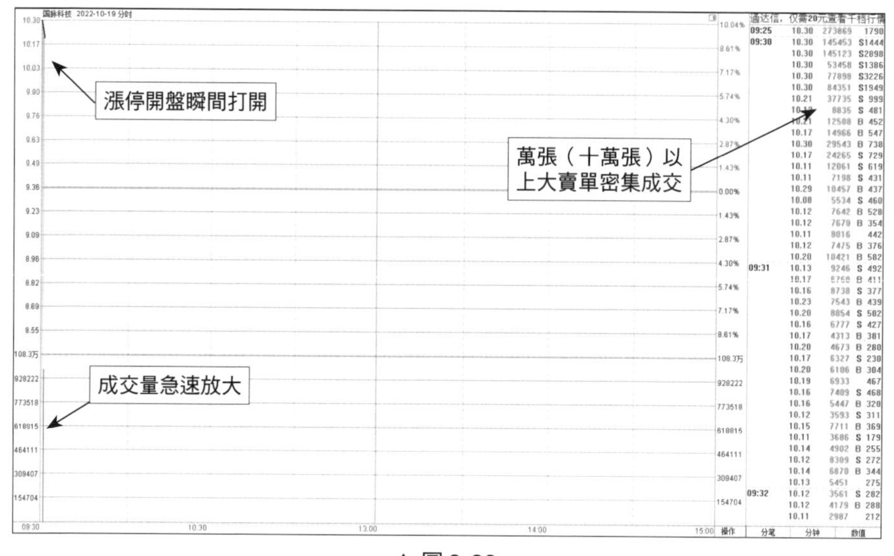

▲ 圖 3-32

圖 3-33 是 002093 國脈科技 2022 年 10 月 19 日收盤時的分時走勢圖，可以看出該股早盤漲停開盤，股價瞬間急速回落，成交量迅速放大，股價回落至 10.01 元左右（漲幅 7% 左右）展開震盪整理，成交量仍持續大幅放大。9:54 封回漲停板，9:58 漲停板再次被大賣單打開，10:03 封回漲停板，至收盤沒再打開，分時盤面留下 2 個大小不一的坑。

漲停板被打開的時間較長，成交量巨大，明顯是主力機構採取漲停開盤、打開漲停板以及高位震盪的操盤手法，引誘跟風盤進場而大量出貨。從當天巨大的成交量及分時盤面右邊的成交明細來看，第兩次封回漲停板至收盤，主力機構仍一直利用撤換買一位置買單的手法，逐步展開出貨。

當日主力機構拉出一個巨量 T 字漲停板（K 線顯示最低價跌到 9.93 元），這個巨量 T 字板明顯是主力機構高位誘多出貨型 T 字漲停板。投資人如果當天手中還有籌碼沒有出完，次日一定要逢高清倉。

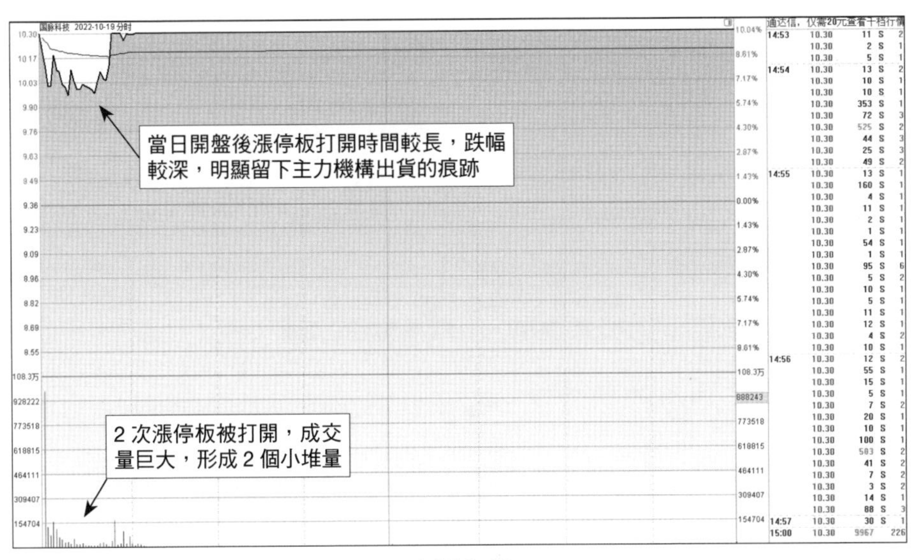

▲圖 3-33

圖 3-34 是 002093 國脈科技 2022 年 10 月 20 日收盤時的 K 線走勢圖，可以看出，該股從 10 月 10 日收出一個大陽線漲停板之後，主力機構連續拉出 7 個漲停板（其中 1 個大陽線漲停板、5 個一字漲停板和 1 個 T 字漲停板），漲幅巨大。前一交易日（10 月 19

日）收出的巨量T字漲停板，明顯是高位誘多出貨型T字漲停板。

當日該股開低，股價衝高回落，收出一根小螺旋槳陽K線（高位或相對高位的螺旋槳K線，又稱為變盤線或轉勢線），收盤漲幅1.46%，成交量較前一交易日略為萎縮，顯露出主力機構採取開低拉高、盤中大幅震盪的操盤手法，引誘跟風盤進場而大量出貨的跡象。此時，股價遠離30日均線且漲幅大，KDJ等部分技術指標開始走弱，盤面的弱勢特徵已經顯現。投資人當天如果還有籌碼沒出完，次日一定要清倉出場。

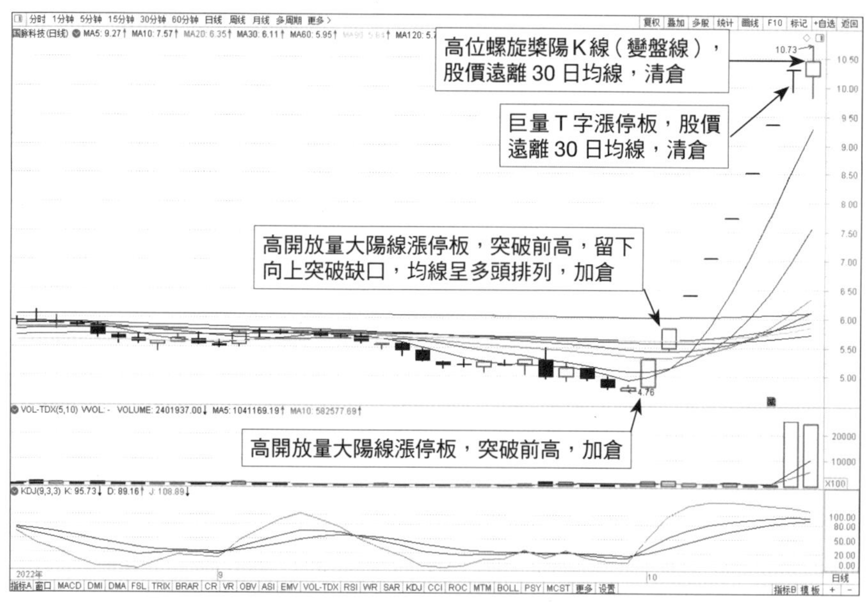

▲圖3-34

圖 3-35 是 600603 廣匯物流 2022 年 7 月 29 日收盤時的 K 線走勢圖，可以看出此時該股處於上升趨勢。股價從前期相對低位路震盪盤升，至 2022 年 7 月 27 日收出一個小 T 字漲停板的漲停 ，收盤價 8.86 元，股價從低位上漲以來，已經有較大漲幅。

7 月 27 日該股漲停開盤，股價瞬間回落，成交量急速放大，9:34 封回漲停板，至收盤漲停板沒再打開。當日成交量較前一交易日略放大，應該是主力機構（包括部分前期獲利的大戶和其他投資人）趁漲停開盤逢高出了一部分貨。

7 月 28 日該股漲停開盤（漲停價 9.75 元），再次收出一個小 T 字漲停板，成交量較前一交易日萎縮，K 線顯示當日最低價跌到 9.55 元。從當日分時走勢來看，由於大賣單砸板時間短，且買一位

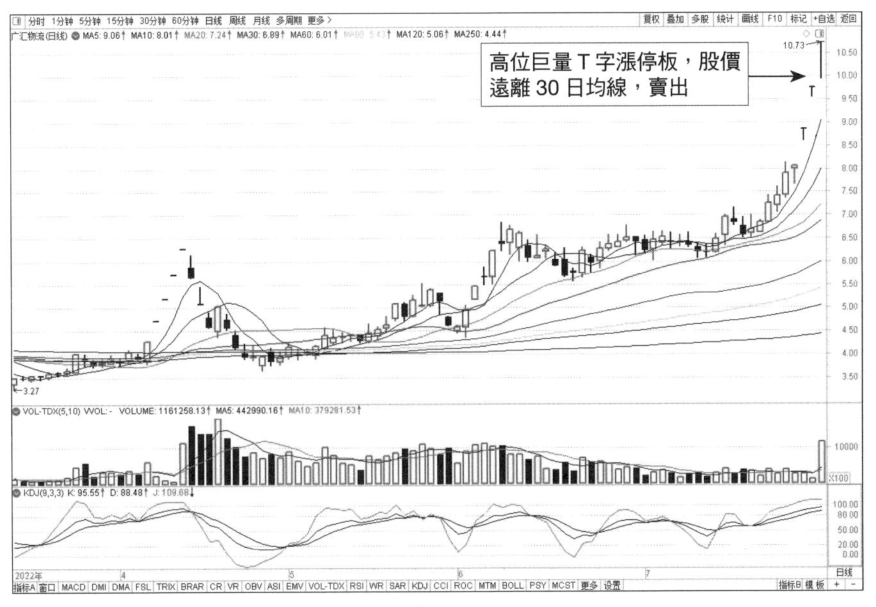

▲ 圖 3-35

置買盤單量大，所以我們看不到分時價格線上砸出的小坑。但從當日的成交明細可以看出，主力機構經由撤換買一位置的買單，當日以漲停價又賣出不少籌碼。

7 月 29 日該股集合競價漲停開盤，收出一個高位 T 字漲停板（主力機構為了掩護高位出貨，而拉出的漲停誘多 K 線），是一種股價見頂轉勢訊號。當日成交量較前一交易日放大 8 倍多，顯露出主力機構採取漲停開盤、長時間開板、高位震盪等操盤手法，引誘跟風盤進場而大量出貨的跡象。此時，股價遠離 30 日均線且漲幅大，KDJ 等部分技術指標開始走弱，盤面的弱勢特徵已經顯現。投資人當天如果還有籌碼沒出完，次日應逢高賣出。

圖3-36是600603廣匯物流2022年7月29日收盤時的分時走勢圖，可以看出當日該股集合競價漲停開盤，股價瞬間回落，成交量

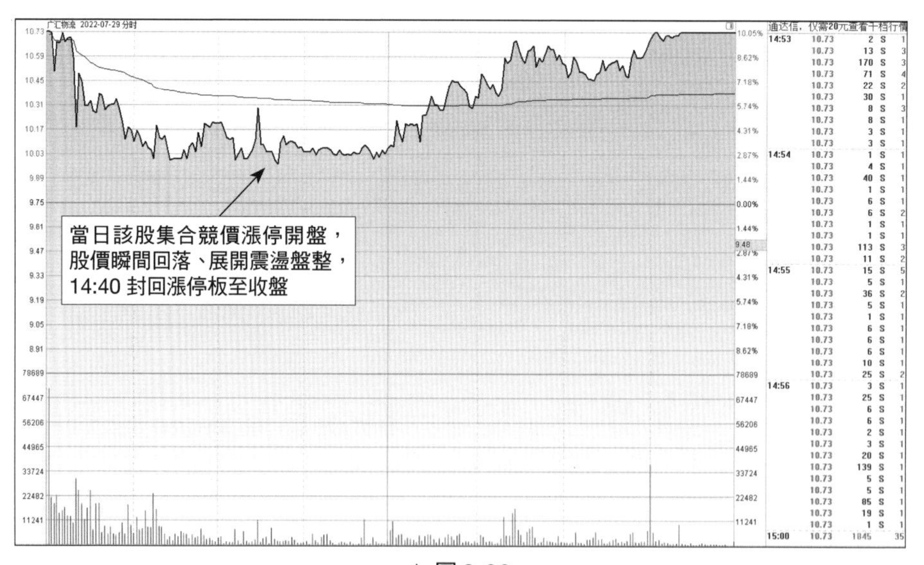

▲ 圖 3-36

迅速放大，之後股價震盪回落至前一交易日收盤價上方，展開震盪盤整行情，成交量呈萎縮狀態。下午開盤後股價開始震盪走高，成交量逐漸放大，14：40封回漲停板至收盤，當日成交量較前一交易日放大 8 倍多。

從分時盤面可以看出，當日漲停板開板時間長，尾盤才封回的漲停板，漲停板封板結構極弱。顯露出主力機構利用漲停開盤、高位震盪、尾盤封板的操盤手法，引誘跟風盤進場而展開大量出貨的痕跡。

當日該股收出一個巨量長下影線 T 字漲停板，加上此前已經收出 2 個小 T 字漲停板，且股價的整體漲幅偏大，已經獲利的投資人最好在次日逢高賣出手中籌碼。

圖 3-37 是 600603 廣匯物流 2022 年 8 月 1 日收盤時的 K 線走勢圖，可以看出，該股上一個交易日收出一個高位 T 字漲停板（高位 T 字線又稱為莊家線，是主力機構為了掩護高位出貨而拉出的一種漲停誘多 K 線）。成交量較前一交易日巨額放大，明顯是主力機構在高位誘多出貨，是一種股價見頂或即將見頂的轉勢訊號。

8 月 1 日該股開低，股價衝高回落，收出一根螺旋槳陽 K 線（高位或相對高位的螺旋槳 K 線，又稱為變盤線或轉勢線），收盤漲幅 5.13%，成交量較前一交易日萎縮，顯露出主力機構採取開低拉高、盤中震盪回落的操盤手法，引誘跟風盤進場而出貨的跡象。此時，股價遠離 30 日均線且漲幅大，KDJ 等部分技術指標開始走弱，盤面的弱勢特徵已經顯現。已經獲利的投資人當天如果還有籌碼沒出完，次日應逢高賣出。

由於該股流通盤大、主力機構籌碼多，出貨困難，短時間很難將籌碼出完，後市應該有漲停、震盪走高、盤整或整理後繼續上漲的可能。已經獲利的投資人應該逢高賣出籌碼，見好就收，另選其他強勢股票操作。當然，股市高手或膽子大的投資人，可以繼續持股，但也要盯緊盤面，謹慎操作。

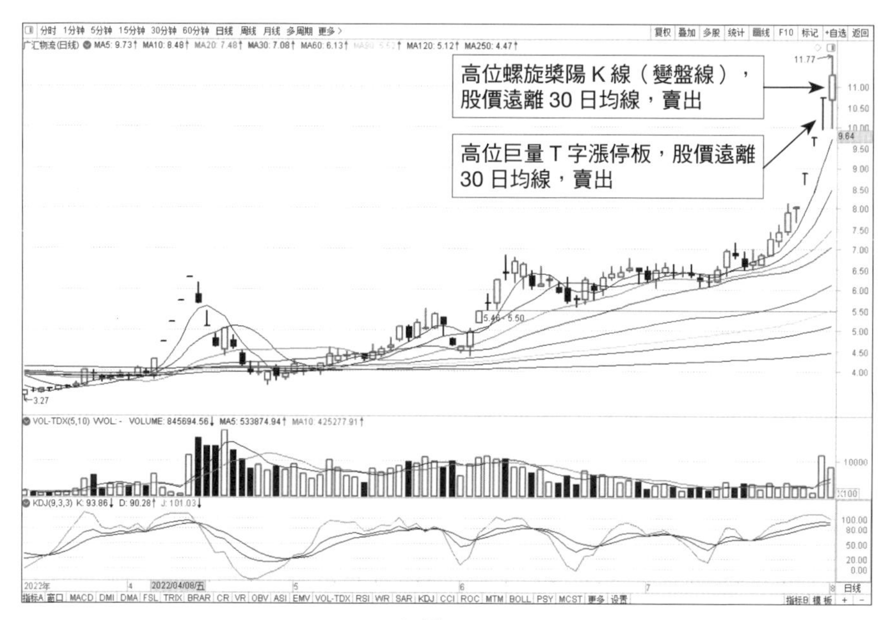

▲ 圖 3-37

重點整理

了解主力法人的操作

- 高位T字漲停板，被認定為主力機構誘多出貨型漲停板，在此之前已經拉出多個陽線漲停板或一字漲停板，獲利豐厚。此時拉出T字漲停板，是股價即將見頂或已經見頂的象徵。
- 此種漲停板不是投資人的目標選擇，買入前也一定要慎之又慎。
- 高位T字漲停板如果當日盤中打開的次數多、下影線較長、成交量大幅放大，可以確認是主力機構在高位大量出貨。

【實戰範例】

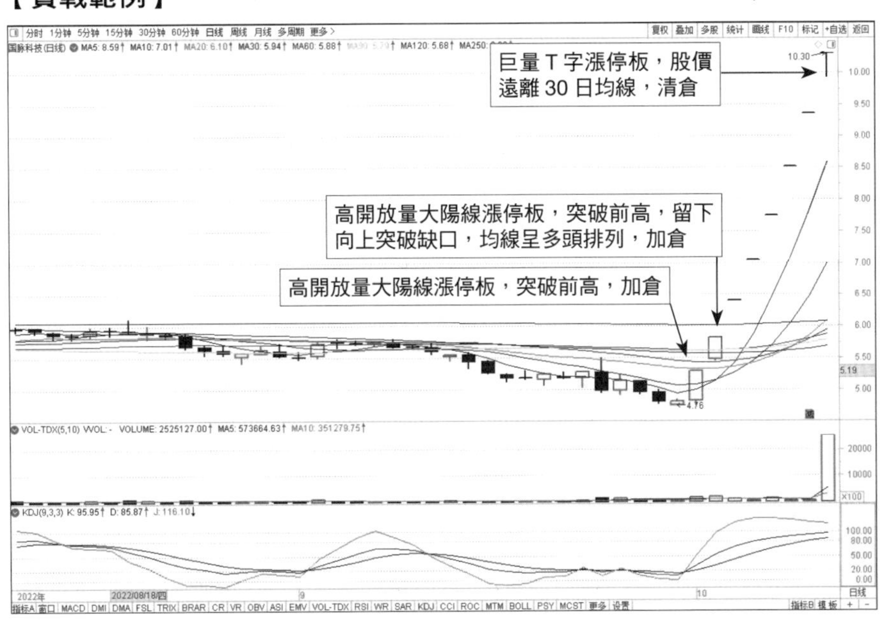

3-3

小心主力、法人精心為你設計的 2 種漲停陷阱

除了一字漲停板、T 字漲停板的其他漲停個股，是指主力機構在對目標股票控盤（或基本控盤）的情況下，對政策面、消息面、大盤、量價時空及其他技術指標等因素分析後，不以漲停開盤的方式拉出漲停板的個股。

主力機構操作股票的目的只有一個，那就是獲利，但其運作股票的手段卻是詭計多端、千變萬化。有的建倉完成後直接拉升甚至拉出漲停板，到一定高度後或橫盤震倉或打壓洗盤，然後繼續拉升；有的建倉完成後不急不緩，小陰小陽慢慢抬高底部，什麼時候拉出漲停板，只有主力機構自己心裡清楚。

投資人如果想獲利大一點、快一點。最好選擇個股股價已經處於上升趨勢、且前期已經拉出過漲停板的個股（有利多或利多預期的個股更好），以下分兩種情況說明。

3-3-1　低位或相對低位的第一或第二個漲停板

個股經過較長時間、較大幅度的下跌，止跌後主力機構快速推升股價，收集籌碼，然後展開震盪盤升或強勢整理行情，K 線走勢紅多綠少、紅肥綠瘦。且小陰小陽居多，個股底部逐漸抬高，短中期均線逐步呈多頭排列之勢，個股強勢特徵逐漸顯現。

主力機構突然在某個交易日拉出漲停板，目的應該是拉高其他投資人進場成本，或儘快脫離成本區或啟動上漲行情。若在操盤過程中發現此類個股，可以作為除一字漲停板和 T 字漲停板之後的最佳目標股票選擇，分析研判後，積極尋機進場買進籌碼。

此類個股拉出第一個漲停板之後可能連續拉升，也可能回檔洗盤吸籌，但整體盤升態勢不變，趨勢是樂觀向上的，只是時間上可能持續稍長些。事實上，主力機構操作一檔股票的過程，其實也是折磨和考驗投資人精神和意志的過程。

圖 3-38 是 603286 日盈電子 2022 年 7 月 25 日收盤時的 K 線走勢圖，可以看出此時該股整體處於上升趨勢。股價從 2021 年 11 月 25 日的最高價 26.30 元，一路震盪下跌。至 2022 年 4 月 28 日的最低價 12.51 元止跌，下跌時間雖然不是很長但跌幅大。

2022 年 4 月 28 日股價止跌後，主力機構快速展開震盪盤升（挖坑）洗盤吸籌行情，K 線走勢紅多綠少、紅肥綠瘦，個股走勢呈上升趨勢。

7 月 25 日該股開高，收出一個大陽線漲停板，突破前高，成交量較前一交易日明顯放大，形成大陽線漲停 K 線型態，漲停原因為「汽車零部件＋汽車電子＋晶片」概念炒作。此時該股均線呈多頭排列，MACD、KDJ 等技術指標開始走強，股價的強勢特徵開始顯現，後市快速上漲的機率大，投資人可以在當日搶板或次日逢低加碼。

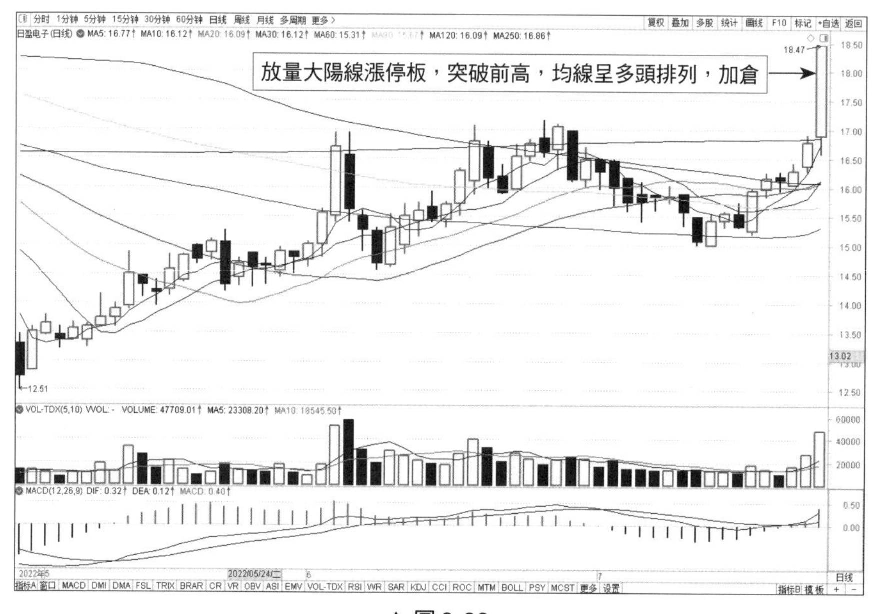

▲圖 3-38

圖 3-39 是 603286 日盈電子 2022 年 7 月 25 日收盤時的分時走勢圖，可以看出，當日該股開高，股價略回檔後展開震盪盤升行情，成交量持續穩步放大，10:48 封漲停板至收盤。

從分時盤面右邊的成交明細可以看到，10:48 最後一筆 3971 張的大買單將股價封死在漲停板上。投資人可以在最後一筆 3971 張大買單將股價封死漲停板前，迅速掛買單跟進。當然也可以在股價放量上漲的過程中，逢低買進。

從盤面來看，早盤開高後分時價格線穩步上行，成交量同步放大，10:48 封漲停板後至收盤沒開板。分時盤面強勢特徵十分明顯、做多氛圍濃厚，短期續漲機率大，後市可看多做多。

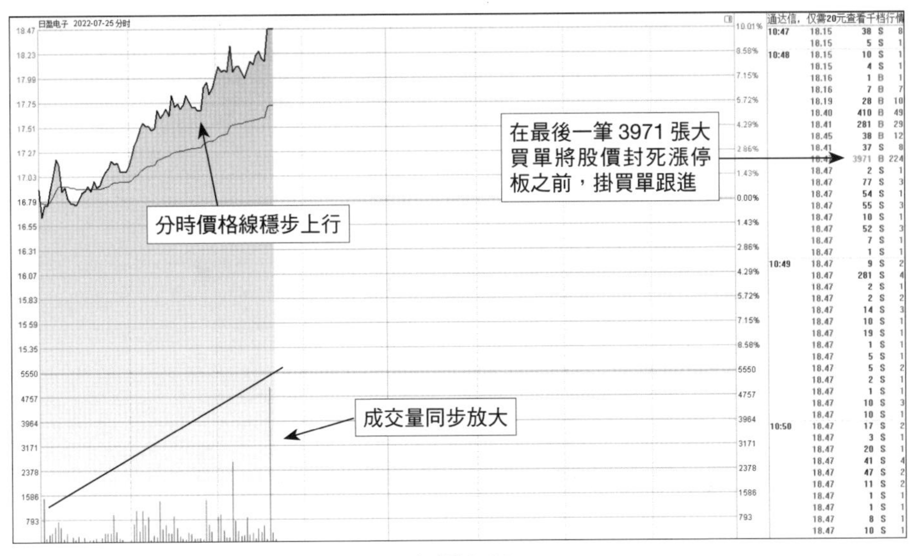

▲ 圖 3-39

圖 3-40 是 603286 日盈電子 2022 年 8 月 3 日收盤時的 K 線走勢圖，可以看出，7 月 25 日該股收出一個大陽線漲停板，突破前高，形成大陽線漲停 K 線型態。7 月 26 日、27 日，股價連續整理 2 個交易日，正是投資人進場買入籌碼的好時機。從 7 月 28 日起，由於利多助推，主力機構連續拉出 5 根陽線，其中 4 個漲停板。

8 月 3 日該股大幅開高（向上跳空 6.62% 開盤），收出一個錘頭陽 K 線漲停板（高位或相對高位的錘頭線，又稱為上吊線或吊頸線），成交量較前一交易日大幅放大，明顯是一個漲停誘多出貨型漲停板。此時，股價遠離 30 日均線且漲幅較大，KDJ 等部分技術指標開始走弱，盤面的弱勢特徵已經顯現。投資人當天如果還有籌碼沒出完，次日應逢高賣出。

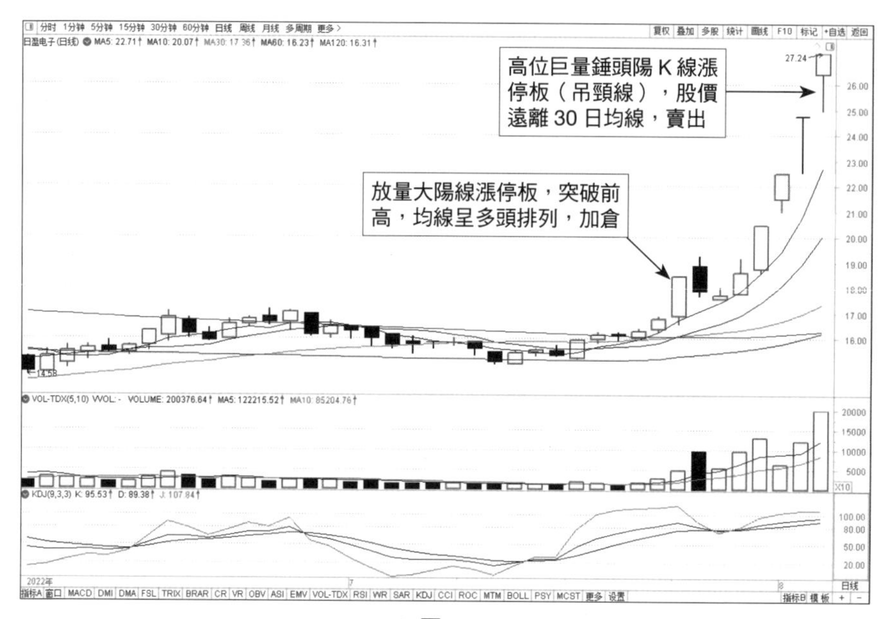

▲ 圖 3-40

圖 3-41 是 603286 日盈電子 2022 年 8 月 3 日收盤時的分時走勢圖，該股當日大幅跳空開高（向上跳空 6.62% 開盤），股價急速回落，然後拐頭上行，成交量快速放大，分 2 個波次於 9:35 封漲停板。13:30 漲停板被大賣單打開，13:31 封回漲停板瞬間又被大賣單打開，股價急速回落，成交量大幅放大。13:44 封回漲停板；14:42 漲停板第 3 次被大賣單打開，股價急速回落，成交量迅速放大，14:50 封回漲停板至收盤。

當日分時盤面留下 2 個大坑，且漲停板打開的時間較長、跌幅較深，成交量較前一交易日大幅放大，明顯是主力機構利用大幅跳空開高、漲停板反覆打開封回等操盤手法展開誘多出貨。投資人當天如果還有籌碼沒出完，次日應逢高賣出。

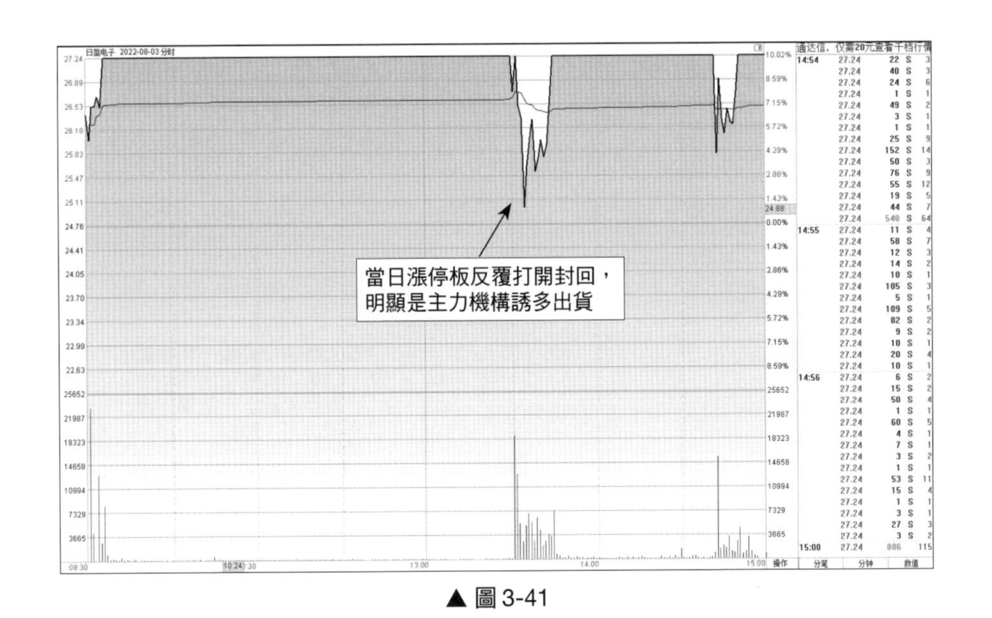

▲ 圖 3-41

圖 3-42 是 003005 競業達 2022 年 9 月 28 日收盤時的 K 線走勢圖，可以看出，此時股價處於高位大幅下跌之後的反彈走勢中。股價從上市後的最高價一路震盪下跌，下跌時間長、跌幅大，其間有過多次較大幅度的反彈。下跌後期，主力機構經由展開反彈、打壓股價等手法收集大量籌碼建倉。

2022 年 9 月 21 日股價止跌後，主力機構展開強勢整理行情，繼續收集籌碼。28 日該股開低，收出一個大陽線漲停板，突破前高，成交量較前一交易日放大 9 倍多，形成大陽線漲停 K 線型態，漲停原因為「信創＋國產軟體＋職業教育」等概念炒作。

當日股價向上突破 5 日、10 日、20 日和 30 日均線（一陽穿 4 線），60 日、90 日、120 日和 250 日均線在股價上方下行，均線呈蛟龍出海型態。此時短期均線呈多頭排列，MACD、KDJ 等技術指標開始走強，股價的強勢特徵開始顯現，加上利多消息的刺激，後市持續快速上漲的機率大。

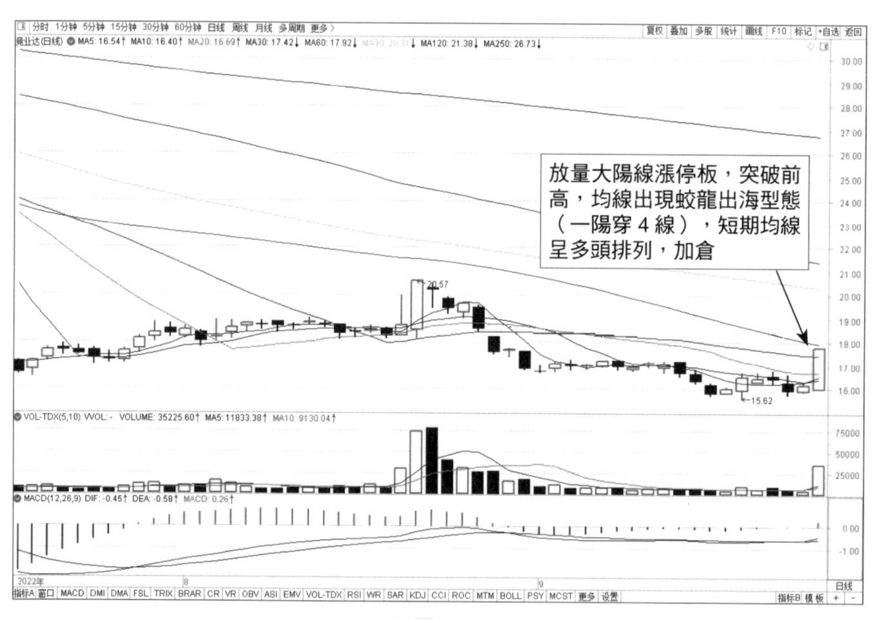

▲ 圖 3-42

圖 3-43 是 003005 競業達 2022 年 9 月 29 日開盤後至 9:32 的分時圖，為該股在前一交易日主力機構拉出 1 個大陽線漲停板之次日的分時圖。可以看出當日該股開高（向上跳空 2.59% 開盤），股價

急速上衝，成交量迅速放大，於 9:31 封漲停板，至收盤漲停板沒打開。前一交易日沒能進場買入籌碼的投資人，只要在當日集合競價以漲停價掛買單排隊等候，都能如願成交。當然，投資人也可以在 9:31 第一筆 4762 張大買單將股價封死漲停板之前，快速下單跟進，應該還有機會買入。

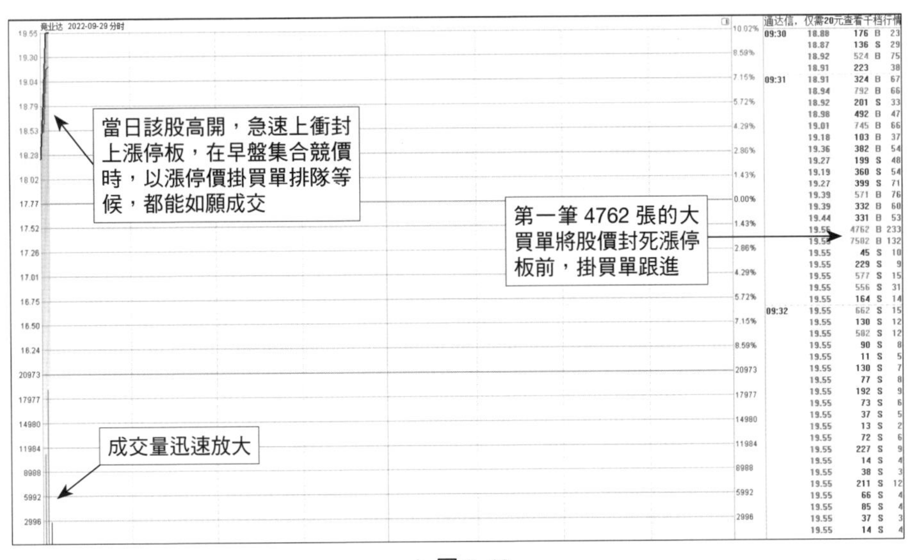

▲ 圖 3-43

圖 3-44 是 003005 競業達 2022 年 11 月 4 日收盤時的 K 線走勢圖，可以看出，9 月 28 日主力機構拉出一個放量大陽線漲停板，突破前高，形成大陽線漲停 K 線型態。均線出現蛟龍出海型態，短期均線呈多頭排列，股價的強勢特徵相當明顯，此後主力機構展開向上快速拉升行情。從拉升情況來看，從 9 月 29 日起主力機構依托 5 日均線，採取直線拉升、盤中洗盤、迅速拉高的操盤手法，急速向

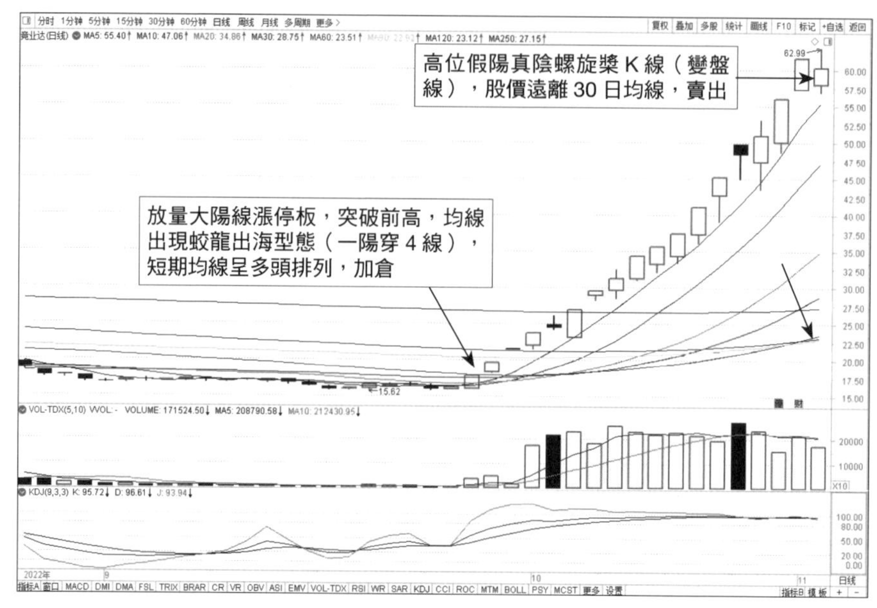

▲圖 3-44

上拉升股價。至 11 月 3 日，連續拉出 15 根陽線（其中有 2 根為假陰真陽 K 線），其中 10 個漲停板，漲幅巨大。

11 月 4 日該股開低，股價衝高回落，收出一根假陽真陰螺旋槳 K 線（高位或相對高位的螺旋槳 K 線，又稱變盤線或轉勢線，千萬小心高位假陽真陰），收盤漲幅 -2.11%。成交量較前一交易日萎縮，顯露出主力機構採取開低、盤中震盪走高然後回落的操盤手法，引誘跟風盤進場而出貨的跡象。此時，股價遠離 30 日均線且漲幅大，KDJ 等部分技術指標開始走弱，盤面的弱勢特徵已經顯現。已獲利的投資人當天如果籌碼沒出完，次日應逢高賣出。

圖 3-45 是 003005 競業達 2022 年 11 月 4 日收盤時的分時走勢圖，可以看到當日該股大幅開低（向下跳空 -5.83% 開盤）後，股

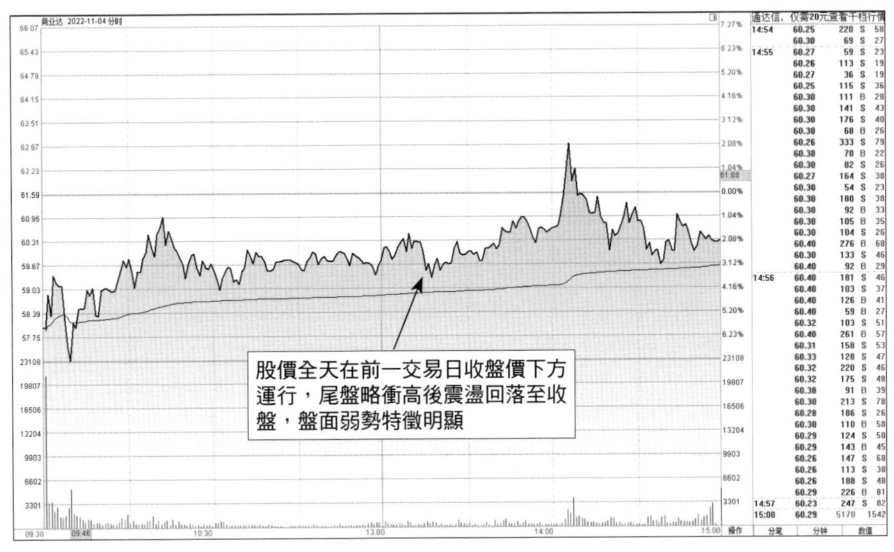

▲ 圖 3-45

價在前一交易日收盤價下方緩慢震盪盤升。14:04 股價快速上行，突破前一交易日收盤價，隨後急速拐頭震盪走低至收盤。明顯是主力機構利用先大幅開低，然後盤中震盪走高等手法，吸引跟風盤進場而出貨，尾盤先拉高股價然後再打壓出貨，整體分時盤面弱勢特徵較明顯。投資人當天如果籌碼沒出完，次日應逢高賣出。

3-3-2　中期洗盤整理後的第一個漲停板

個股經過初期上漲之後有一定的漲幅，積累不少獲利盤。主力機構利用大盤整理等時機，經由展開強勢橫盤震盪整理洗盤或回檔洗盤等手法，來消化獲利盤（包括前期套牢盤），拉高新進場投資人的入場成本，減輕後市拉升壓力。

洗盤整理結束後，隨著成交量放大和 K 線、均線型態及其他各項技術指標走強，主力機構拉出洗盤整理後的第一個漲停板。此類目標股票在此次漲停之前，已經拉出過漲停板，甚至拉出過多個漲停板，股價已處於相對高位。投資人在瀏覽和追蹤過程中發現類似個股，可以選擇作為目標股票，分析研判後積極尋機進場買進。

一般情況下，中期整理洗盤之後，個股走勢已步入快速拉升環節，主力機構後期的拉升目標應該較明確。投資人進場後就要盯緊盤面、注意主力機構的操盤動向、量能變化、均線排列及大盤走勢等情況，做好隨時出場的準備。

圖 3-46 是 002719 麥趣爾 2022 年 12 月 21 日收盤時的 K 線走勢圖，可以看出此時該股整體處於上升趨勢。股價從前期相對高位一路震盪下跌，至 2022 年 7 月 15 日的最低價 6.47 元止跌。下跌時間較長、跌幅大，其間有過 1 次較大幅度的反彈。下跌後期，主力機構經由展開反彈、打壓股價等手法，收集大量籌碼建倉。

2022 年 7 月 15 日股價止跌後，主力機構展開初期上漲行情，拉升股價，繼續收集籌碼，K 線走勢紅多綠少、紅肥綠瘦。8 月 10 日、11 日、12 日，主力機構連續拉出 3 個大陽線漲停板，股價整體漲幅較大，累積不少獲利盤。8 月 15 日該股大幅開高（向上跳空 4.78% 開盤），股價衝高至 11.24 元回落跌停，收出一根看跌吞沒跌停大陰線。成交量較前一交易日放大，主力機構展開中期回檔洗盤行情。投資人可以在當日或次日逢高先賣出手中籌碼，待回檔洗盤到位後再將籌碼接回來。

10 月 11 日該股開低收出一顆十字星，股價探至當日最低價 6.77 元止跌，成交量較前一交易日略有萎縮，此時投資人可以開始逢低分批買進籌碼。此後主力機構快速推升股價，收集籌碼，K 線走勢紅多綠少、紅肥綠瘦，成交量逐步放大。

12 月 21 日該股開低，收出一個大陽線漲停板，突破前高，成交量較前一交易日放大 2 倍多，形成大陽線漲停 K 線型態，漲停原因類別為「乳業＋食品飲料＋新疆振興」概念炒作。

當日股價向上突破 10 日、20 日、30 日、60 日、90 日和 250 日均線（一陽穿 6 線），5 日、120 日均線在股價下方上行，均線呈蛟龍出海型態。此時均線呈多頭排列（除 250 日均線外），MACD、KDJ 等技術指標開始走強，股價的強勢特徵已經顯現。加上利多消息刺激，後市持續快速上漲的機率大。投資人可以在當日搶板，或在次日集合競價時，以漲停價掛買單排隊等候加倉買進。

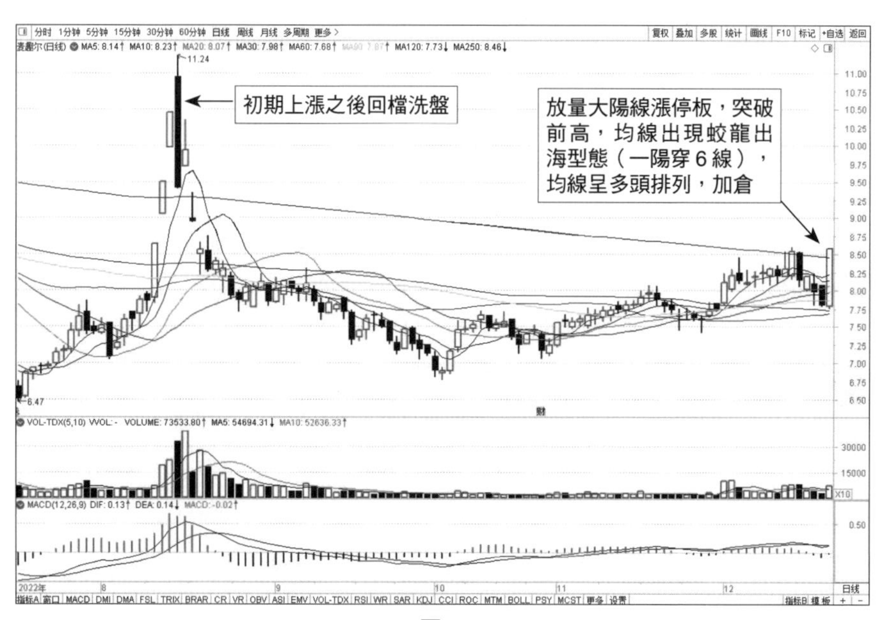

▲ 圖 3-46

圖 3-47 是 002719 麥趣爾 2022 年 12 月 22 日開盤後至 9:34 的分時圖，為該股在前一交易日主力機構收出 1 個大陽線漲停板之次日的分時圖。從這 4 分多鐘的分時走勢可以看出，當日該股開高（向上跳空 2.80% 開盤），股價分 2 個波次急速上衝，成交量迅速放大，於 9:33 封漲停板，至收盤漲停板沒打開。

前一交易日沒能進場買入籌碼的投資人，只要是在當日集合競價時，以漲停價掛買單排隊等候的買進，都能如願成交。當然，投資人也可以在 9:33 最後一筆 2435 張大買單將股價封死漲停板之前，快速下單跟進，應該還是有可能買入。

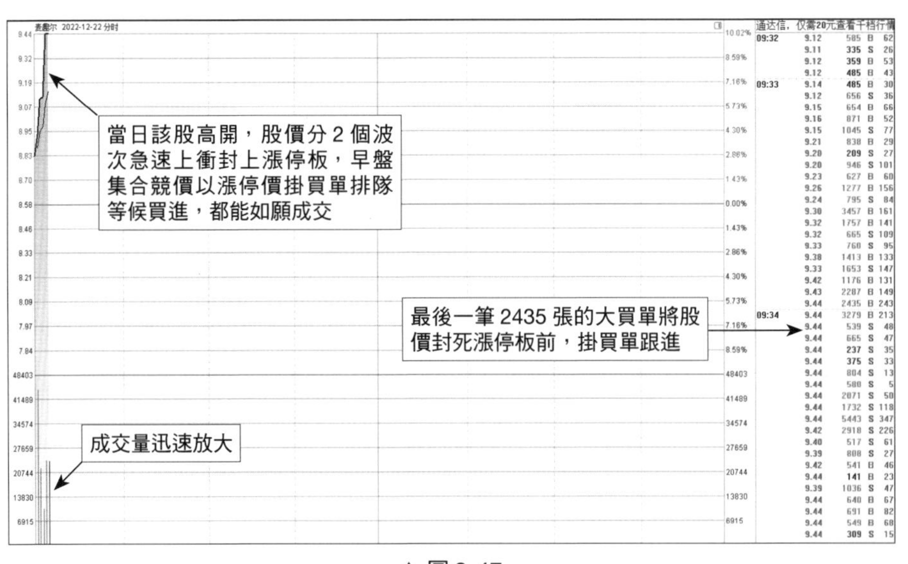

▲ 圖 3-47

圖 3-48 是 002719 麥趣爾 2022 年 12 月 29 日收盤時的 K 線走勢圖，可以看出，12 月 21 日主力機構收出一個放量大陽線漲停板，

突破前高，形成大陽線漲停 K 線型態。均線呈多頭排列，股價的強勢特徵相當明顯，此後主力機構展開向上快速拉升行情。

從拉升情況來看，從 12 月 22 日起主力機構依托 5 日均線，採取直線拉升、盤中洗盤、迅速拉高的操盤手法，急速向上拉升股價。至 12 月 29 日，連續拉出 6 根陽線，均為漲停板。其中 1 個一字漲停板、2 個小陽線漲停板、2 個大陽線漲停板，1 個長下影線陽線漲停板，漲幅非常大。

12 月 29 日該股大幅開高（向上跳空 7.74% 開盤），收出一個鍾頭陽 K 線漲停板（高位或相對高位的錘頭線，又稱為上吊線或吊頸線），成交量較前一交易日放大 5 倍多，明顯是一個漲停誘多出貨型漲停板。此時，股價遠離 30 日均線且漲幅大，KDJ 等部分技

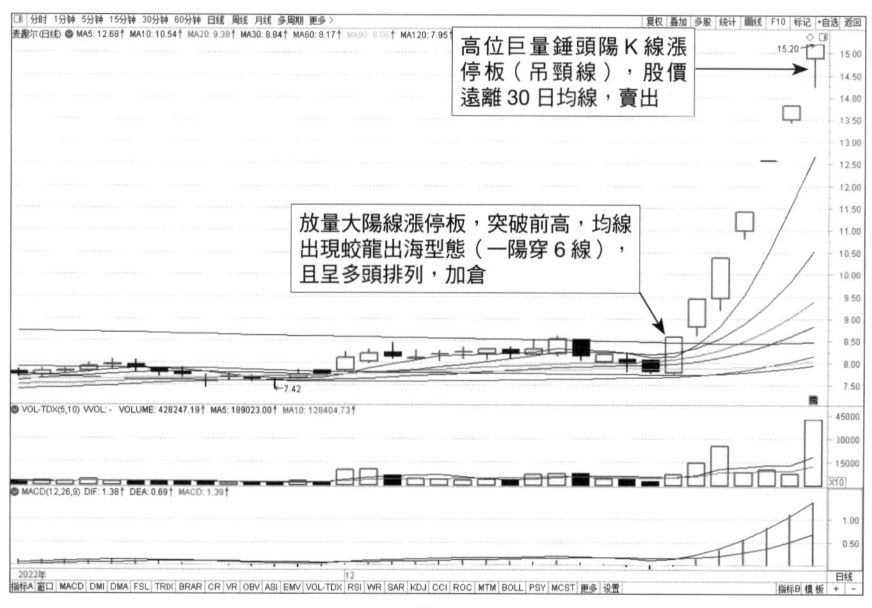

▲ 圖 3-48

術指標開始走弱，盤面的弱勢特徵已經顯現。

圖 3-49 是 002719 麥趣爾 2022 年 12 月 29 日收盤時的分時走勢圖，可以看出，當日該股大幅開高（向上跳空 7.74% 開盤）後，股價快速衝高回落。隨後急速拐頭上衝，分 2 個波次於 9:36 封漲停板後瞬間打開，股價快速回落至當日開盤價附近，展開震盪整理，9:47 封回漲停板。下午漲停板打開封回反覆多次，成交量放大。

從盤面來看，明顯是主力機構利用大幅開高，漲停板反覆打開、封回，引誘跟風盤進場而展開出貨，整體分時盤面弱勢特徵明顯。投資人當天如果還有籌碼沒出完，次日應逢高賣出。

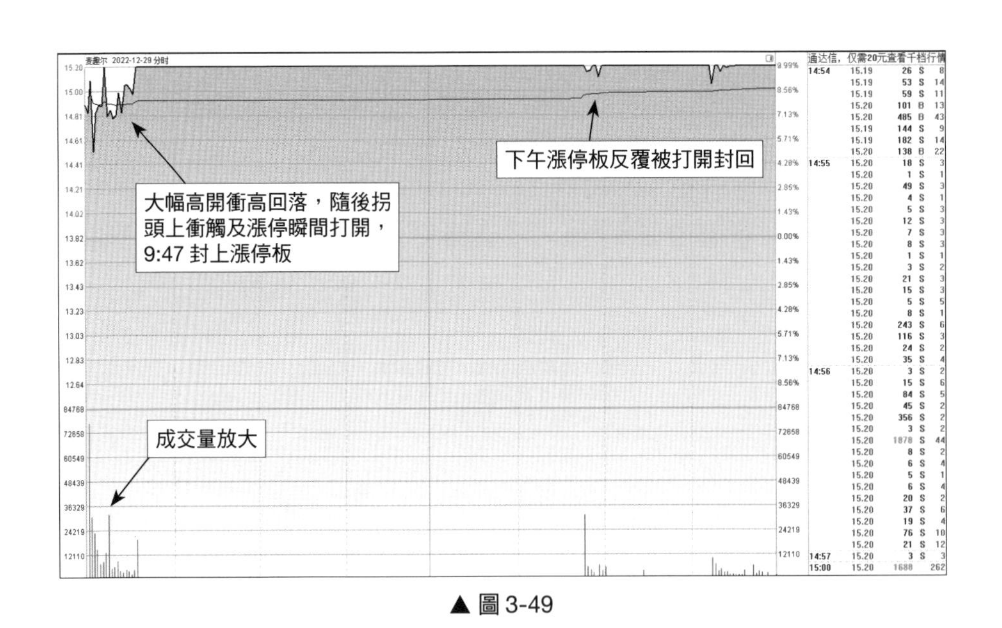

▲ 圖 3-49

圖 3-50 是 002181 粵傳媒 2022 年 11 月 16 日收盤時的 K 線走勢圖，可以看出此時該股處於上升趨勢。股價從前期相對高位一路震

盪下跌，下跌時間較長、跌幅大，其間有多次較大幅度反彈。

2022 年 4 月 27 日股價止跌後，主力機構展開初期上漲行情，拉升股價，繼續收集籌碼，K 線走勢紅多綠少、紅肥綠瘦。5 月 26 日、27 日、30 日、31 日和 6 月 1 日，主力機構連續拉出 5 個漲停板，股價整體漲幅已經較大，累積不少獲利盤。

6 月 2 日該股大幅開高，向上跳空 9.48% 開盤，股價衝高至 6.73 元（觸及漲停）回落（觸及跌停），收出一根假陰真陽長下影線錘頭 K 線，收盤漲幅 2.12%，成交量較前一交易日放大 5 倍多，主力機構展開中期回檔洗盤行情。投資人可以在當日或次日逢高先賣出手中籌碼，待回檔洗盤到位後，再將籌碼接回來。

10 月 11 日該股開高，收出一根中陽線，成交量較前一交易日

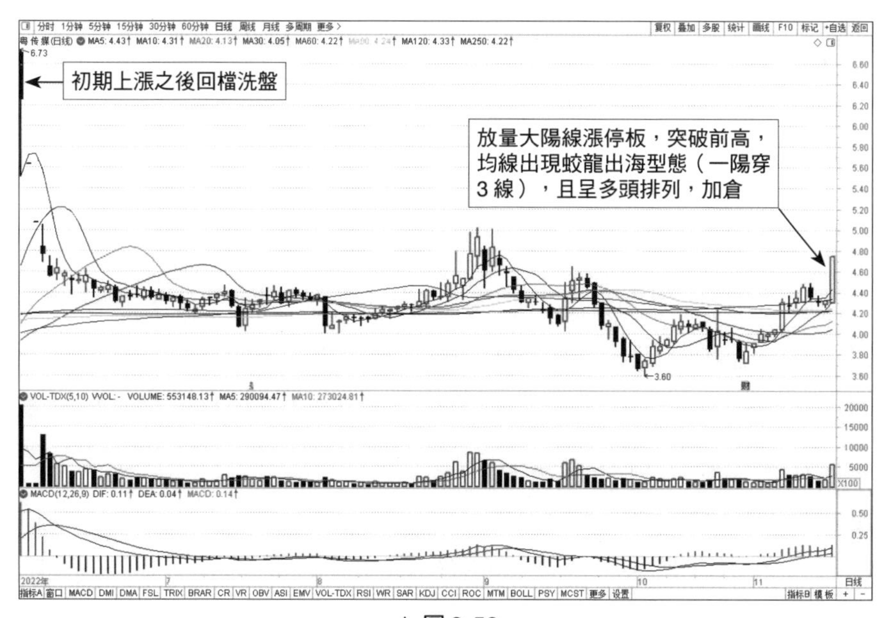

▲ 圖 3-50

放大，股價回檔探至當日最低價 3.60 元止跌，此時投資人可以開始逢低分批買進籌碼。此後，主力機構快速推升股價，收集籌碼，K 線走勢紅多綠少、紅肥綠瘦，成交量逐步放大。

11 月 16 日該股開低，收出一個大陽線漲停板，突破前高，成交量較前一交易日放大 3 倍多，形成大陽線漲停 K 線型態，漲停原因為「視覺技術＋互聯網彩票＋文化傳媒＋網路遊戲」概念炒作。當日股價向上突破 5 日、10 日和 120 日均線（一陽穿 3 線），20 日、30 日、60 日、90 日和 250 日均線在股價下方上行，均線呈蛟龍出海型態。

此時均線呈多頭排列，MACD、KDJ 等技術指標走強，股價的強勢特徵已經顯現，加上利多消息刺激，後市持續快速上漲機率大。投資人可以在當日搶板，或在次日集合競價時，以漲停價掛買單排隊等候加倉買進。

圖 3-51 是 002181 粵傳媒 2022 年 11 月 17 日開盤後至 9:32 的分時圖，為該股在前一交易日主力機構拉出 1 個大陽線漲停板之次日的分時圖。從這兩分多鐘的分時走勢可以看出，當天該股漲停開盤，成交量迅速放大。

從右邊的成交明細可以看到，千張以上大賣單有 4 筆成交（其中有兩筆分別為 68477、14400 張以上的大賣單），此後成交量慢慢萎縮。9:52 有幾筆較大賣單成交（最大一筆為 9018 張），當日只要是在集合競價時以漲停價掛買單排隊等候買進的投資人，應該都能成交。由於大賣單砸板時間短且在同 1 分鐘內，買一位置買盤單量大，所以我們看不到分時價格線上砸出的小坑，但 K 線顯示當日最低價跌到了 5.21 元（當日漲停價為 5.23 元）。

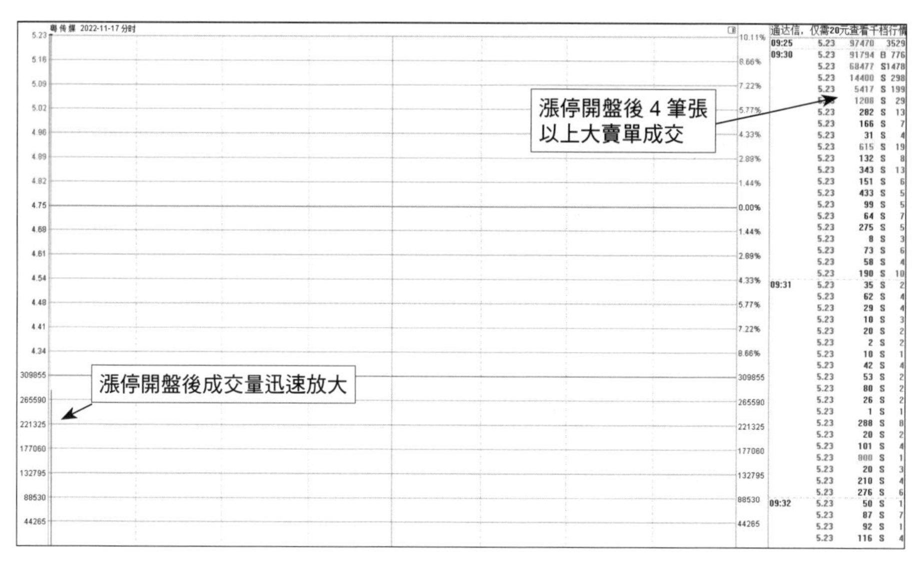

▲ 圖 3-51

當日主力機構拉出一個一字漲停板，像這種初期上漲回檔洗盤又展開橫盤震盪洗盤之後的一字漲停板，投資人如果此前已經進場，應該持股待漲。之前沒有進場買進籌碼的投資人，可以在當日集合競價時，以漲停價掛買單排隊等候買進，或在次日尋機買進，待股價出現明顯見頂訊號時再賣出。

圖 3-52 是 002181 粵傳媒 2022 年 11 月 23 日收盤時的 K 線走勢圖，可以看出，11 月 16 日該股開低收出一個放量大陽線漲停板，突破前高，均線呈多頭排列，股價的強勢特徵相當明顯。此後，主力機構展開向上快速拉升行情。

從拉升情況來看，從 11 月 17 日起主力機構依托 5 日均線，採取直線拉升、盤中洗盤、迅速拉高的操盤手法，急速向上拉升股價。至 11 月 23 日連續拉出 5 根陽線，均為漲停板，其中 1 個一字

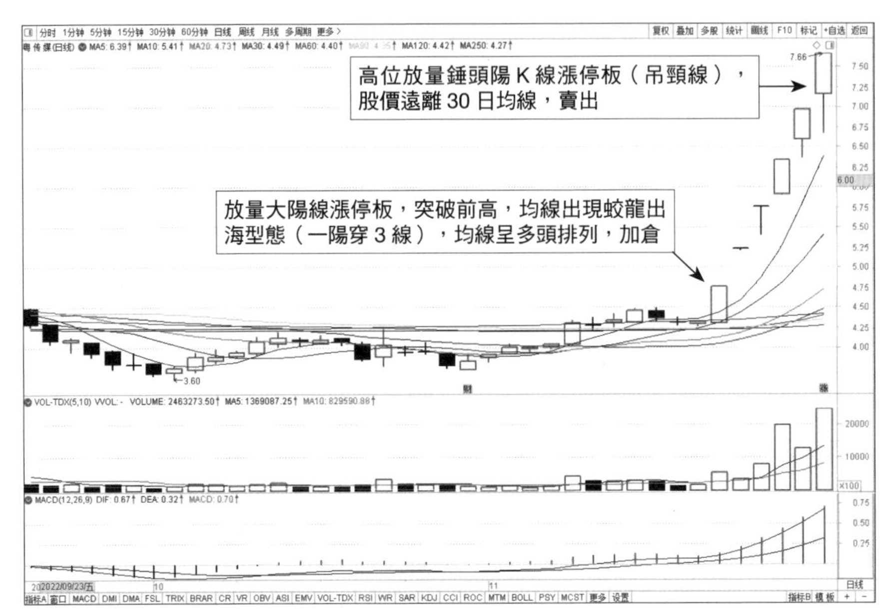

▲ 圖 3-52

漲停板、1 個 T 字漲停板、2 個大陽線漲停板，1 個長下影線陽線漲停板，漲幅相當可觀。

12 月 23 日該股開高（向上跳空 2.73% 開盤），收出一個錘頭陽 K 線漲停板（高位或相對高位的錘頭線，又稱為上吊線或吊頸線），成交量較前一交易日放大近兩倍，明顯是一個漲停誘多出貨型漲停板。此時，股價遠離 30 日均線且漲幅大，投資人如果當天手中還有籌碼沒有出完，次日應逢高賣出。

圖 3-53 是 002181 粵傳媒 2022 年 11 月 23 日收盤時的分時走勢圖，可以看出當日該股開高後，股價急速回落，跌破前一交易日收盤價，下探幅度較深。然後急速拐頭向上，展開高位震盪盤整。14:42 封漲停板瞬間被打開，之後股價反覆漲停、打開，臨收盤

（14:56）封回漲停板。

從盤面來看，當日股價高位震盪時間長，尾盤才封的板，明顯是主力機構利用開高，盤中拉高、高位大幅震盪、尾盤漲停板反覆打開和封回的手法，引誘跟風盤進場而展開出貨。分時盤面弱勢特徵明顯，投資人當天如果籌碼沒出完，次日應逢高賣出。

除了一字板、T 字板外，還有其他漲停個股的選項，投資人平時要做好尋找、選擇和追蹤目標股票的工作。每天對收盤漲停的個股進行一一翻看分析，把走勢強於大盤、已經走出底部或已經展開中期洗盤吸籌行情、均線多頭排列且放量漲停的個股，加入自選股追蹤觀察，做好隨時進場買入的準備。

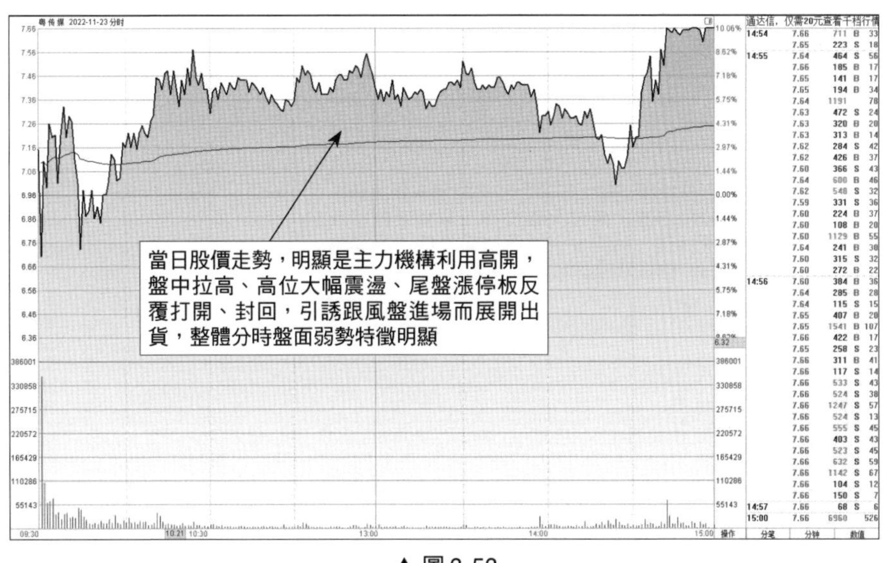

▲ 圖 3-53

重點整理

看懂主力法人的陷阱

- 個股初期上漲後積累不少獲利盤，主力機構會利用大盤整理時機，經由強勢橫盤震盪整理洗盤來消化獲利盤，拉高新進場投資人的進場成本。
- 之後隨著成交量的放大和K線、均線型態以及其他各項技術指標走強，主力機構拉出洗盤整理之後的第一個漲停板。
- 一般情況下，中期整理洗盤之後，個股走勢已步入快速拉升環節。投資人進場後就要盯緊盤面，做好隨時出場的準備。

【實戰範例】

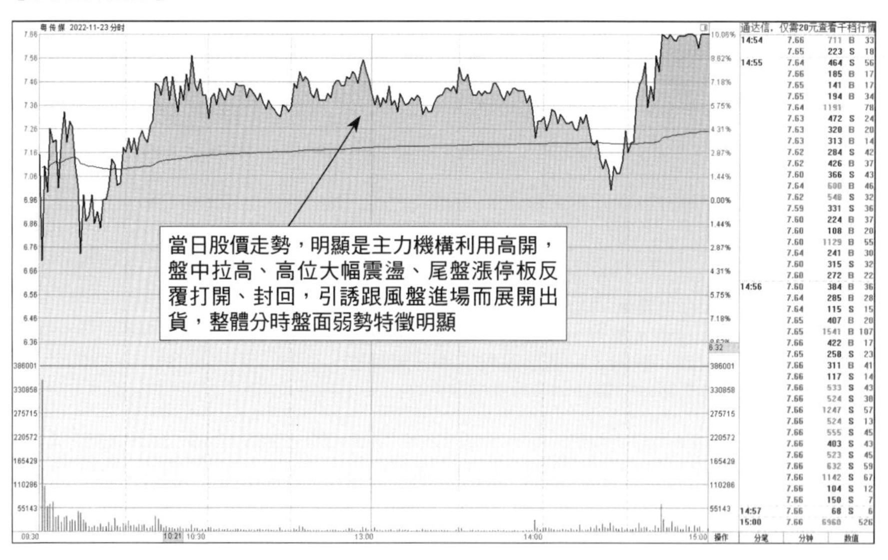

第 4 章

破解量價關係，從底部一步步往上買進飆股！

強勢量價關係，主要是指成交量放大，股價同步上漲的一種量增價漲關係。即個股在成交量放大的同時，個股股價也同步上漲的一種量價配合關係。

強勢漲停量價關係，一般是指目標股票隨著成交量放大，股價同步上漲至漲停板的一種量增價漲關係。即目標股票在成交量放大的同時，股價也同步上漲至漲停板的一種量價配合關係。

但在漲停板制度下，強勢漲停量價關係並不僅僅表現在量增價漲停這種量價關係上。受政策面、基本面、主力機構資金面、消息面、大盤走勢等因素影響，強勢漲停量價關係也有多種形式。

比如，對於主力機構高度控盤的目標股票，連續出現無量漲停或縮量漲停，是牛市市場經常見到的平常事情。所以，除了量增價漲停這種強勢漲停量價關係，還有無量價漲停、縮量價漲停兩種強勢漲停量價關係。

對於強勢漲停的目標股票，投資人要格外關注，尤其是上漲初期出現的無量漲停、縮量漲停目標股票。因為剛開始無量漲停或縮量漲停的目標股票，後市連續收出漲停板的機率非常大。

另外，封漲停板的時間越早且當天沒有開板的個股，後市連續漲停的機率越大；收盤時漲停板買盤封單數量越大，後續漲停的可能性也越大，但也要注意防範主力機構對敲或對倒做盤放量收出的漲停板。以下介紹並分析無量、縮量、放量和巨量漲停，這四種強勢漲停量價關係。

4-1

無量漲停：換手率越小，上漲空間越大

無量漲停，是指目標股票在成交量極小的情況下，股價就達到漲停板的漲幅限制。需要說明的是，無量漲停並不是沒有成交，而是交易日內成交量極小。

一般情況下，漲停當天日換手率低於 4% 左右，可視為成交量極小，確定為無量漲停。當然，無量漲停換手率越小越好，低於 1% 更好。換手率越小，說明主力機構籌碼集中度越高、控盤越到位，後市的上升空間更大。

無量漲停一般發生在主力機構高度控盤、資產重組等重大利多、較長時間停牌等特定股票中，在牛市中比較常見。

投資人應該擺脫傳統慣性思維，多研究漲停個股的走勢。尤其要高度關注無量漲停個股的走勢，和目標股票第一個無量漲停的漲停動因，尤其是主力機構的意圖。且充分利用集合競價的時機，尋機進場買進籌碼，積極做多。

4-1-1　相對低位的無量漲停

相對低位的無量漲停，是指個股經過長期下跌整理（或重大利多刺激）之後，主力機構拉出的成交量極小的漲停板。從操盤實踐來看，無量漲停基本上是主力機構開盤即強勢封漲停的一字板，以及少數成交量極小的 T 字板和小陽線漲停板。

圖 4-1 是 002762 金發拉比 2021 年 4 月 2 日收盤時的 K 線走勢圖，可以看出該股從前期相對高位一路震盪下跌，至 2021 年 2 月 8 日的最低價 4.16 元止跌。下跌時間雖然不長但跌幅大，下跌其間有兩次較大幅度的反彈。下跌後期，主力機構經由反彈、打壓股價等操盤手法，收集不少籌碼建倉。

2021 年 2 月 8 日股價止跌後，主力機構迅速推升股價，收集籌碼，K 線走勢紅多綠少、紅肥綠瘦，成交量呈逐步放大狀態。

2 月 19 日該股大幅跳空開高（向上跳空 3.10% 開盤），收出一個大陽線漲停板，突破前高，留下向上突破缺口，成交量較前一交易日放大近 3 倍，形成向上突破缺口和大陽線漲停 K 線型態。此時，5 日、10 日和 20 日均線呈多頭排列，MACD、KDJ 等各項技術指標開始走強，股價的強勢特徵開始顯現。後市上漲的機率大，投資人可以開始進場逢低分批買進籌碼，此後主力機構繼續向上推升股價。

3 月 31 日該股開平，收出一個大陽線漲停板，漲停原因為「醫美＋三胎」概念炒作。股價突破前高，成交量較前一交易日放大 2 倍多，形成大陽線漲停 K 線型態。此時均線呈多頭排列，MACD、KDJ 等各項技術指標走強，股價的強勢特徵已經非常明顯，後市持續快速上漲的機率大。投資人可以在當日搶板或在次日進場加碼。4 月 1 日主力機構強勢整理一個交易日，正是投資人進場加碼的好時機。

4 月 2 日受利多刺激，該股漲停開盤（至收盤漲停板沒有被打開），收出一個一字漲停板，突破前高，留下向上突破缺口。成交量較前一交易日大幅萎縮，換手率為 2.49%（可視為無量漲停），形成向上突破缺口和一字漲停 K 線型態。此時均線呈多頭排列，MACD、KDJ 等各項技術指標持續強勢，股價的強勢特徵已經十分明顯，後市繼續快速上漲的機率非常大。投資人可以在當日搶板或在次日集合競價時，以漲停價掛買單排隊等候加碼。

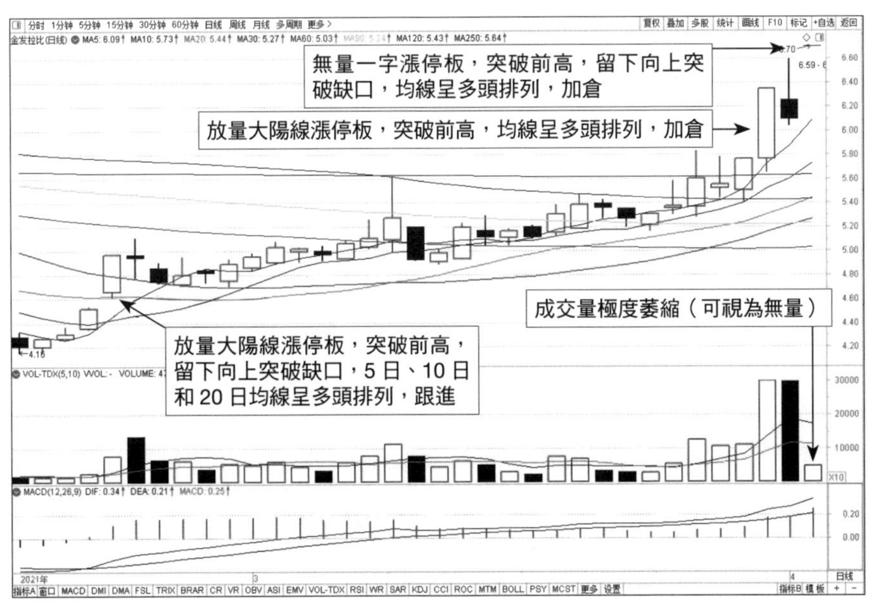

▲圖 4-1

圖 4-2 是 002762 金發拉比 2021 年 4 月 26 日收盤時的 K 線走勢圖，可以看出，4 月 2 日該股開盤直接封漲停，至收盤漲停板沒有被打開，收出一個一字漲停板，留下向上突破缺口，形成無量一字漲停 K 線型態。均線呈多頭排列，股價的強勢特徵十分明顯，此後主力機構展開向上拉升行情。

從拉升情況來看，從 4 月 6 日起主力機構依托 5 日均線，採取直線拉升、盤中洗盤、迅速拉高的操盤手法，急速向上拉升股價。至 4 月 16 日共 9 個交易日時間，拉出 9 根陽線，其中 8 個漲停板，漲幅巨大。

4 月 18 日晚間金發拉比披露公告稱，由於股票交易異常波動，公司股票將於 4 月 19 日開始停牌核查，自披露核查公告後復牌。

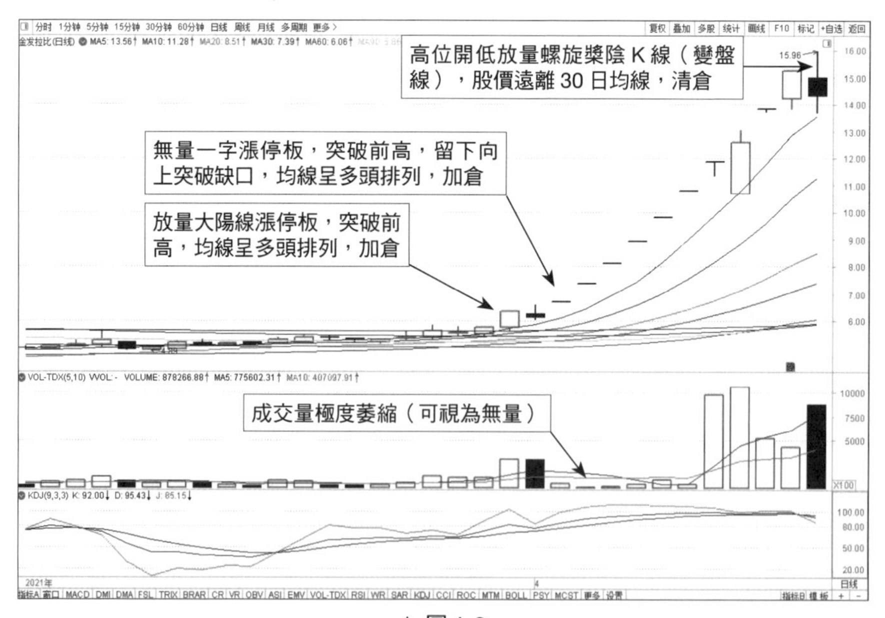

▲ 圖 4-2

4 月 25 日晚間金發拉比發佈公告稱，公司股票異動核查完成，將於 4 月 26 日起開始復牌。該公司表示，經核查，未發現前期披露的資訊存在需要更正、補充之處，目前經營情況及內外部經營環境未發生重大變化，處於正常經營的狀態。

4 月 26 日該股開低，股價衝高回落，收出一根螺旋槳陰 K 線（高位螺旋槳 K 線，又稱為變盤線或轉勢線），成交量較前一交易日放大 2 倍，顯示股價上漲乏力，主力機構盤中拉高股價的目的是展開震盪整理出貨。此時，股價遠離 30 日均線且漲幅大，KDJ 等部分技術指標開始走弱，盤面的弱勢特徵已經顯現。加上停牌核查帶來的不穩定因素，投資人當天如果還有籌碼沒出完，次日應該逢高清倉。

圖 4-3 是 002875 安奈兒 2022 年 11 月 25 日收盤時的 K 線走勢圖，可以看出該股從前期相對高位一路震盪下跌，至 2022 年 10 月 26 日的最低價 8.07 元止跌。下跌時間長、跌幅大，下跌其間有過多次反彈，且反彈幅度較大。下跌後期主力機構經由反彈、打壓股價等操盤手法，收集不少籌碼建倉。

2022 年 10 月 26 日股價止跌後，主力機構展開強勢整理行情，洗盤吸籌。11 月 18 日該股開高，收出一個大陽線漲停板，突破前高，成交量較前一交易日放大 7 倍多，形成大陽線漲停 K 線型態。此時均線呈多頭排列，MACD、KDJ 等各項技術指標開始走強，股價的強勢特徵相當明顯，後市上漲的機率大，投資人可以在當日搶板或在次日進場擇機加碼。11 月 21 日該股大幅跳空開高（向上跳空 4.75% 開盤），收出一個大陽線漲停板，突破前高，留下向上突破缺口，成交量較前一交易日放大。

11 月 22 日該股漲停開盤，收出一根大陰線（從當日分時走勢看，該股早盤漲停開盤，9:50 漲停板被兩筆萬手以上大賣單打開，之後股價震盪回落，應該是主力機構打壓股價洗盤做差價，也有前期獲利盤出逃），當日成交量較前一交易日放大 2 倍多，主力機構展開洗盤整理行情。

11 月 23 日該股大幅跳空開高（向上跳空 5.25% 開盤），收出一根假陰真陽長上影線 K 線，成交量較前一交易日大幅萎縮，洗盤整理結束，股價洗盤整理沒有完全回補 11 月 21 日留下的向上突破缺口。此時均線呈多頭排列，MACD 等技術指標強勢，股價的強勢特徵仍然十分明顯。經過洗盤整理之後，股價快速上漲的機率非常大，投資人可以在當日或次日進場加碼。

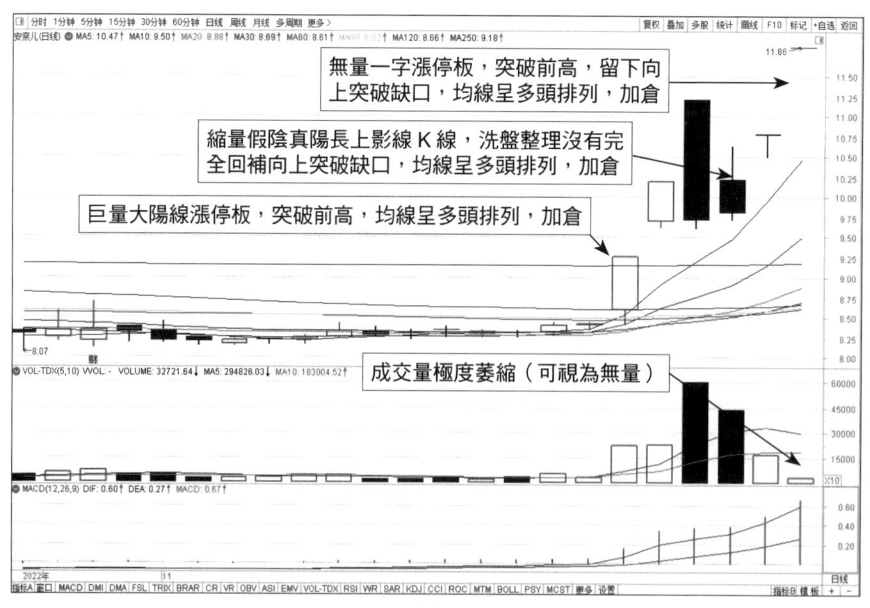

▲圖4-3

11 月 24 日該股漲停開盤，收出一個小 T 字漲停板，漲停原因為「抗病毒抗菌面料＋服裝家紡＋三胎」概念炒作。突破前高，成交量較前一交易日大幅萎縮，形成一字漲停 K 線型態。此時均線呈多頭排列，MACD、KDJ 等各項技術指標走強，股價的強勢特徵已經非常明顯，後市持續快速上漲的機率大。投資人可以在當日搶板或在次日集合競價時，以漲停價掛買單排隊等候加倉買進。

11 月 25 日由於「抗病毒抗菌面料＋服裝家紡＋三胎」概念利多刺激，該股漲停開盤（至收盤漲停板沒有被打開），收出一個一字漲停板，突破前高，留下向上突破缺口，成交量較前一交易日大幅萎縮，換手率為 2.68%（可視為無量漲停），形成向上突破缺口和一字漲停 K 線型態。

此時均線呈多頭排列，MACD、KDJ 等各項技術指標持續強勢，股價的強勢特徵已經十分明顯，後市繼續快速上漲的機率非常大。投資人可以在當日搶板或在次日集合競價時，以漲停價掛買單排隊等候加倉買進。

圖 4-4 是 002875 安奈兒 2022 年 12 月 5 日收盤時的 K 線走勢圖，可以看出，11 月 25 日該股開盤直接封漲停，至收盤漲停板沒有被打開，收出一個一字漲停板，留下向上突破缺口，形成無量一字漲停 K 線型態。均線呈多頭排列，股價的強勢特徵相當明顯，此後主力機構展開向上拉升行情。

從拉升情況來看，11 月 28 日起主力機構依托 5 日均線，採取直線拉升、盤中洗盤、迅速拉高的操盤手法，急速向上拉升股價。至 12 月 5 日共 6 個交易日時間，拉出 6 根陽線（一根為假陰真陽 K 線），其中 5 個漲停板，漲幅相當可觀。

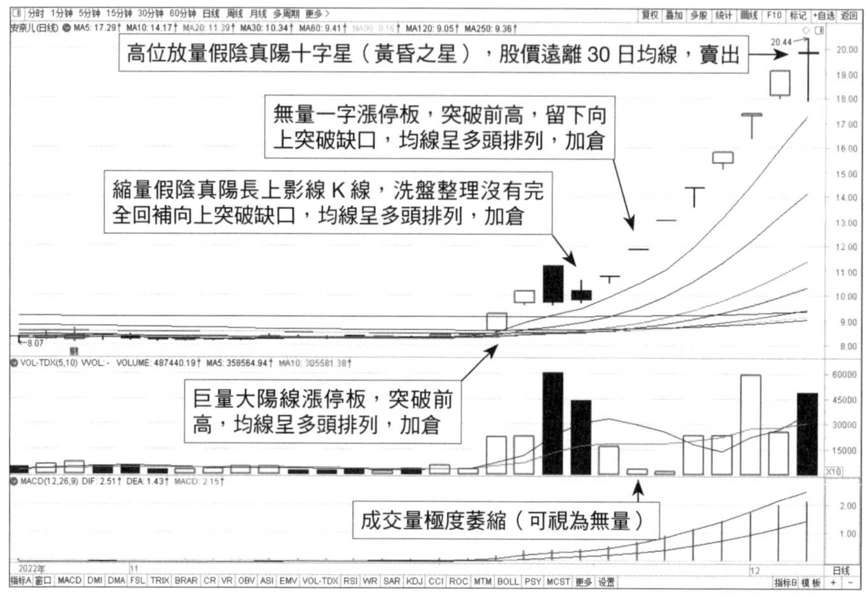

▲ 圖4-4

12 月 5 日該股大幅開高（向上跳空 4.03% 開盤），股價衝高回落，收出一根假陰真陽十字星（高位或相對高位十字星，又稱為黃昏之星），成交量較前一交易日大幅放大，顯露出主力機構利用開高、盤中對敲拉高的操盤手法，吸引跟風盤進場而展開高位震盪出貨的痕跡。

此時股價遠離 30 日均線且漲幅大，KDJ 等部分技術指標開始走弱，盤面的弱勢特徵開始顯現。投資人當天如果還有籌碼沒出完，次日應逢高賣出，繼續追蹤觀察。

4-1-2　上漲途中的無量漲停

上漲途中的無量漲停，是指個股初期上漲之後，主力機構展開強勢震盪洗盤（或回檔洗盤或重大利多刺激）。在確認籌碼高度集中、強勢控盤的情況下，展開快速拉升的行為。拉升其間，主力機構連續拉出無量（成交量極小）的漲停板。

上漲途中的無量漲停，絕大多出現在主力機構正在拉高的目標股票中，其後市的發展趨勢，就是接著漲停，直到成交量放大才出現滯漲。主力機構無量漲停的目的相當明確，就是吸引市場眼球，引誘跟風盤進場，為後面順利出貨打基礎做準備。

圖 4-5 是 002547 春興精工 2022 年 7 月 18 日收盤時的 K 線走勢圖，可以看出此時該股處於上升趨勢。股價從前期相對高位一路震盪下跌，至 2022 年 4 月 27 日的最低價 2.77 元止跌，下跌時間長、跌幅大，其間有過多次反彈，且反彈幅度大。

2022 年 4 月 27 日股價止跌後，主力機構快速推升股價，收集籌碼，K 線走勢紅多綠少、紅肥綠瘦，成交量呈逐步放大狀態。

6 月 28 日該股開高，收出一個大陽線漲停板，突破前高，成交量較前一交易日放大 3 倍多，形成大陽線漲停 K 線型態。此時短中期均線呈多頭排列，MACD、KDJ 等各項技術指標開始走強，股價的強勢特徵已經顯現，後市上漲的機率大。投資人可以在當日搶板，或在次日進場擇機加碼。6 月 29 日該股大幅跳空開高（向上跳空 4.98% 開盤），收出一個大陽線漲停板，突破前高，留下向上突破缺口，成交量較前一交易日放大 2 倍多。

6 月 30 日該股開高，收出一根長上影線大陰線，當日成交量較前一交易日放大近2倍，主力機構展開回檔洗盤行情，成交量呈逐漸萎縮狀態。

7月7日該股開低收出一根大陽線，成交量較前一交易日大幅放大，回檔洗盤結束，股價收回到5日、10日均線上方。此時短中期均線呈多頭排列，MACD、KDJ等技術指標開始走強，股價的強勢特徵仍然十分明顯。經過回檔洗盤之後股價快速上漲的機率非常大，投資人可以在當日或次日進場加碼。

此後主力機構向上推升股價，分別於7月8日、13日、15日收出3個大陽線漲停板，漲停原因為「一體化壓鑄＋光伏儲能＋5G＋華為＋精密鋁合金構件」概念炒作。

7月18日由於上述概念利多刺激，該股漲停開盤（至收盤漲停

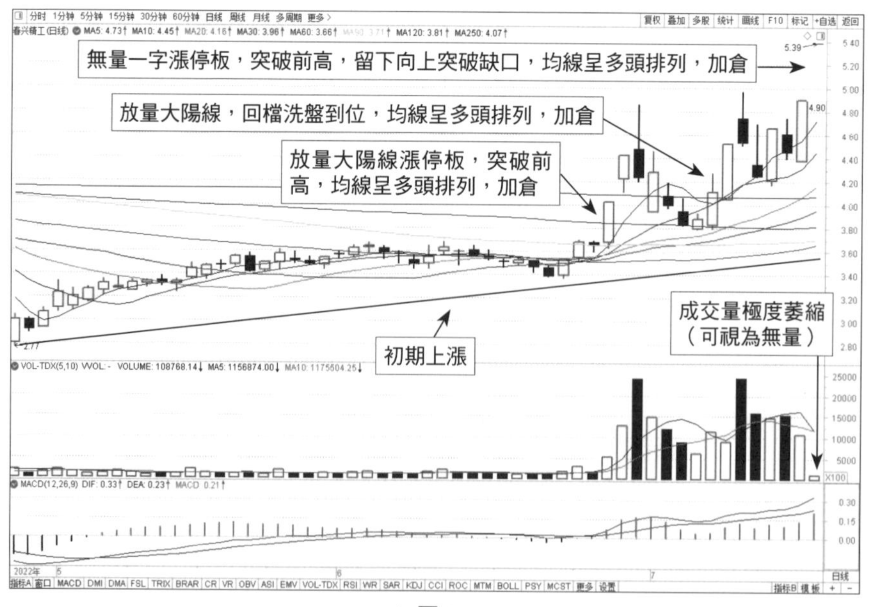

▲ 圖4-5

板沒有被打開），收出一個一字漲停板。突破前高，留下向上突破缺口，成交量較前一交易日大幅萎縮，換手率為 0.99%（可視為無量漲停），形成向上突破缺口和一字漲停 K 線型態。此時均線呈多頭排列，MACD、KDJ 等各項技術指標持續強勢，股價的強勢特徵已經十分明顯，後市持續快速上漲的機率非常大。投資人可以在當日搶板或在次日集合競價時，以漲停價掛買單排隊等候加倉買進。

圖 4-6 是 002547 春興精工 2022 年 7 月 25 日收盤時的 K 線走勢圖，可以看出，7 月 18 日該股開盤直接封漲停，至收盤漲停板沒有被打開，收出一個一字漲停板，留下向上突破缺口。形成無量一字漲停 K 線型態，均線呈多頭排列，股價的強勢特徵非常明顯，此後主力機構展開拉升行情。

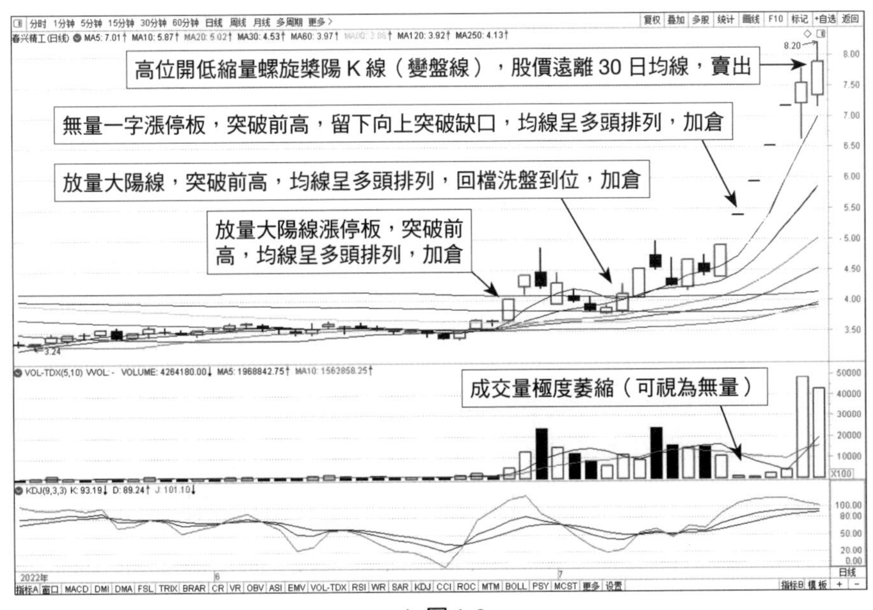

▲圖 4-6

從拉升情況來看，7 月 18 日起主力機構依托 5 日均線，採取直線拉升、盤中洗盤、迅速拉高的操盤手法，急速向上拉升股價。至 7 月 25 日共 5 個交易日時間，拉出了 5 根陽線，其中 3 個漲停板，漲幅相當不錯。

7 月 25 日該股開低，股價衝高回落，收出一根螺旋槳陽 K 線（高位螺旋槳 K 線，又稱為變盤線或轉勢線），成交量較前一交易日明顯萎縮。加上前一交易日收出一根螺旋槳陽 K 線，顯示股價上漲乏力，主力機構盤中拉高股價的目的是展開震盪整理出貨。此時股價遠離 30 日均線且漲幅較大，KDJ 等部分技術指標開始走弱，盤面的弱勢特徵開始顯現。投資人當天如果還有籌碼沒出完，次日應逢高賣出。

圖 4-7 是 002150 通潤裝備 2022 年 11 月 23 日收盤時的 K 線走勢圖，可以看出此時該股處於上升趨勢。股價從前期相對高位一路震盪下跌，下跌時間長、跌幅大，其間有過多次反彈，且反彈幅度大。

2019 年 8 月 6 日股價止跌後，主力機構展開大幅震盪盤升行情，高賣低買與洗盤吸籌並舉，成交量呈間斷性放大狀態。

2022 年 7 月 29 日（大幅震盪盤升行情近 3 年後），該股開低，股價衝高至當日最高價 13.10 元回落，收出一根大陰線，成交量較前一交易日放大近 2 倍，主力機構展開回檔（挖坑）洗盤吸籌行情，成交量呈逐漸萎縮狀態。10 月 10 日該股開低，收出一根長上影線假陽真陰小 K 線（可視作仙人指路 K 線）。當日股價跌至最低價 7.20 元止跌，成交量較前一交易日大幅萎縮，換手率為 1.64%，挖坑洗盤行情結束，主力機構快速向上推升股價，收集籌碼。

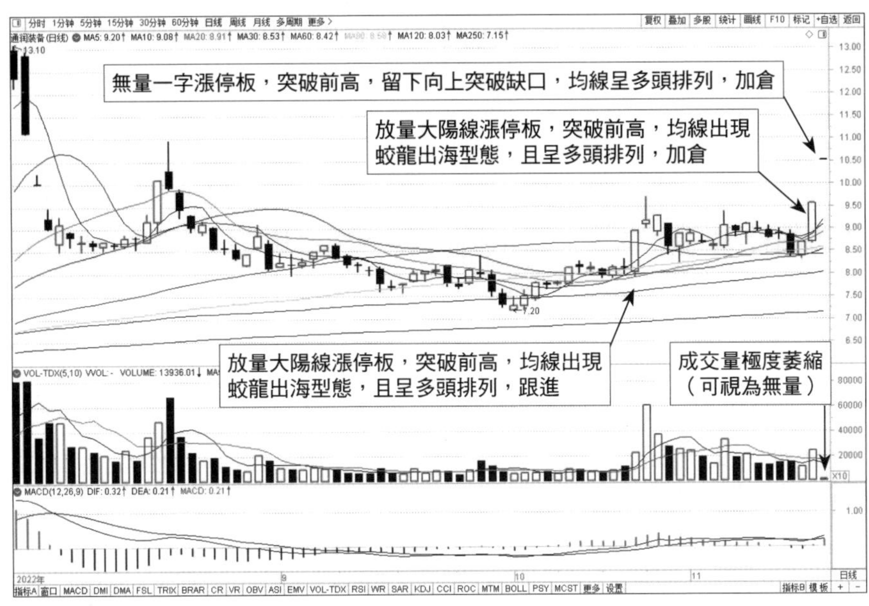

▲ 圖 4-7

10 月 25 日該股開低，收出一個大陽線漲停板，突破前高，成交量較前一交易日放大近 2 倍，形成大陽線漲停 K 線型態。當日股價向上突破 5 日、10 日、60 日和 90 日均線（一陽穿 4 線），20 日、30 日、120 日和 250 日均線在股價下方向上移動，均線呈蛟龍出海型態。

此時均線呈多頭排列（除 60 日均線外），MACD、KDJ 等各項技術指標開始走強，股價的強勢特徵已經顯現，後市上漲的機率大。投資人可以開始逢低分批買進籌碼，之後主力機構繼續向上推升股價。

10 月 25 日該股開低，收出一個大陽線漲停板，突破前高，成交量較前一交易日放大近 2 倍，形成大陽線漲停 K 線型態。當日股價向上突破 5 日、10 日、60 日和 90 日均線（一陽穿 4 線），20 日、30 日、120 日和 250 日均線在股價下方向上移動，均線呈蛟龍出海型態。

此時均線呈多頭排列（除 60 日均線外），MACD、KDJ 等各項技術指標開始走強，股價的強勢特徵已經顯現。後市上漲的機率大，投資人可以逢低分批買進籌碼，此後主力機構繼續向上推升股價。

11 月 16 日該股開高，收出一個大陽線漲停板，突破前高，成交量較前一交易日放大 2 倍多，形成大陽線漲停 K 線型態。當日股價向上突破 5 日、10 日和 20 日均線（一陽穿 3 線），30 日、60 日、90 日、120 日和 250 日均線在股價下方向上移動，均線呈蛟龍出海型態。此時均線呈多頭排列，MACD、KDJ 等各項技術指標走強，股價的強勢特徵相當明顯，後市持續快速上漲的機率大。投資人可以在當日搶板或在次日集合競價時，以漲停價掛買單排隊等候加倉買進。

11 月 17 日通潤裝備發佈公告稱，公司擬籌劃控制權變更事項，經公司申請，公司股票於 2022 年 11 月 17 日開市起臨時停牌，待公司經由指定媒體披露相關公告後復牌。

11 月 23 日早盤股票復牌漲停開盤（至收盤漲停板沒有被打開），收出一個一字漲停板，突破前高，留下向上突破缺口。成交量較前一交易日極度萎縮，換手率只有 0.39%（可視為無量漲停），形成向上突破缺口和一字漲停 K 線型態，漲停原因為「正泰入駐＋儲能＋風電＋農機」概念。

此時該股均線呈多頭排列，MACD、KDJ 等各項技術指標持續強勢，股價的強勢特徵十分明顯，後市持續快速上漲機率非常大。投資人可以在當日搶板或在次日集合競價時，以漲停價掛買單排隊等候加倉買進。

圖 4-8 是 002150 通潤裝備 2022 年 12 月 8 日收盤時的 K 線走勢圖，可以看出，11 月 23 日該股開盤直接封漲停，至收盤漲停板沒有被打開，收出一個一字漲停板，留下向上突破缺口。形成向上突破缺口和無量一字漲停 K 線型態，均線呈多頭排列，股價的強勢特徵非常明顯，此後主力機構展開拉升行情。

從拉升情況來看，11 月 24 日起主力機構依托 5 日均線，採取直線拉升、盤中洗盤、迅速拉高的操盤手法，急速向上拉升股價。至 12 月 7 日共 10 個交易日時間，拉出 10 根陽線，其中 9 個漲停

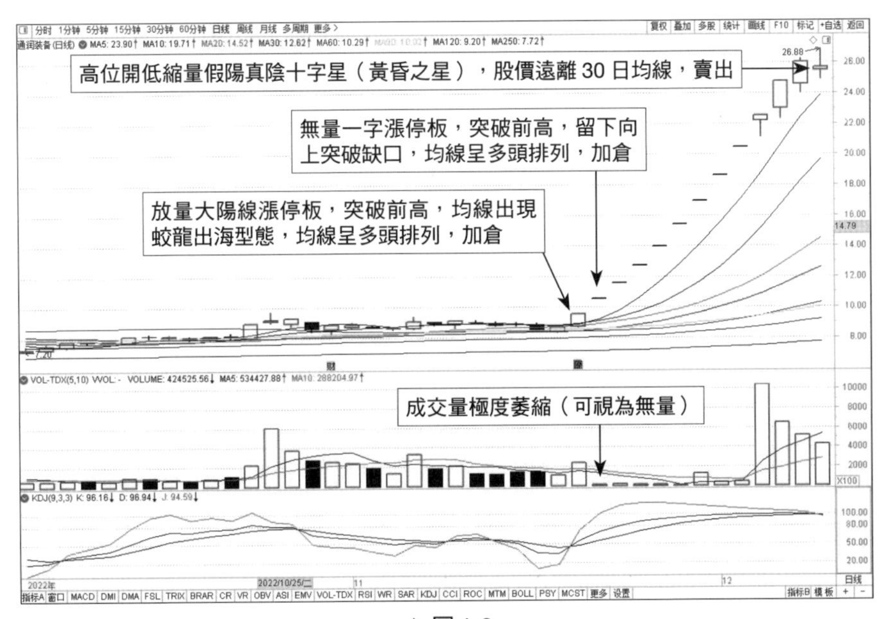

▲ 圖 4-8

板，漲幅巨大。

12 月 8 日該股開低，股價衝高回落，收出一根假陽真陰十字星（高位或相對高位十字星又稱為黃昏之星，千萬小心高位假陽真陰），成交量較前一交易日明顯萎縮，顯露出主力機構利用開低、盤中對敲拉高的操盤手法，吸引跟風盤進場而展開高位震盪出貨的痕跡。

此時股價遠離 30 日均線且漲幅巨大，KDJ 等部分技術指標開始走弱，盤面的弱勢特徵已經顯現。投資人當天如果還有籌碼沒出完，次日應逢高賣出。

了解主力法人是如何控盤

- 無量漲停，是指目標股票在成交量極小的情況下，股價就達到漲停板的漲幅限制。無量漲停並不是沒有成交，而是交易日內成交量極小。
- 無量漲停換手率越小越好，低於 1% 更好。換手率越小表示主力機構籌碼集中度越高、控盤越到位，後市的上升空間更大。
- 無量漲停一般發生在主力機構高度控盤、資產重組等重大利多等特定股票中，牛市中比較常見。

【實戰範例】

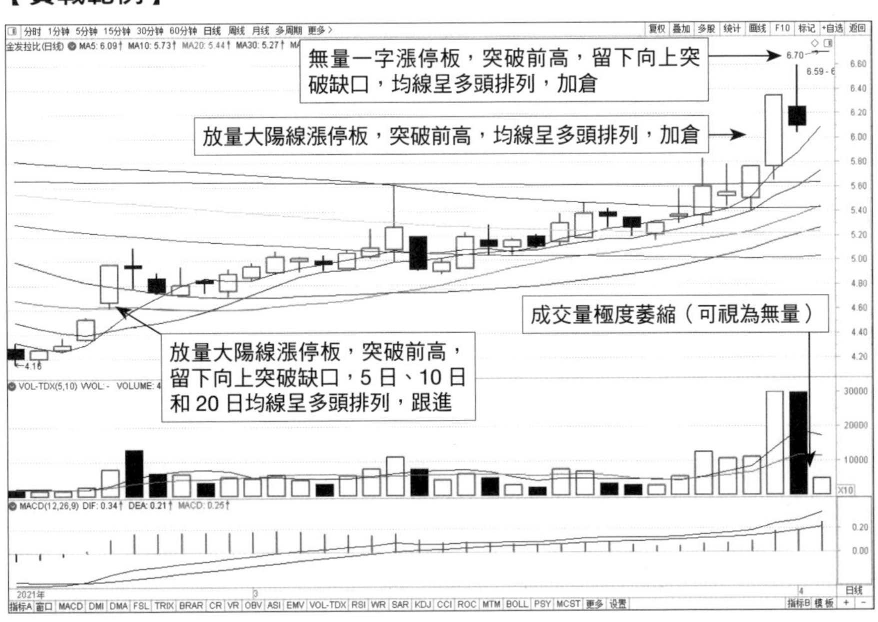

4-2

縮量漲停：出現在主力正拉升的個股中

縮量漲停是指目標股票的成交量相，對於前一交易日萎縮情況下的漲停。投資人要注意的是，縮量漲停只是一個相對的概念，到底縮量到什麼程度，不好以百分比來定義，這與主力機構籌碼鎖定程度和控盤力度關係緊密，需要投資人根據其他技術指標或數據來分析。

一般情況下，主力機構在對目標股票完成建倉、洗盤以及初期上漲、控盤基本上到位之後，就會採取縮量漲停的手法拉升股價。具體操盤手法就是在買一的位置掛上大買單，阻止散戶進場買入籌碼。由於主力機構大買單封板，手中有籌碼的其他投資人也會趨向於看好後市，不急於賣出手中籌碼，加上散戶無法進場買入股票，成交量自然萎縮。

縮量漲停一般發生在主力機構志存高遠、籌碼鎖定好、控盤程度高的目標股票，或有資產重組等重大利多消息等特定股票，在牛市中比較常見和普遍。

實戰操盤中，縮量漲停基本上是主力機構開盤即封漲停的一字板、T 字板以及少數成交量較小的小陽線漲停板。大多出現在主力機構正拉高的目標股票中，且多數處於股價上漲的初中期，其後市的發展趨勢就是接著漲停，直到成交量放大才可能出現滯漲。投資人要充分利用集合競價、漲停板瞬間打開的時機，尋機進場買進籌碼，積極做多。

少數經過較大幅度上漲的目標股票，經過整理洗盤之後，再次啟動時也會出現縮量漲停的走勢。對於這種走勢，投資人當然也可以參與做多，但要注意盯盤觀察，出現放量滯漲時要立馬賣出。主力機構縮量漲停的目的相當明確，除了獲利，就是吸引市場眼球、引誘跟風盤，為後面順利出貨打好基礎。

4-2-1　上漲途中的縮量漲停

上漲途中的縮量漲停，是指主力機構對目標股票展開反覆震盪洗盤和初期上漲之後，在確定籌碼基本上集中和鎖定的情況下，對股價進行快速拉高，其間收出或連續收出縮量漲停板。主力機構前期所做的一切鋪墊，都是為了最後的快速拉高。

上漲途中縮量漲停的走勢各不相同，從 K 線走勢角度分析，多在股價上漲的中途，突然出現縮量漲停的一字板、T 字板和小陽線漲停板走勢。從分時走勢角度分析，則表現出某個交易日漲停開盤至收盤成交萎縮，漲停開盤後漲停板被打開又迅速封回至收盤成交萎縮，大幅開高後股價一路走高，主力機構突然發力封漲停板至收盤成交萎縮等走勢。

只要是上漲途中出現的縮量漲停走勢，就預示主力機構將展開一波拉升行情。投資人若在實戰操盤中遇到這種走勢的個股，一定要特別重視，積極尋機進場買進籌碼，待股價出現明顯見頂訊號時賣出，一般都會有不錯的收穫。

圖 4-9 是 002907 華森製藥 2022 年 10 月 19 日收盤時的 K 線走勢圖，可以看出此時該股處於上升趨勢。股價從前期相對高位一路震盪下跌，下跌時間雖然不長但跌幅大，其間有過一次較大幅度的反彈。

2022 年 4 月 27 日股價止跌後，主力機構展開震盪盤升行情，洗盤吸籌並舉，成交量呈間斷性放大狀態。其間主力機構收出過 3 個大陽線漲停板，為吸籌建倉型漲停板。

6 月 29 日該股開高股價衝高至當日最高價 16.20 元回落，收

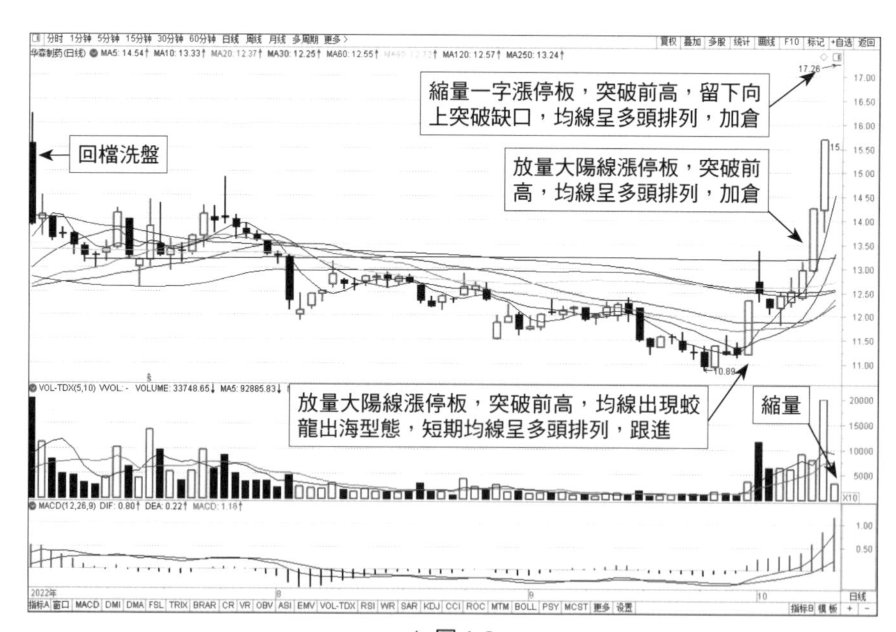

▲ 圖 4-9

出一根長上影線大陰線，成交量較前一交易日大幅放大，主力機構展開回檔（挖坑）洗盤吸籌行情，成交量呈逐漸萎縮狀態。9 月 26 日該股開高，收出一根中陰線，當日股價跌至最低價 10.89 元止跌，成交量較前一交易日大幅萎縮，換手率為 0.36%，回檔（挖坑）洗盤行情結束，然後主力機構向上推升股價，收集籌碼。

9 月 30 日該股開平，收出一個大陽線漲停板，突破前高，成交量較前一交易日放大 3 倍多，形成大陽線漲停 K 線型態。當日股價向上突破 5 日、10 日、20 日和 30 日均線（一陽穿 4 線），60 日、90 日和 120 日均線在股價上方即將走平，250 日均線在股價上方向上移動，均線蛟龍出海型態形成。此時短期均線呈多頭排列，MACD、KDJ 等各項技術指標開始走強，股價的強勢特徵開始顯現，後市上漲的機率大，投資人可以開始進場逢低分批買進籌碼，此後主力機構繼續向上拉升股價。

10 月 17 日該股開平，收出一個大陽線漲停板，漲停原因為「醫藥＋創新藥＋仿製藥」概念炒作，突破前高，成交量較前一交易日萎縮，形成大陽線漲停 K 線型態。此時均線呈多頭排列，MACD、KDJ 等各項技術指標開始走強，股價的強勢特徵已經相當明顯，後市持續快速上漲的機率大，投資人可以在當日搶板或在次日進場擇機加碼。由於利多刺激，10 月 18 日該股再次收出一個大陽線漲停板。

10 月 19 日該股漲停開盤（至收盤漲停板沒有被打開），收出一個一字漲停板，突破前高，留下向上突破缺口，成交量較前一交易日大幅萎縮，換手率為 1.18%，形成向上突破缺口和一字漲停 K 線型態。此時均線呈多頭排列，MACD、KDJ 等各項技術指標持續強勢，股價的強勢特徵已經十分明顯，後市持續快速上漲的機率非常大。投資人可以在當日搶板或在次日集合競價時，以漲停價掛買單排隊等候加倉買進。

圖 4-10 是 002907 華森製藥 2022 年 11 月 17 日收盤時的 K 線走勢圖，可以看出，10 月 19 日該股開盤直接封漲停，至收盤漲停板沒有被打開，收出一個縮量一字漲停板，留下向上突破缺口，形成縮量一字漲停 K 線型態。均線呈多頭排列，股價的強勢特徵非常明顯，此後主力機構展開向上拉升行情。

從拉升情況來看，10 月 20 日起主力機構依托 5 日均線，採取快速拉升、短期強勢洗盤整理的操盤手法，向上拉升股價（11 月 1 日和 11 月 8 日，主力機構展開過兩次強勢洗盤整理，整理時間在 3

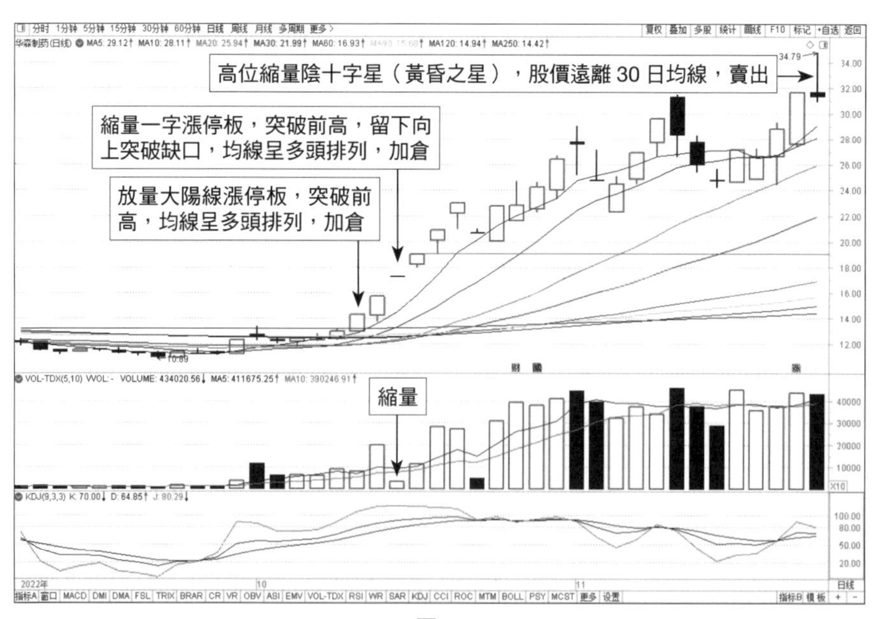

▲ 圖 4-10

個交易日內，整理幅度不深，股價跌破 10 均線很快收回）。至 11 月 16 日共 20 個交易日時間，拉出 13 根陽線，其中 8 個漲停板，漲幅巨大。

11 月 17 日該股開高，股價衝高回落，收出一顆長上影線陰十字星（高位或相對高位十字星，又稱為黃昏之星），成交量較前一交易日略萎縮，顯露出主力機構利用開高、盤中對敲拉高的操盤手法，吸引跟風盤進場而展開高位震盪出貨的痕跡。

此時股價遠離 30 日均線且漲幅大，KDJ 等部分技術指標開始走弱，盤面的弱勢特徵開始顯現。投資人當天如果還有籌碼沒出完，次日應逢高賣出。

圖 4-11 是 002235 安妮股份 2022 年 12 月 28 日收盤時的 K 線走勢圖，可以看出此時該股處於上升趨勢。股價從前期相對高位一路震盪下跌，下跌時間雖然不長但跌幅大，其間有過一次較大幅度的反彈。

2022 年 4 月 27 日股價止跌後，主力機構展開震盪盤升（挖坑）洗盤吸籌行情，成交量呈間斷性放大狀態，其間主力機構收出過 3 個漲停板，均為吸籌建倉型漲停板。

12 月 20 日該股跳空開高（向上跳空 5.26% 開盤），收出一個小陽線漲停板，突破前高，留下向上突破缺口，成交量較前一交易日放大 2 倍多，形成向上突破缺口和小陽線漲停 K 線型態。

此時均線呈多頭排列（除 10 日均線外），MACD、KDJ 等各項技術指標開始走強，股價的強勢特徵開始顯現，後市上漲的機率大。投資人可以開始進場逢低分批買進籌碼，此後主力機構繼續向上拉升股價。

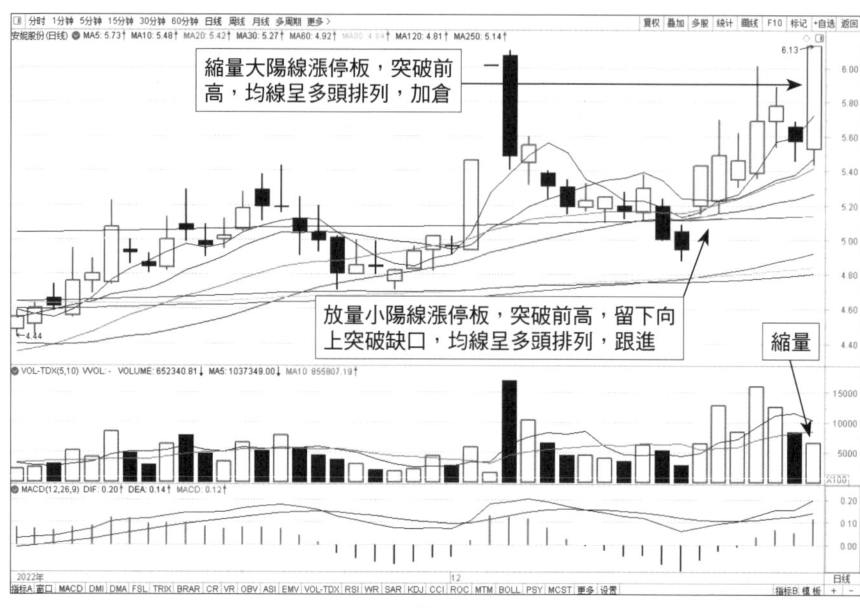

▲ 圖 4-11

12 月 28 日該股開低，收出一個大陽線漲停板，漲停原因為「數據確權＋數字經濟＋文化傳媒＋Web3.0」概念炒作，突破前高，成交量較前一交易日大幅萎縮，形成大陽線漲停 K 線型態。此時均線呈多頭排列，MACD、KDJ 等各項技術指標開始走強，股價的強勢特徵已經相當明顯，後市持續快速上漲的機率大。投資人可以在當日搶板或在次日集合競價時，以漲停價掛買單排隊等候加倉買進。

圖 4-12 是 002235 安妮股份 2023 年 1 月 11 日收盤時的 K 線走勢圖，可以看出，2022 年 12 月 28 日，該股開低收出一個縮量大陽線漲停板，突破前高。形成縮量大陽線漲停 K 線型態，均線呈多頭排列，股價的強勢特徵非常明顯，此後主力機構展開向上拉升行情。

從拉升情況來看，2022 年 12 月 29 日起主力機構依托 5 日均線，採取快速拉升、短期強勢洗盤整理的操盤手法向上拉升股價（2023 年 1 月 5 日，主力機構展開過 1 次強勢洗盤整理，整理時間在 3 個交易日內。整理幅度不深，股價跌破 5 均線很快收回）。至 1 月 10 日共 8 個交易日時間，拉出 7 根陽線（一根為假陰真陽 K 線），其中 5 個漲停板，漲幅相當可觀。

2023 年 1 月 11 日該股開低，股價衝高回落，收出一根螺旋槳陽 K 線（高位或相對高位的螺旋槳 K 線，又稱為變盤線或轉勢線）。成交量較前一交易日放大，顯露出主力機構利用開高、盤中對敲拉高的操盤手法，吸引跟風盤進場而展開高位震盪出貨的痕跡。此時股價遠離 30 日均線且漲幅大，KDJ 等部分技術指標開始

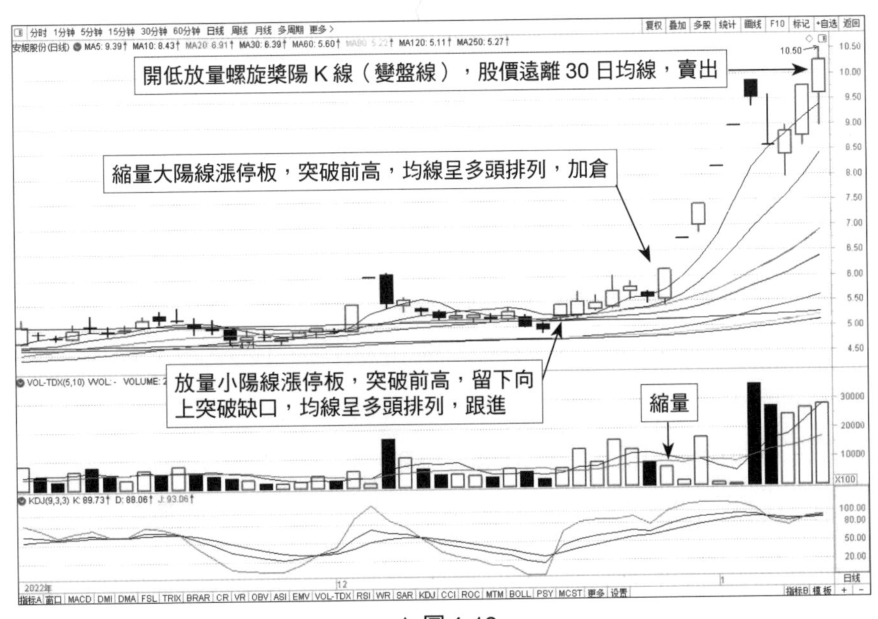

▲ 圖 4-12

走弱，盤面的弱勢特徵開始顯現。投資人當天如果還有籌碼沒出完，次日應逢高賣出。

4-2-2　相對高位回測洗盤後的縮量漲停

相對高位回檔洗盤後的縮量漲停，是指主力機構將目標股票拉升到一定高度後，展開短暫的強勢洗盤整理，然後再展開快速向上拉高，其間收出或連續收出縮量漲停板。

相對高位回檔洗盤後縮量漲停的走勢各不相同，在 K 線走勢上，多會出現突然縮量漲停的一字板、T 字板和小陽線漲停板走勢。在分時走勢上，則表現出某個交易日漲停開盤至收盤成交量萎縮，漲停開盤後漲停板被打開又迅速封回至收盤成交量萎縮，大幅開高後股價一路走高、主力機構突然發力封漲停板至收盤成交量萎縮等縮量漲停走勢。

相對高位回檔洗盤後縮量漲停，大多情況下代表多方的做多心態和興趣逐漸減弱，做多資金的參與趨勢在逐漸減少。同時意味主力機構快速拉升的目的，就是有意引起市場關注，吸引眼球，引誘跟風盤進場接盤，經由拉升股價來實現獲利的意圖非常明確。

對於相對高位回檔洗盤後的縮量漲停，投資人可以謹慎參與做多，但要小心操盤，關注量能和 K 線、均線型態的變化，出現放量滯漲或明顯見頂訊號時，要立馬出場。

圖 4-13 是 600613 神奇製藥 2022 年 11 月 10 日收盤時的 K 線走勢圖，可以看出此時該股處於上升趨勢。股價從前期相對高位一路震盪下跌，下跌時間長、跌幅大，其間有過 3 次反彈，且反彈幅度

大。2021 年 2 月 4 日股價止跌後，主力機構展開大幅震盪盤升行情，高賣低買與洗盤吸籌並舉，成交量呈間斷性放大狀態。

2022 年 10 月 27 日（大幅震盪盤升行情 1 年 8 個月之後），該股開高，收出一根中陽線，突破前高。成交量較前一交易日明顯放大，股價向上突破 5 日、10 日、90 日、120 日和 250 日均線（一陽穿 5 線），20 日、30 日均線在股價下方向上移動，60 日均線已經走平，均線蛟龍出海型態形成。

此時均線呈多頭排列（除 60 日均線外），MACD、KDJ 等各項技術指標開始走強，股價的強勢特徵已經顯現，後市上漲的機率大，投資人可以開始逢低分批買進籌碼。此後主力機構快速向上拉升股價，連續拉出 3 個漲停板。

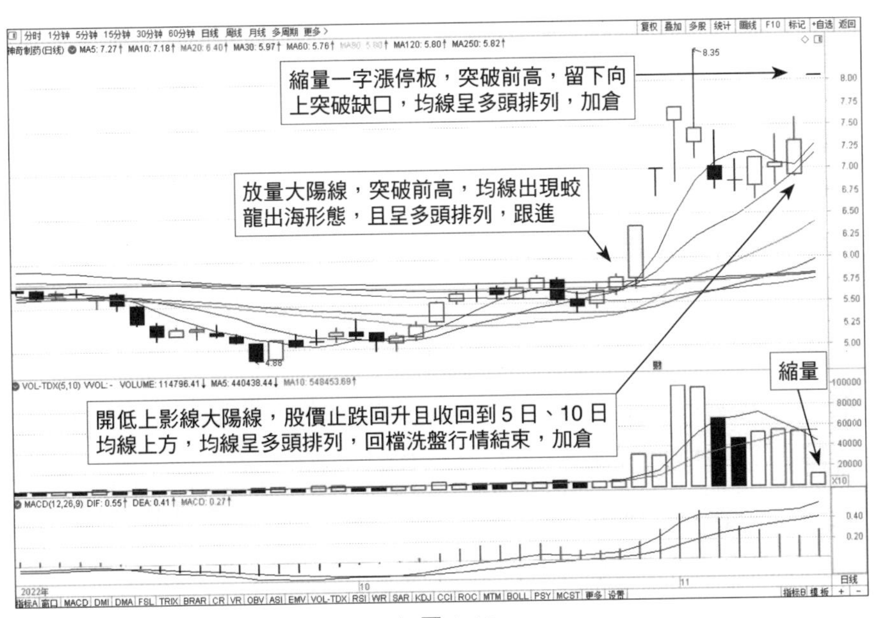

▲ 圖 4-13

11 月 2 日該股開低，股價衝高至當日最高價 8.35 元回落，收出一根長上影線假陽真陰倒錘頭 K 線，成交量較前一交易日萎縮，主力機構展開縮量回檔洗盤行情，回檔洗盤沒有完全回補 10 月 31 日留下的向上跳空突破缺口。

11 月 9 日該股開低，收出一根帶上影線的大陽線，成交量與前一交易日基本上持平，股價止跌回升且收回到 5 日、10 日均線上方，回檔洗盤行情結束。此時，均線呈多頭排列（除 5 日均線外），MACD、KDJ 等各項技術指標開始走強，股價的強勢特徵比較明顯，經過回檔洗盤之後股價快速上漲的機率非常大，投資人可以在當日或次日進場加碼。

11 月 10 日該股漲停開盤（至收盤漲停板沒有被打開），收出一個一字漲停板，漲停原因為「中醫藥＋生物醫藥」概念炒作。突破前高，留下向上突破缺口，成交量較前一交易日大幅萎縮，換手率為 2.39%，形成向上突破缺口和一字漲停 K 線型態。

此時均線呈多頭排列，MACD、KDJ 等各項技術指標持續強勢，股價的強勢特徵已經十分明顯，後市持續快速上漲的機率非常大。投資人可以在當日搶板或在次日集合競價時，以漲停價掛買單排隊等候加倉買進。

圖 4-14 是 600613 神奇製藥 2022 年 1月 18 日收盤時的 K 線走勢圖，可以看出，2022 年 11 月 10 日該股漲停開盤，收出一個縮量一字漲停板，突破前高，留下向上突破缺口，形成向上突破缺口和縮量一字漲停 K 線型態。均線呈多頭排列，股價的強勢特徵非常明顯，此後主力機構展開向上拉升行情。

從拉升情況來看，從 2022 年 11 月 10 日起主力機構依托 5 日均線，採取直線拉升、盤中洗盤、迅速拉高的操盤手法，急速向上拉升股價。至 11 月 17 日共 6 個交易日時間，拉出 6 個漲停板（其中 3 個一字漲停板、2 個小 T 字漲停板、1 個大陽線漲停板），相對高位回檔洗盤之後的漲幅十分可觀。

2022 年 11 月 18 日該股開低，股價衝高回落，收出一根螺旋槳陽 K 線（高位或相對高位的螺旋槳 K 線，又稱為變盤線或轉勢線），成交量較前一交易日明顯放大。顯露出主力機構利用開低、盤中對敲拉高的操盤手法，吸引跟風盤進場而展開高位震盪出貨的痕跡。此時股價遠離 30 日均線且漲幅大，KDJ 等部分技術指標開始走弱，盤面的弱勢特徵開始顯現。投資人當天如果還有籌碼沒出完，次日應逢高賣出。

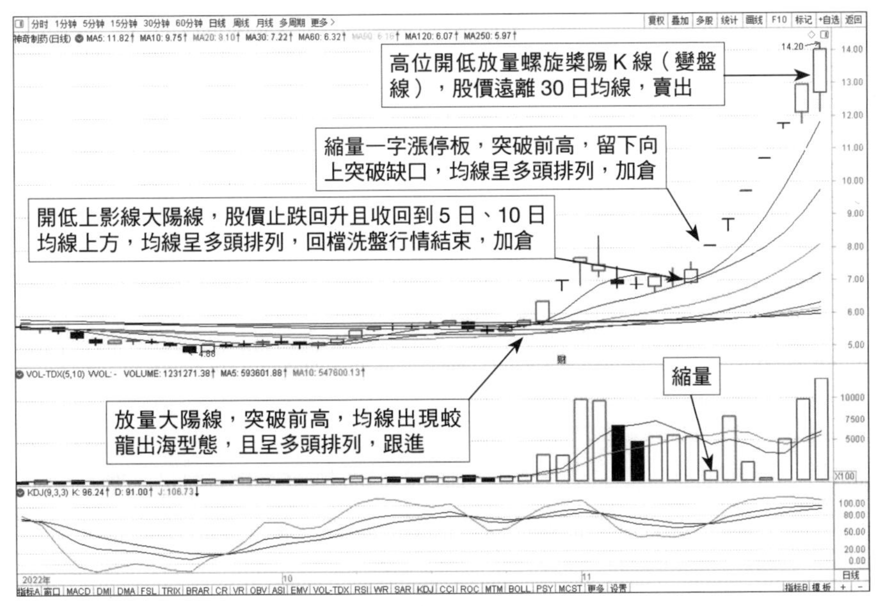

▲ 圖 4-14

圖 4-15 是 002186 全聚德 2022 年 12 月 16 日收盤時的 K 線走勢圖，可以看出此時該股處於上升趨勢。股價從前期相對高位一路震盪下跌，下跌時間長、跌幅大，其間有過 3 次反彈，且反彈幅度大。2022 年 4 月 28 日股價止跌後，主力機構展開大幅震盪盤升行情，高賣低買與洗盤吸籌並舉，成交量呈間斷性放大狀態。

2022 年 12 月 5 日該股開低，收出一根大陰線（收盤漲幅 -3.95%），成交量較前一交易日萎縮，主力機構展開強勢整理洗盤行情，成交量呈逐漸萎縮狀態。

12 月 13 日該股開低，收出一根帶上影線的大陽線，成交量較前一交易日明顯放大，股價止跌回升且收回到 5 日、10 日均線上方，回檔洗盤行情結束。此時均線呈多頭排列，MACD、KDJ 等各

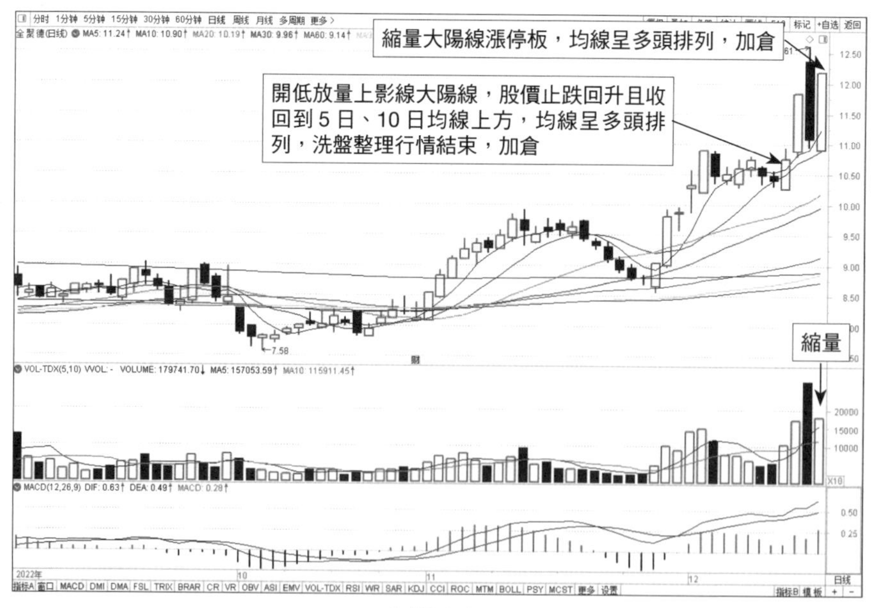

▲ 圖 4-15

項技術指標開始走強，股價的強勢特徵明顯，經過強勢洗盤整理之後股價快速上漲的機率非常大，投資人可以在當日或次日進場加倉買入籌碼。12 月 14 日該股收出一個放量大陽線漲停板，12 月 15 日該股大幅整理一個交易日，正是投資人進場買入籌碼的好時機。

12 月 16 日該股開低，收出一個大陽線漲停板，漲停原因為「酒店餐飲＋預製菜＋國企改革」概念炒作，成交量較前一交易日大幅萎縮，形成縮量大陽線漲停 K 線型態。

此時均線呈多頭排列，MACD、KDJ 等各項技術指標開始走強，股價的強勢特徵已經相當明顯，後市持續快速上漲的機率大。投資人可以在當日搶板或在次日集合競價時，以漲停價掛買單排隊等候加倉買進。

圖 4-16 是 002186 全聚德 2022 年 12 月 26 日收盤時的 K 線走勢圖，可以看出 12 月 16 日該股開低，收出一個縮量大陽線漲停板。形成縮量大陽線漲停 K 線型態，均線呈多頭排列，股價的強勢特徵非常明顯，此後主力機構展開向上拉升行情。

從拉升情況來看，2022 年 12 月 19 日起主力機構依托 5 日均線，採取直線拉升、盤中洗盤、迅速拉高的操盤手法，急速向上拉升股價，至 12 月 23 日共 5 個交易日時間，拉出 5 根陽線，其中 4 個漲停板（1 個一字漲停板、2 個小陽線漲停板、1 個大陽線漲停板），相對高位回檔洗盤之後的漲幅相當不錯。

2022 年12 月 26 日該股開低，股價衝高回落，收出一根螺旋槳陽 K 線（高位或相對高位的螺旋槳 K 線，又稱為變盤線或轉勢線），成交量較前一交易日明顯萎縮，顯露出主力機構利用開低、盤中對敲拉高的操盤手法，吸引跟風盤進場而展開高位震盪出貨的痕跡。此時股價遠離 30 日均線且漲幅大，KDJ 等部分技術指標開始走弱，盤面的弱勢特徵開始顯現，投資人當天如果還有籌碼沒出完，次日應逢高賣出。

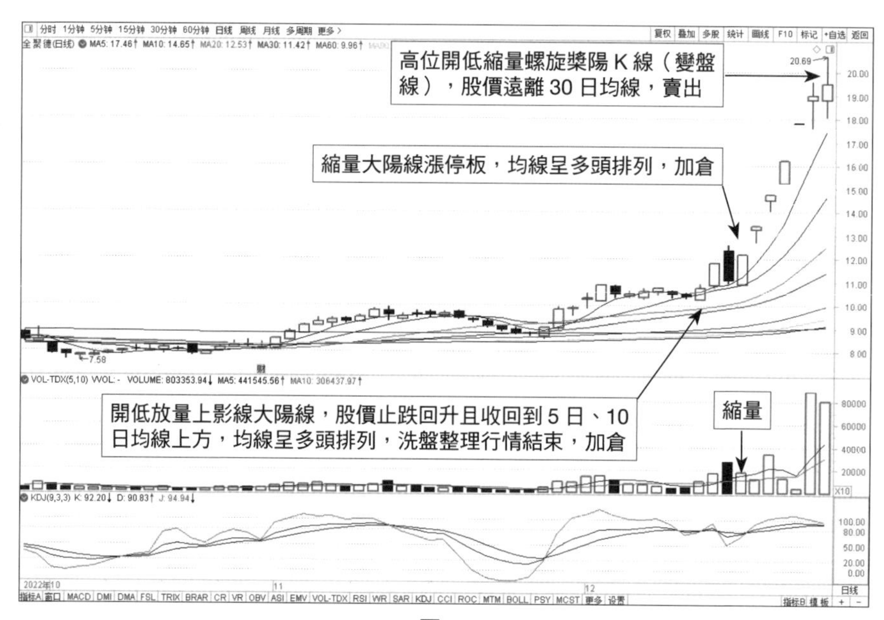

▲ 圖 4-16

看懂主力法人的拉升手法

- 縮量漲停是指目標股票的成交量，相對於前一交易日萎縮情況下的漲停。主力機構在對目標股票控盤到位之後，就會採取縮量漲停的手法拉升股價。
- 具體操盤手法就是在買一的位置掛上大買單，阻止散戶進場買入籌碼。
- 大多出現主力機構正在拉高的目標股票中，且多數處於股價上漲的初中期，其後市的發展趨勢就是接著漲停，直到成交量放大才可能出現滯漲。

【實戰範例】

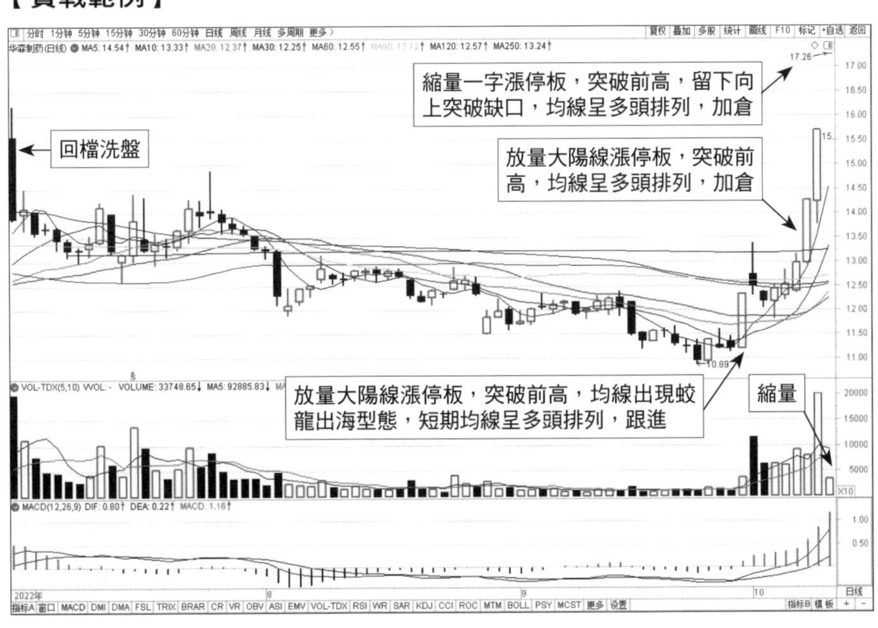

4-3

放量漲停：主力開始拉抬，投資人要勇敢買進

放量漲停，是指目標股票的成交量相對於前一交易日放大情況下的漲停，或者說，是指成交量大幅度放大而產生的漲停。放量漲停說明有獲利籌碼賣出，或有解套盤在漲停過程中賣出，但也有可能是主力機構獲利出逃，關鍵要看放量漲停板在個股 K 線走勢中所處的位置等情況。

以下只分析相對低位股價啟動上漲，以及上漲途中的強勢放量漲停，對於相對高位或連續漲停後的放量漲停不做分析。

一般情況下，主力機構在對目標股票完成建倉、洗盤以及初期上漲之後，都會採取拉漲停板的操盤手法快速拉高股價。具體是縮量封漲停還是放量封漲停，要看主力機構的控盤程度、操盤目的和意圖。

但不管主力機構如何操盤，對於股價在相對低位啟動不久或在上漲中途出現的放量漲停，意味著主力機構開啟拉升行情，後市獲利的機率很高，投資人要敢於進場。

實戰操盤中，放量漲停一般是開盤之後股價向上衝高或穩步上漲拉出的漲停板，漲停的 K 線型態以大陽線漲停板、長下影線漲停板或 T 字板為主，也有少數放量漲停的小陽線漲停板。放量漲停大多出現在股價突破前高、突破平台或突破前期密集成交區且當日漲停的目標股票中。

有些個股在突破之後會出現強勢整理洗盤，但其後還是接著漲停，直到股價有較大幅度的漲幅、成交量放大才可能出現滯漲。投資人要充分利用漲停板瞬間打開的時機，尋機進場買進籌碼，積極做多。

對於上漲途中出現的放量漲停，投資人當然也可以參與做多，但要注意盯盤觀察，出現放量滯漲時立馬出場。主力機構放量漲停（尤其是尾盤對敲或對倒放量）的目的，就是吸引市場眼球，引誘跟風盤進場接盤，以便順利出貨。

4-3-1　相對低位（底部）的放量漲停

相對低位（底部）的放量漲停，是指主力機構對經過長期震盪下跌、跌幅較大的目標股票。在完成建倉、橫盤震盪洗盤吸籌之後，確定籌碼鎖定較好、控盤程度較高的情況下，放量拉升股價至漲停的行為。

對於相對低位（底部）放量漲停的個股，意味著主力機構已經啟動拉升行情，後市獲利機率很高，投資人要敢於尋機進場買入籌碼、積極做多。

圖 4-17 是 600705 中航產融 2023 年 1 月 13 日收盤時的 K 線走勢圖，可以看出此時該股處於上升趨勢。股價從前期相對高位一路

震盪下跌，下跌時間長、跌幅大，下跌其間有過多次反彈，且反彈幅度較大。

2022 年 9 月 29 日股價止跌後，主力機構展開震盪盤升行情，洗盤吸籌並舉，成交量呈放大狀態。

12 月 6 日該股大幅跳空開高，股價衝高回落，收出一根長上影線假陰真陽倒錘頭 K 線，成交量較前一交易日放大 2 倍多，主力機構展開回檔（挖坑）洗盤行情，成交量呈逐漸萎縮狀態。此時投資人可以在當日或次日，逢高先賣出手中籌碼，待回檔到位後再將籌碼接回來。

2023 年 1 月 11 日該股開平，收出一顆陰十字星，股價跌至當日最低價 3.23 元止跌，成交量與前一交易日基本上持平，換手率

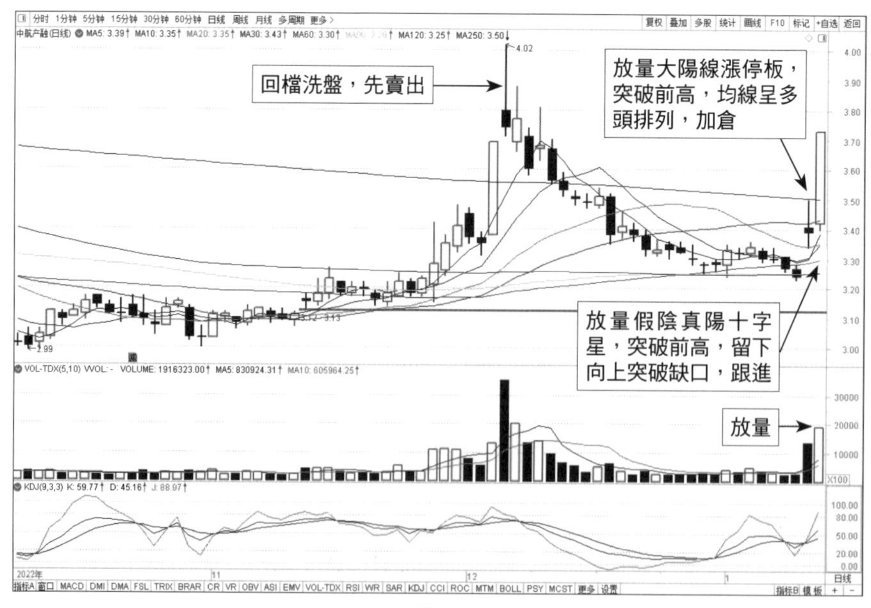

▲ 圖 4-17

為 0.32%，回檔（挖坑）洗盤行情結束，投資人可以在當日或次日進場買入籌碼。

1 月 12 日該股大幅跳空開高（向上跳空 5.25% 開盤），股價衝高回落，收出一顆假陰真陽十字星，突破前高，留下向上突破缺口，成交量較前一交易日放大 4 倍多。此時均線系統較弱（5 日、10 日均線向上移動），但 MACD、KDJ 等各項技術指標開始走強，股價的強勢特徵開始顯現，後市上漲的機率大，投資人可以在當日或次日進場買入籌碼。

1 月 13 日該股開高，收出一個大陽線漲停板，漲停原因為「多元金融＋軍工＋中字頭」概念炒作。突破前高，成交量較前一交易日大幅放大，形成放量大陽線漲停 K 線型態。此時均線呈多頭排列（除 250 日均線外），MACD、KDJ 等各項技術指標走強，股價的強勢特徵已經相當明顯，後市持續快速上漲的機率大。投資人可以在當日搶板或在次日進場加碼，持股待漲，待股價出現明顯見頂訊號時賣出。

圖 4-18 是 600705 中航產融 2023 年 1 月 31 日收盤時的 K 線走勢圖，可以看出，2023 年 1 月 13 日該股收出一個放量大陽線漲停板，突破前高。形成放量大陽線漲停 K 線型態，均線呈多頭排列，股價的強勢特徵非常明顯，此後主力機構快速向上拉升股價。

從拉升情況來看，主力機構依托 5 日均線，採取直線拉升、盤中洗盤、迅速拉高的操盤手法，急速向上拉升股價。至 1 月 30 日，6 個交易日收出 5 根陽線，其中 3 個漲停板（從 1 月 16 日長下影線陽線漲停板當日的分時走勢來看，投資人如果想在當日進場買進籌碼，早盤開盤後有大把的機會）。股價從 1 月 13 日主力機構收出一個放量大陽線漲停板，當日收盤價3.73元，上漲到1月30日，收出一個小陽線漲停板當日收盤價5.43元，漲幅還是相當可觀的。

1月31日該股開平，股價衝高回落，收出一根螺旋槳陰K線（高位或相對高位的螺旋槳K線，又稱為變盤線或轉勢線），成交量較前一交易日放大2倍多，顯露出主力機構利用開平、盤中對敲拉高的操盤手法，吸引跟風盤進場而展開震盪出貨的痕跡。

此時股價遠離30日均線且漲幅大，KDJ等部分技術指標開始走弱，盤面的弱勢特徵已經顯現。投資人當天如果還有籌碼沒出完，次日應逢高賣出。

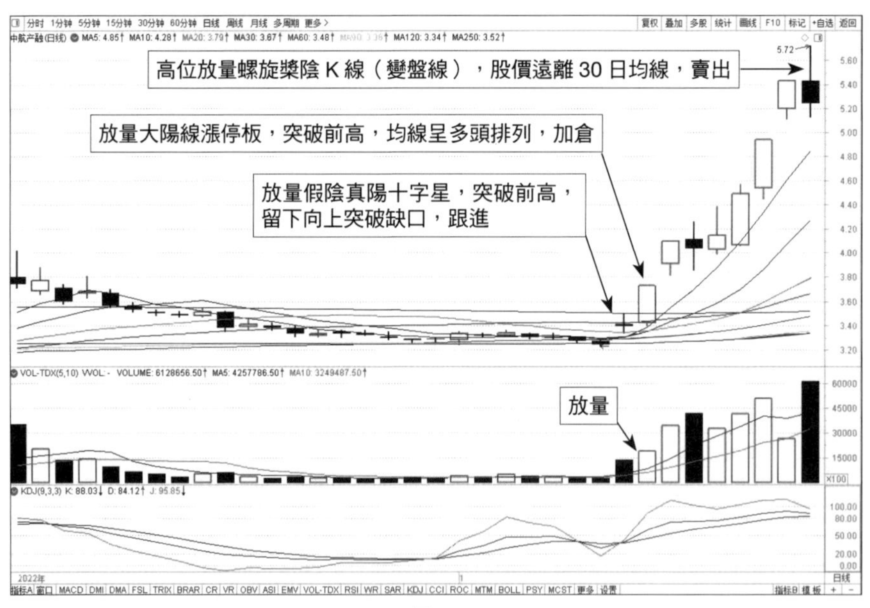

▲圖4-18

圖 4-19 是 002576 通達動力 2023 年 1 月 5 日收盤時的 K 線走勢圖，可以看出此時該股整體處於上升趨勢。股價從前期相對高位一路震盪下跌，下跌時間雖然不是很長，但跌幅大。

2022 年 4 月 27 日股價止跌後，主力機構展開震盪盤升行情，洗盤吸籌並舉，K 線走勢紅多綠少，成交量呈間斷性放大狀態。其間，主力機構收出過 8 個漲停板，均為吸籌建倉型漲停板。

8 月 10 日該股開平，股價衝高回落，收出一根長上影線螺旋槳陰 K 線（當日股價一度觸及漲停板），成交量較前一交易日大幅放大，主力機構展開回檔（挖坑）洗盤行情，成交量呈逐漸萎縮狀態。此時投資人可以在當日或次日，逢高先賣出手中籌碼，待回檔到位後再將籌碼接回來。回檔（挖坑）洗盤其間，主力機構收出過

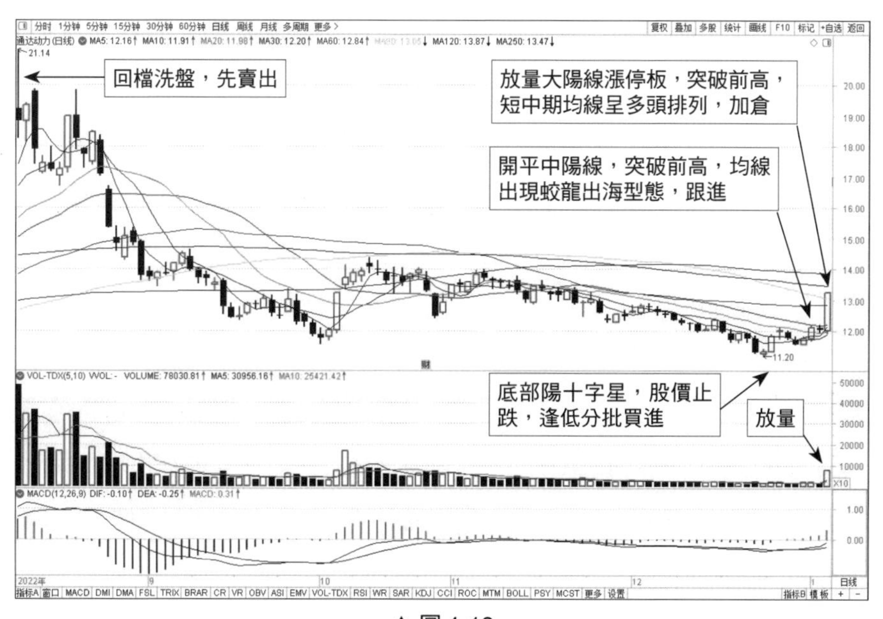

▲ 圖 4-19

2 個漲停板，為吸籌建倉型漲停板。

12 月 23 日該股開低，收出一顆陽十字星，股價跌至當日最低價 11.20 元止跌，成交量與前一交易日基本上持平，換手率為 0.97%，回檔（挖坑）洗盤行情結束，投資人可以開始進場分批買入籌碼。

2023 年 1 月 3 日該股開平，收出一根中陽線，突破前高，成交量與前一交易日持平。股價向上突破 5 日、10 日和 20 日均線（一陽穿 3 線），30 日、60 日、90 日、120 日和 250 日均線在股價上方下行，均線蛟龍出海型態形成。此時均線系統較弱，但 MACD、KDJ 等各項技術指標開始走強，股價的強勢特徵開始顯現，投資人可以進場逢低加碼。

1 月 5 日該股開低，收出一個大陽線漲停板，漲停原因為「電機＋新能源汽車＋機器人＋風電」概念炒作，突破前高，成交量較前一交易日放大 4 倍多，形成放量大陽線漲停 K 線型態。

此時短中期均線呈多頭排列，MACD、KDJ 等各項技術指標走強，股價的強勢特徵已經相當明顯，後市持續快速上漲的機率大。投資人可以在當日搶板或在次日進場加碼，持股待漲，待股價出現明顯見頂訊號時賣出。

圖 4-20 是 002576 通達動力 2023 年 1 月 16 日收盤時的 K 線走勢圖，可以看出，2023 年 1 月 5 日該股收出一個放量大陽線漲停板，突破前高，形成放量大陽線漲停 K 線型態。短中期均線呈多頭排列，股價的強勢特徵已經相當明顯。此後，主力機構快速向上拉升股價。

從拉升情況來看，主力機構依托 5 日均線，採取直線拉升、盤中洗盤、迅速拉高的操盤手法，急速向上拉升股價。至 1 月 16 日，7 個交易日收出 7 根陽線（2 根為假陰真陽 K 線），其中 5 個漲停板。股價從 1 月 5 日主力機構收出一個放量大陽線漲停板，當日收盤價 13.26 元。上漲到 1 月 16 日收出一顆假陰真陽十字星，當日收盤價 23.77 元，漲幅相當大。

1 月 16 日該股大幅開高（向上跳空 6.67% 開盤），股價衝高回落，收出一顆假陰真陽十字星（高位或相對高位十字星，又稱為黃昏之星），成交量較前一交易日明顯放大。從當日分時走勢來看，該股早盤大幅開高後，股價分 2 個波次快速衝高，於 9:35 封漲停板，9:49 漲停板被 5 筆千張以上大賣單打開。

此後股價展開高位震盪盤整至收盤，收盤漲幅 5.64%，加上前

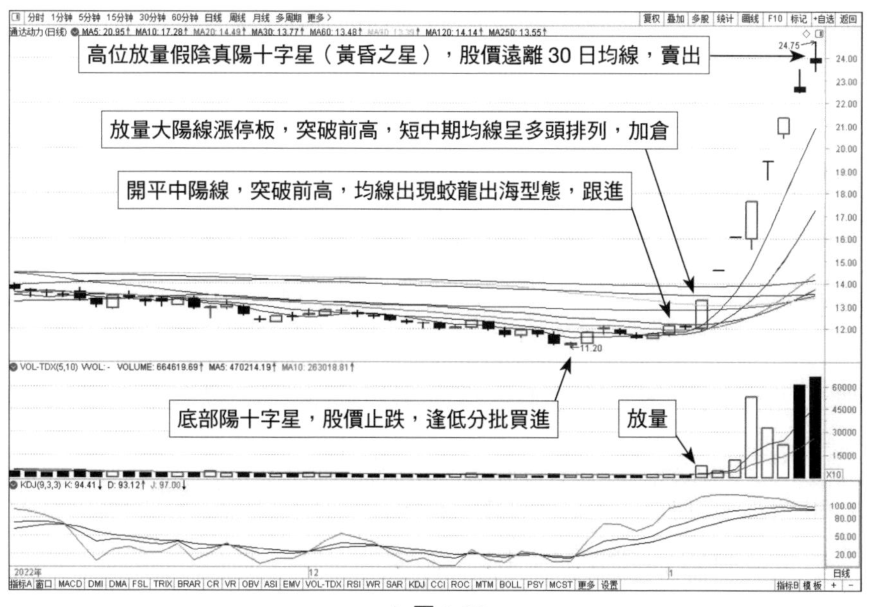

▲ 圖 4-20

一交易日收出的假陰真陽十字星，顯露出主力機構利用大幅開高、盤中漲停及漲停板打開、展開高位震盪盤整的操盤手法，吸引跟風盤進場而展開出貨的痕跡。

此時股價遠離 30 日均線且漲幅大，KDJ 等部分技術指標開始走弱，盤面的弱勢特徵開始顯現。投資人當天如果還有籌碼沒出完，次日應逢高賣出。

4-3-2　上漲途中的放量漲停

上漲途中的放量漲停，是指主力機構對下跌時間較長、跌幅較大的目標股票。在股價止跌，展開初期上漲行情或反覆震盪洗盤行情之後，確定籌碼已經鎖定較好、控盤比較到位的情況下，以漲停的方式快速向上拉升股價，成交量同步放大。

上漲途中出現放量漲停，預示主力機構將展開一波快速拉升行情，投資人可以積極進場參與做多。但要注意盯盤，股價出現放量滯漲或其他見頂訊號時，應立馬出場。上漲途中的放量漲停，與放量漲停衝高回落強勢整理洗盤之後的放量漲停，有相似之處。

圖 4-21 是 002317 眾生藥業 2022 年 10 月 21 日收盤時的 K 線走勢圖，可以看出此時該股處於上升趨勢。股價從前期相對高位一路震盪下跌，下跌時間雖然不是很長但跌幅大，下跌其間有過多次反彈，且反彈幅度較大。

2021 年 2 月 5 日股價止跌後，主力機構展開大幅震盪盤升行情，高賣低買與洗盤吸籌並舉，成交量呈間斷性放大狀態。震盪盤升其間，主力機構收出過13個漲停板，多數為吸籌建倉型漲停板。

2022 年 5 月 13 日該股開高，股價衝高回落，收出一根長上影線螺旋槳陰 K 線，成交量較前一交易日大幅放大，主力機構展開回檔洗盤行情，成交量呈逐漸萎縮狀態。投資人可以在當日或次日逢高先賣出手中籌碼，待回檔到位後再將籌碼接回來。回檔洗盤其間，主力機構收出過 3 個漲停板，為吸籌建倉型漲停板。

9 月 26 日該股開低，收出一根中陰線，股價跌至當日最低價 11.88 元止跌，成交量較前一交易日略放大，換手率為 1.73%，回檔洗盤行情結束，投資人可以開始進場分批買入籌碼。此後主力機構展開向上拉升行情，K 線走勢直線上升，全線收紅（陽），成交量呈溫和放大狀態。

10 月 18 日該股開低，收出一根大陽線（收盤漲幅 7.00%），

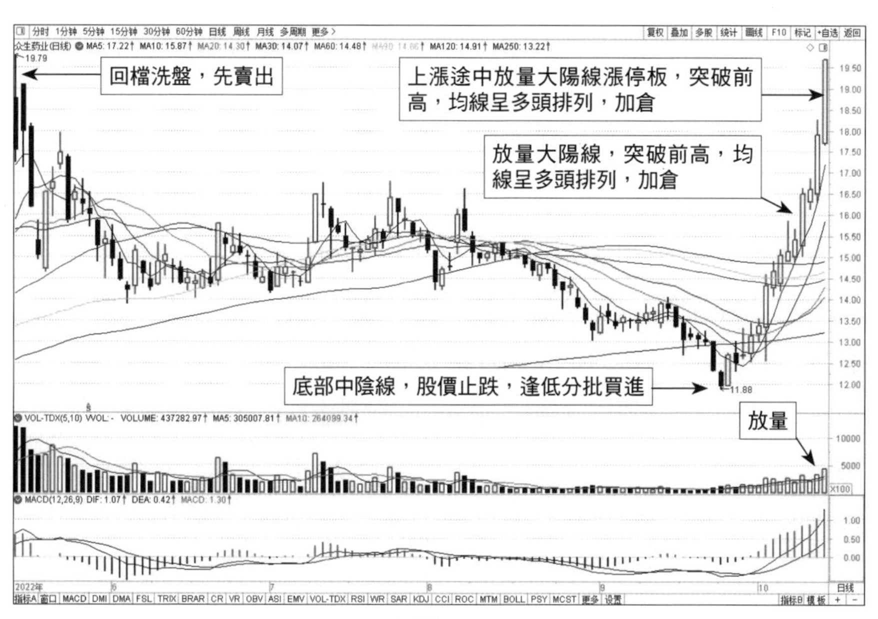

▲ 圖 4-21

突破前高，成交量較前一交易日明顯放大。此時，均線呈多頭排列，MACD、KDJ 等各項技術指標走強，股價的強勢特徵已經相當明顯，投資人可以進場逢低加碼。此後，主力機構繼續向上推升股價。

10 月 21 日該股開低，收出一個大陽線漲停板，漲停原因為「創新藥＋NMN＋新冠治療」概念炒作，突破前高，成交量較前一交易日明顯放大，形成上漲途中放量大陽線漲停 K 線型態。

此時均線呈多頭排列，MACD、KDJ 等技術指標持續強勢，股價的強勢特徵已經十分明顯，後市持續快速上漲的機率大。投資人可以在當日進場搶板，或在次日進場擇機加碼。

圖 4-22 是 002317 眾生藥業 2022 年 11 月 11 日收盤時的 K 線走勢圖。可以看出 10 月 21 日該股開低，收出一個放量大陽線漲停板，突破前高，形成上漲途中放量大陽線漲停 K 線型態。均線呈多頭排列，股價的強勢特徵已經相當明顯，此後主力機構快速向上拉升股價。

從拉升情況來看，10 月 24 日、25 日，主力機構強勢整理兩個交易日，成交量呈萎縮狀態。10 月 26 日起主力機構依托 5 日均線，採取直線拉升、盤中洗盤、迅速拉高的操盤手法，快速向上拉升股價。至 11 月 10 日，12 個交易日的時間，收出 10 根陽線，其中 5 個漲停板。股價從 10 月 21 日主力機構收出一個放量大陽線漲停板，當日收盤價 19.69 元。上漲到 11 月 10 日收出一個縮量大陽線漲停板，當日收盤價 35.40 元，漲幅還是相當可觀的。

11 月 11 日該股漲停開盤，收出一根跌停看跌吞沒大陰線（高位看跌吞沒陰線為見頂訊號），當日成交量較前一交易日大幅放

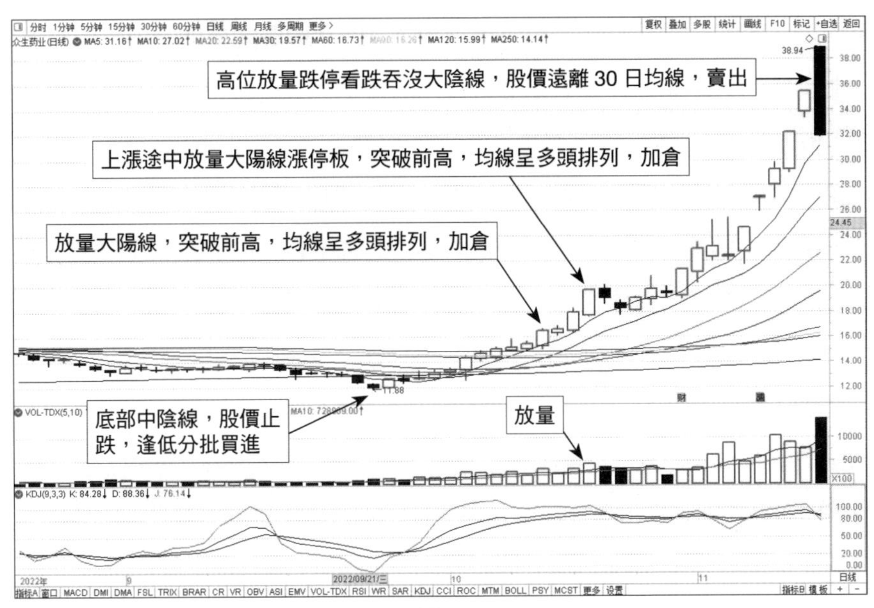

▲ 圖 4-22

大。從當日分時走勢來看，早盤漲停開盤，9:35 漲停板被連續 3 筆千（萬）張以上大賣單打開，成交量急速放大，此後漲停板封回打開反覆多次。9:57 封回漲停板，14:04 漲停板被連續 5 筆千（萬）張以上大賣單打開，成交量迅速放大，股價急速下跌，14:31 股價跌停，躺倒在跌停板上至收盤。

顯露出主力機構利用漲停、漲停板反覆打開封回等操盤手法，引誘跟風盤進場而大量出貨，以及尾盤毫無顧忌打壓出貨的堅決態度。此時股價遠離 30 日均線且漲幅大，KDJ 等部分技術指標開始走弱，盤面的弱勢特徵已經顯現。投資人當天如果還有籌碼沒出完，次日應逢高賣出。

圖 4-23 是 002882 金龍羽 2023 年 2 月 7 日收盤時的 K 線走勢

圖，可以看出此時個股處於上升趨勢。股價從前期相對高位一路震盪下跌，下跌時間雖然不是很長但跌幅大，下跌其間有過兩次較大幅度的反彈。

2022 年 4 月 27 日股價止跌後，主力機構展開大幅震盪盤升行情，高賣低買與洗盤吸籌並舉，成交量呈間斷性放大狀態。震盪盤升其間，主力機構收出過 12 個漲停板，多數為吸籌建倉型漲停板。

11 月 8 日該股開低，股價衝高回落，收出一根螺旋槳陰 K 線，成交量較前一交易日大幅萎縮，主力機構展開回檔洗盤行情，成交量呈逐漸萎縮狀態。投資人可以在當日或次日，逢高先賣出手中籌碼，待回檔到位後再將籌碼接回來。

12 月 26 日該股跳空開高，收出一根長下影線錘頭陽 K 線（收盤漲幅 3.75%），股價探至當日最低價 10.50 元止跌，成交量較前一交易日放大 2 倍多，回檔洗盤行情結束，投資人可以開始進場分批買入籌碼。此後主力機構展開向上拉升行情，K 線走勢紅多綠少、紅肥綠瘦，成交量呈逐漸放大狀態。

2023 年 1 月 17 日該股開低，收出一個大陽線漲停板，突破前高，成交量較前一交易日放大 2 倍多，形成大陽線漲停 K 線型態。當日股價向上突破 5 日、10 日、30 日、60 日、90 日和 120 日均線（一陽穿 6 線），20 日和 250 日均線在股價下方向上移動，均線呈蛟龍出海型態。此時，均線呈多頭排列（除 60 日均線外），MACD、KDJ 等各項技術指標開始走強，股價的強勢特徵開始顯現，投資人可以進場逢低加碼，此後主力機構繼續向上推升股價。

2 月 7 日該股開低，收出一個大陽線漲停板，漲停原因為「固

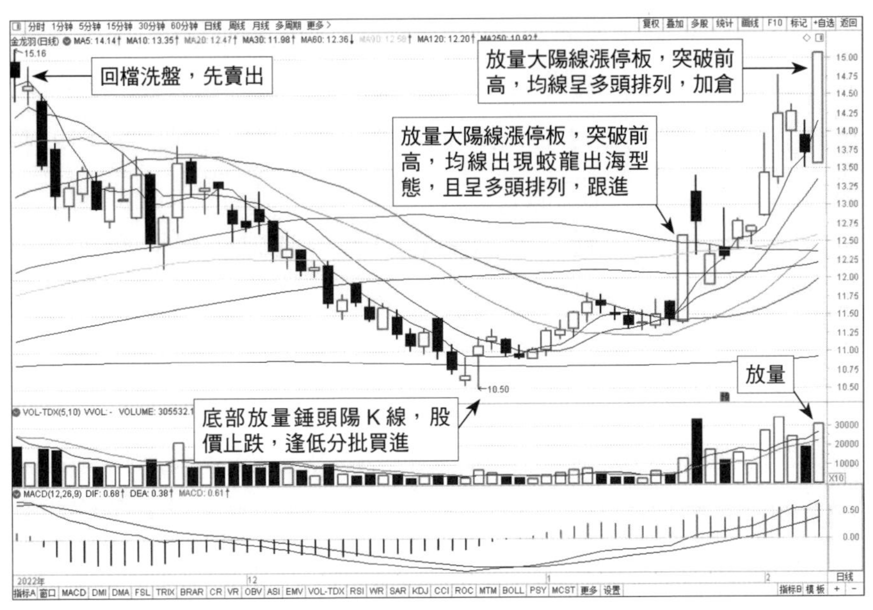

▲ 圖 4-23

態電池＋鋰電池＋電線電纜」概念炒作，突破前高，成交量較前一交易日大幅放大，形成上漲途中放量大陽線漲停 K 線型態。此時均線呈多頭排列（除 60 日均線外），MACD、KDJ 等技術指標持續強勢，股價的強勢特徵已經十分明顯。後市持續快速上漲的機率大，投資人可以在當日進場搶板，或在次日進場擇機加碼。

圖 4-24 是 002882 金龍羽 2023 年 2 月 13 日收盤時的 K 線走勢圖，可以看出 2 月 7 日該股開低，收出一個放量大陽線漲停板，突破前高。形成上漲途中放量大陽線漲停 K 線型態，均線呈多頭排列，股價的強勢特徵相當明顯，此後主力機構快速向上拉升股價。

從拉升情況來看，2 月 8 日起主力機構依托 5 日均線，採取直線拉升、盤中洗盤、迅速拉高的操盤手法，快速向上拉升股價。

至2月13日，4個交易日的時間收出4根陽線，其中3個漲停板。股價從2月7日主力機構收出一個放量大陽線漲停板，當日收盤價15.07元。上漲到2月13日收出一根螺旋槳陽K線，當日收盤價20.44元，漲幅還是不錯的。

2月13日該股開低，股價衝高回落，收出一根螺旋槳陽K線（高位或相對高位的螺旋槳K線，又稱為變盤線或轉勢線）。成交量較前一交易日明顯萎縮，顯露出主力機構利用開低、盤中對敲拉高的操盤手法，吸引跟風盤進場而展開高位震盪出貨的痕跡。此時股價遠離30日均線且漲幅較大，KDJ等部分技術指標開始走弱，盤面的弱勢特徵開始顯現。投資人當天如果還有籌碼沒出完，次日應逢高賣出。

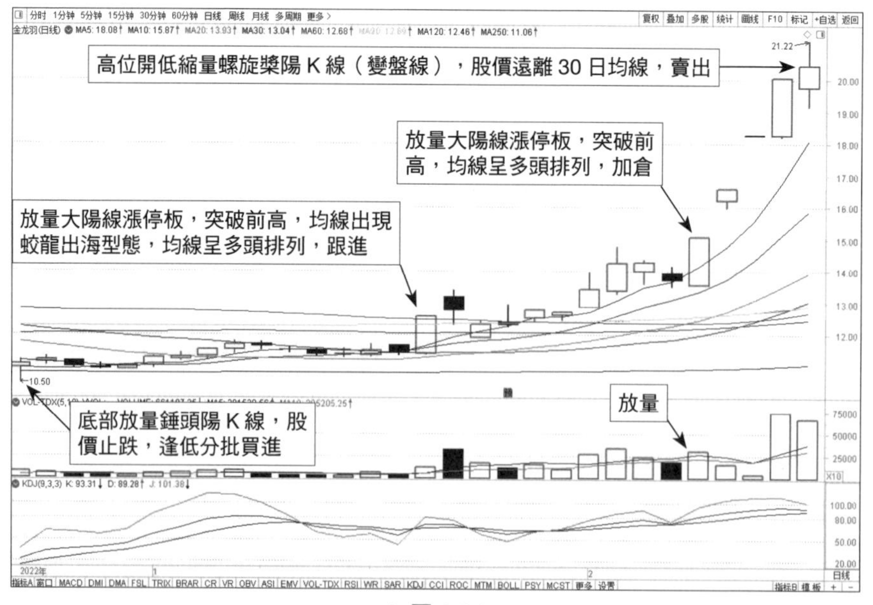

▲圖4-24

重點整理

看懂主力法人的長線操作

- 放量漲停，是指目標股票的成交量相對於前一交易日放大情況下的漲停。
- 實戰操盤中，大多出現在股價突破前高、突破平台，或突破前期密集成交區且當日漲停的目標股票中。
- 有些個股突破之後會出現強勢整理洗盤，但其後還是接著漲停。投資人要充分利用漲停板瞬間打開的時機，尋機進場。

【實戰範例】

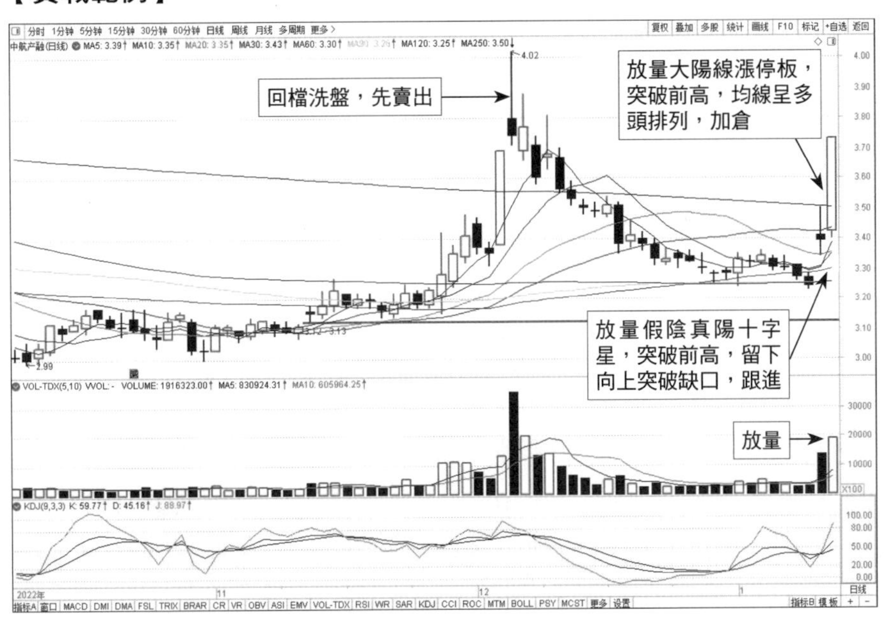

4-4 巨量漲停：關鍵為在 K 線走勢中的位置

巨量漲停，也可稱為天量漲停，是指目標股票的成交量相對於前一交易日成倍放大情況下的漲停。或者說，是指成交量巨額放大而產生的漲停。由於個股的實際流通盤各不相同，成交量較前一交易日放大多少的漲停，才算是巨量漲停，沒有統一標準。一般來說，放出較前一交易日大兩倍以上成交量的漲停，可稱為巨量漲停。

從實戰操盤的角度來看，巨量漲停的 K 線型態基本上是大陽線漲停板，也即大陽線漲停 K 線型態。

巨量漲停，也是伴有巨量封單的漲停。說明有獲利籌碼或解套盤在漲停過程中賣出，可能是主力機構為了快速建倉拉出的漲停，也可能是主力機構獲利出逃的漲停誘多。關鍵要看巨量漲停板在目標股票 K 線走勢中所處的位置，所處位置的不同，其所代表的主力機構操盤的意圖和目的也不盡相同。

如果目標股票經過長期下跌，主力機構已基本上完成吸籌建倉或長時間橫盤震盪洗盤或初期上漲之後，在較低位置出現的巨量漲停，應該是主力機構啟動拉升的訊號。

但拉升又分為兩種情況，一種是主力機構對籌碼鎖定程度高、控盤到位的目標股票，放巨量直接拉出漲停板，正式啟動快速拉升行情，吸引市場眼球，引誘跟風盤，為後期順利出貨打基礎做準備。

另一種是拉出巨量漲停板後，展開強勢整理洗盤吸籌（也有可能是突破重要阻力位如前期高點、下跌密集成交區、平台阻力線、下降趨勢線、均線、重要技術型態等關鍵部位之後的整理洗盤吸籌）。這是一種主力機構洗盤補倉的訊號，待籌碼集中度較高、控盤比較到位後，再展開快速拉升行情。

還有一種情況是上漲途中的巨量漲停，即目標股票經過長期下跌，止跌後主力機構逐步推升股價收集籌碼，並對目標股票展開反覆震盪洗盤。個股整體走勢處於不斷盤升狀態，股價上漲到一定高度後，主力機構突然放巨量拉出漲停板，突破前高，正式開啟快速拉升行情。

投資人需要注意的是，高位出現的巨量漲停千萬別去碰，很可能是主力機構對敲或對倒做量，利用漲停的方式引誘跟風盤。以下主要分析低位巨量漲停，以及上漲途中的巨量漲停兩種情況。對於高位出現的巨量漲停以及連續漲停後的巨量漲停，不做分析。

4-4-1　低位巨量漲停

低位巨量漲停，是指主力機構對經過長期震盪下跌、跌幅較大的目標股票，在完成大部分倉位的建倉（或橫盤震盪洗盤吸籌之後），控盤比較到位的情況下，放巨量拉升股價至漲停板的行為。這種巨量漲停多數帶有快速吸籌建倉補倉的性質，且多數為伴有巨量封單的漲停。

目標股票經過長期下跌，主力機構已基本上完成吸籌建倉（或長時間的橫盤震盪洗盤吸籌或初期上漲之後），在控盤程度較高的情況下，低位拉出的巨量漲停，應該是主力機構啟動拉升的訊號。

只要目標股票巨量漲停之後，後續短期內成交量依舊處於持續放大（拉升中期成交量相對萎縮）的狀態，後市的上漲動力依然會很強勁，有很高的機率會連續拉升。對於這類處於低位或相對低位走勢的個股，投資人要敢於尋機進場買入籌碼，積極看多做多。

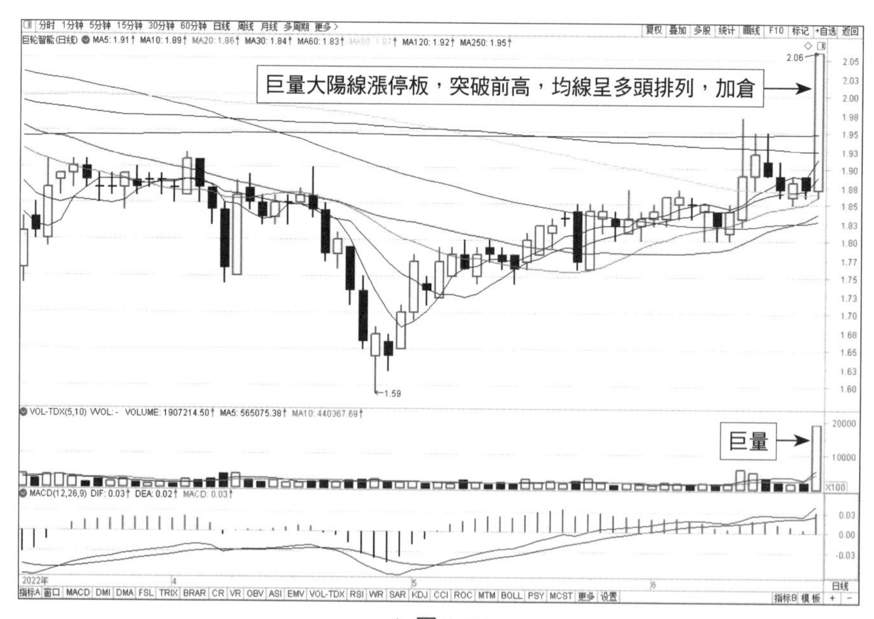

▲ 圖 4-25

圖 4-25 是 002031 巨輪智能 2022 年 6 月 21 日收盤時的 K 線走勢圖，可以看出此時該股處於上升趨勢。股價從前期相對高位一路震盪下跌，下跌時間長、跌幅大，下跌其間有過 3 次較大幅度的反彈。

2021 年 2 月 2日股價止跌後，主力機構展開震盪盤升行情，推升股價，收集籌碼，同時高賣低買與洗盤吸籌並舉，成交量呈間斷性放大狀態。

2022 年 6 月 21 日（大幅震盪盤升行情 1 年 4 個多月後），該股開平，收出一個大陽線漲停板，漲停原因為「機器人＋工業母機＋高端裝備」概念炒作。突破前高，成交量較前一交易日放大8倍多，形成低位巨量大陽線漲停 K 線型態。此時均線呈多頭排列，MACD、KDJ 等技術指標走強，股價的強勢特徵已經十分明顯，後市持續快速上漲的機率大。投資人可以在當日進場搶板，或在次日進場加倉買入籌碼。

圖 4-26 是 002031 巨輪智能 2022 年 7 月 7 日收盤時的 K 線走勢圖，可以看出，6 月 21 日該股開平，收出一個巨量大陽線漲停板，突破前高。形成低位巨量大陽線漲停 K 線型態，均線呈多頭排列，股價的強勢特徵相當明顯，此後主力機構快速向上拉升股價。

從拉升情況來看，6 月 22 日起（從當日分時走勢來看，該股早盤開平後股價略回落，在前一交易日下方展開強勢整理行情，整個上午都是逢低買進的好時機），主力機構依托 5 日均線，採取直線拉升、盤中洗盤、迅速拉高的操盤手法，快速向上拉升股價（拉升途中洗盤整理 2 個交易日，股價刺破 5 日均線很快收回）。

至 7 月 6 日，11 個交易日共收出 9 根陽線，其中 8 個漲停板。

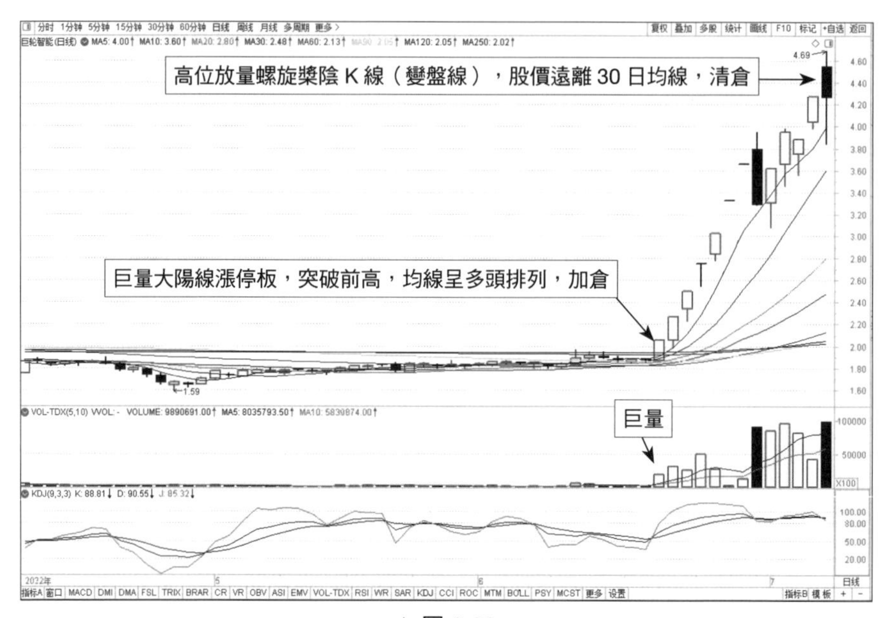

▲ 圖 4-26

股價從 6 月 21 日，主力機構收出一個巨量大陽線漲停板，當日收盤價 2.06 元。上漲到 7 月 6 日，收出一個縮量大陽線漲停板，當日收盤價 4.27 元，漲幅巨大。

7 月 7 日該股大幅開高（向上跳空 6.56% 開盤），股價衝高回落，收出一根螺旋槳陰 K 線（高位或相對高位的螺旋槳 K 線，又稱為變盤線或轉勢線），成交量較前一交易日放大 2 倍多（當日換手率達到 51.15%），顯露出主力機構利用大幅開高、盤中打壓股價出貨，然後用對敲拉高的操盤手法，吸引跟風盤進場展開震盪出貨的痕跡。

此時股價遠離 30 日均線且漲幅較大，KDJ 等部分技術指標開始走弱，盤面的弱勢特徵開始顯現。投資人當天如果還有籌碼沒出完，次日應逢高賣出。

圖 4-27 是 600819 耀皮玻璃 2023 年 1 月 30 日收盤時的 K 線走勢圖，可以看出此時該股處於上升趨勢。股價從前期相對高位一路震盪下跌，至 2022 年 10 月 31 日的最低價 4.31 元止跌。下跌時間雖然不是很長但跌幅大，下跌其間有過 1 次較大幅度的反彈。

2022 年 10 月 31 日股價止跌後，主力機構展開震盪盤升洗盤（挖坑）吸籌行情，K 線走勢紅多綠少、紅肥綠瘦，成交量呈逐漸放大狀態。

2023 年 1 月 16 日該股開平，收出一根中陽線，突破前高，成交量較前一交易日放大近 3 倍，股價向上突破 5 日、10 日、20 日、30 日、60 日和 90 日均線（一陽穿 6 線），120 日和 250 日均線在股

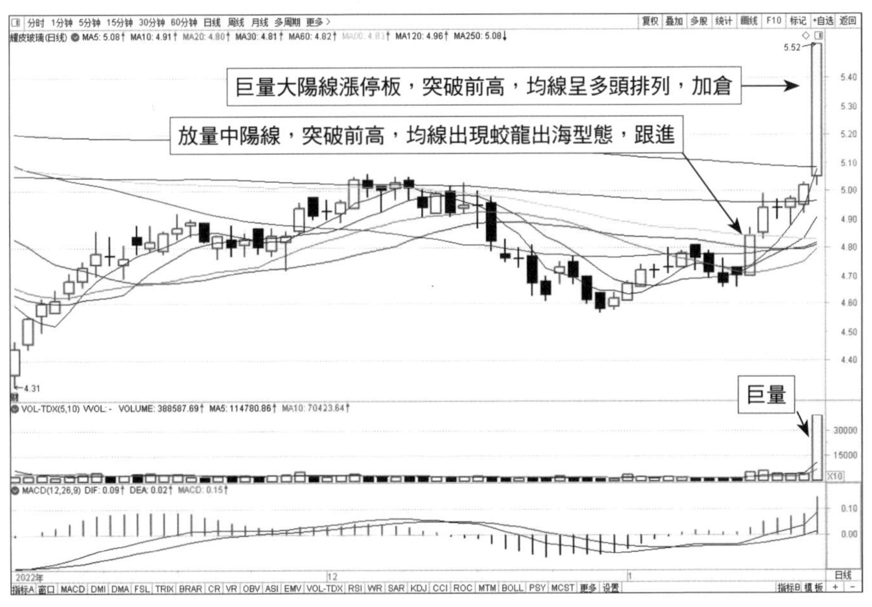

▲ 圖 4-27

價上方下行，均線蛟龍出海型態形成。

此時均線系統較弱，但 MACD、KDJ 等各項技術指標開始走強，股價的強勢特徵開始顯現。投資人可以開始進場分批買進籌碼，此後主力機構繼續向上推升股價。

1 月 30 日該股開高，收出一個大陽線漲停板，漲停原因為「航空玻璃＋汽車玻璃＋低輻射玻璃」概念炒作，突破前高，成交量較前一交易日放大 10 倍多，形成低位巨量大陽線漲停 K 線型態。此時均線（除 250 日均線外）呈多頭排列，MACD、KDJ 等技術指標走強，股價的強勢特徵已經十分明顯，後市持續快速上漲的機率大。投資人可以在當日進場搶板，或在次日進場買入籌碼。

圖 4-28 是 600819 耀皮玻璃 2023 年 2 月 6 日收盤時的 K 線走勢圖，可以看出 1 月 30 日該股開高，收出一個巨量大陽線漲停板，突破前高。形成低位巨量大陽線漲停 K 線型態，均線呈多頭排列，股價的強勢特徵已經相當明顯，此後主力機構快速向上拉升股價。

從拉升情況來看，1 月 31 日起主力機構依托 5 日均線，採取直線拉升、盤中洗盤、迅速拉高的操盤手法，快速向上拉升股價。至 2 月 3 日，4 個交易日共收出 4 根陽線，其中 3 個漲停板。股價從 1 月 31 日主力機構收出一個巨量大陽線漲停板，當日收盤價 5.52 元。上漲到 2 月 3 日收出一個縮量大陽線漲停板，當日收盤價 7.76 元，漲幅還是很大的。

2 月 6 日該股開低，股價回落，收出一根錘頭陰 K 線（高位或相對高位的錘頭線，又稱為上吊線或吊頸線），成交量較前一交易日大幅萎縮，顯示股價上漲乏力，主力機構在前一交易日收盤價下方展開整理出貨。此時，股價遠離 30 日均線且漲幅較大，KDJ 等

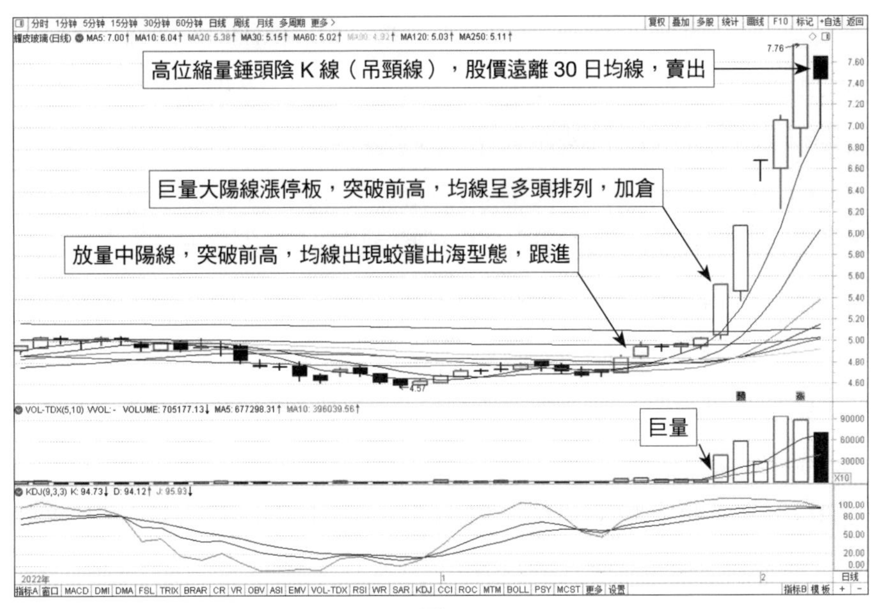

▲ 圖 4-28

部分技術指標開始走弱，盤面的弱勢特徵已經顯現。投資人當天如果還有籌碼沒出完，次日應逢高賣出。

4-4-2　上漲途中的巨量漲停

上漲途中的巨量漲停，是指主力機構對下跌時間較長、跌幅較大的目標股票，在股價止跌後逐步推升股價，收集籌碼。然後經過反覆震盪洗盤吸籌，待股價有了一定漲幅且基本上控盤的情況下，以巨量漲停（多數為伴有巨量封單的漲停）的方式展開快速拉高的行為。

對於上漲途中出現巨量漲停的目標股票，表明主力機構籌碼集中度較高、控盤比較到位，預示主力機構即將啟動一波快速拉升行情，投資人可以進場積極參與做多。但也要注意盯盤觀察，若出現放量滯漲或其他見頂訊號時，要立馬出場。

圖 4-29 是 000593 德龍匯能 2022 年 8 月 19 日收盤時的 K 線走勢圖，可以看出此時該股處於上升趨勢。股價從前期相對高位一路震盪下跌，下跌時間長、跌幅大，下跌其間有過多次反彈，且反彈幅度較大。

2021 年 2 月 9 日股價止跌後，主力機構展開大幅震盪盤升行情，高賣低買與洗盤吸籌並舉，成交量呈間斷性放大狀態。

2022 年 7 月 28 日（大幅震盪盤升 1 年 5 個多月後），該股大幅跳空開高（向上跳空 3.79% 開盤），股價衝高至當日最高價 7.22

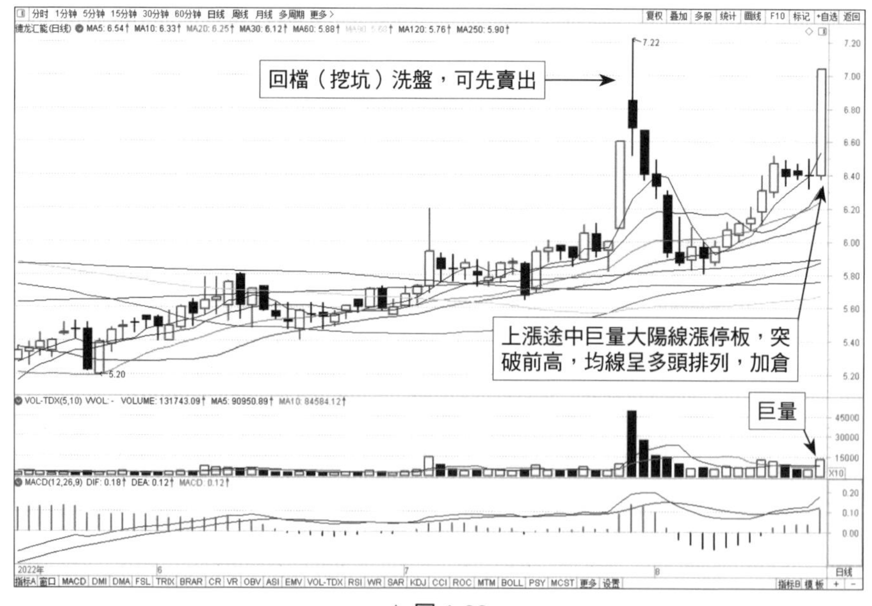

▲圖 4-29

元回落，收出一根長上影線假陰真陽螺旋槳 K 線。主力機構展開大幅震盪盤升過程中最後一次回檔（挖坑）洗盤吸籌行情，成交量呈逐漸萎縮狀態，投資人可以在當日或次日逢高先賣出手中籌碼。

8 月 4 日該股開高，收出一顆陽十字星，股價探至當日最低價 5.83 元止跌，成交量較前一交易日萎縮，回檔（挖坑）洗盤行情結束。投資人可以開始進場分批買入籌碼，此後主力機構開始向上推升股價。

8 月 19 日該股開平，收出一個大陽線漲停板，漲停原因為「天然氣＋地下管網＋鋰漿料電池」概念炒作，突破前高，成交量較前一交易日放大 2 倍多，形成上漲途中巨量大陽線漲停 K 線型態。此時均線呈多頭排列，MACD、KDJ 等技術指標走強，股價的強勢特徵十分明顯，後市持續快速上漲的機率大。投資人可以在當日進場搶板，或在次日進場買入籌碼。

圖 4-30 是 000593 德龍匯能 2022 年 8 月 29 日收盤時的 K 線走勢圖，可以看出，8 月 19 日該股開平，收出一個巨量大陽線漲停板，突破前高。形成上漲途中巨量大陽線漲停 K 線型態，均線呈多頭排列，股價的強勢特徵已經十分明顯。此後，主力機構快速向上拉升股價。

從拉升情況來看，從 8 月 22 日起主力機構依托 5 日均線，採取直線拉升、盤中洗盤、迅速拉高的操盤手法，快速向上拉升股價。至 8 月 26 日，5 個交易日共收出 5 根陽線，均為漲停板。股價從 8 月 19 日主力機構收出一個巨量大陽線漲停板，當日收盤價 7.04 元。上漲到 8 月 26 日收出一個放量小 T 字漲停板，當日收盤價 11.33 元，漲幅相當可觀。

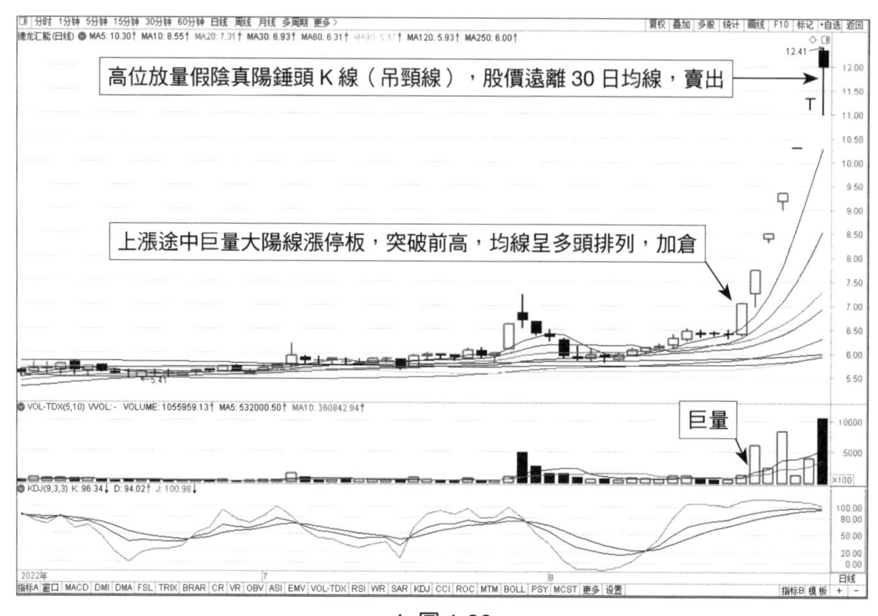

▲圖4-30

8月29日該股大幅開高（向上跳空9.00%開盤），股價回落，收出一根假陰真陽錘頭K線（高位或相對高位的錘頭線，又稱為上吊線或吊頸線），成交量較前一交易日放大2倍多。顯露出主力機構利用大幅開高、展開高位大幅震盪的操盤手法，引誘跟風盤進場而大量出貨的跡象。此時股價遠離30日均線且漲幅大，KDJ等部分技術指標開始走弱，盤面的弱勢特徵已經顯現。投資人當天如果還有籌碼沒出完，次日應該逢高清倉。

圖4-31是000948南天資訊2022年9月30日收盤時的K線走勢圖，可以看出此時該股處於上升趨勢。股價從前期相對高位一路下跌，下跌時間雖然不是很長，但跌幅較大。

2021年2月9日股價止跌後，主力機構展開大幅震盪盤升行

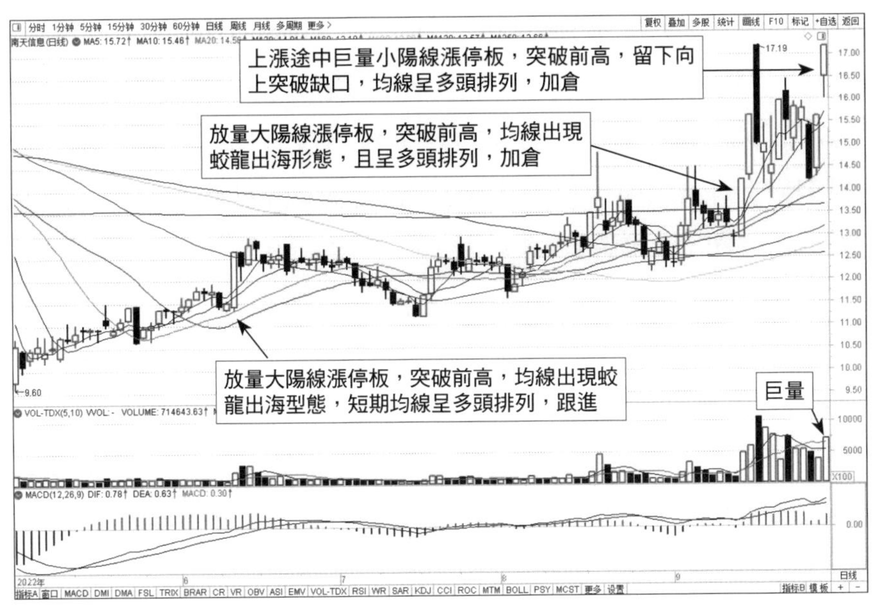

▲圖 4-31

情，高賣低買與洗盤吸籌並舉，成交量呈間斷性放大狀態。

2022 年 4 月 11 日（大幅震盪盤升 1 年 1 個多月後），該股開高，股價衝高至當日的最高價 17.12 元回落，收出一根長上影線螺旋槳陰 K 線。主力機構展開大幅震盪盤升之後的打壓（挖坑）洗盤吸籌行情，成交量呈逐漸萎縮狀態，投資人可以在當日或次日逢高先賣出手中籌碼。

4 月 27 日該股開低，股價探至當日最低價 9.60 元止跌回升，成交量較前一交易日放大，挖坑洗盤行情結束，此後主力機構開始向上推升股價。

6 月 13 日該股開低，收出一個大陽線漲停板，突破前高，成交量較前一交易日放大 4 倍多，股價向上突破 5 日、10 日和 60 日均線（一陽穿 3 線），20 日和 30 日在股價下方向上移動，90 日、120 日和 250 日均線在股價上方下行，均線蛟龍出海型態形成。此時短期均線呈多頭排列，MACD、KDJ 等各項技術指標開始走強，股價的強勢特徵開始顯現，投資人可以開始進場分批買進籌碼。此後，主力機構繼續向上推升股價。

9 月 15 日該股開高，收出一個大陽線漲停板，突破前高，成交量較前一交易日放大 4 倍多，股價向上突破 5 日、10 日、20 日、30 日和 250 日均線（一陽穿 5 線），60、90 日和 120 日均線在股價下方向上移動，均線蛟龍出海型態形成。此時均線呈多頭排列（除 120 日均線外），MACD、KDJ 等各項技術指標走強，股價的強勢特徵已經相當明顯，投資人可以進場逢低加碼，此後主力機構繼續向上推升股價。

9 月 30 日該股大幅開高（向上跳空 5.63% 開盤），收出一個小陽線漲停板，漲停原因為「國產軟體＋跨境支付＋數字經濟＋醫療器械」概念炒作。突破前高，留下向上突破缺口，成交量較前一交易日放大近 2 倍，形成上漲途中巨量小陽線漲停 K 線型態（當日漲停收盤價為 17.18 元，與 2021 年 2 月 9 日止跌當日收盤價 8.20 元相比，已有較大的漲幅）。

此時均線呈多頭排列，MACD、KDJ 等技術指標持續強勢，股價的強勢特徵已經十分明顯。後市持續快速上漲的機率大，投資人可以在當日進場搶板，或次日進場加碼。

圖 4-32 是 000948 南天資訊 2022 年 10 月 18 日收盤時的 K 線走勢圖，可以看出，9 月 30 日該股大幅跳空開高，收出一個巨量小陽線漲停板，突破前高，留下向上突破缺口。形成上漲途中巨量小陽

線漲停 K 線型態，均線呈多頭排列，股價的強勢特徵已經十分明顯，此後主力機構快速向上拉升股價。

從拉升情況來看，10 月 10 日起主力機構依托 5 日均線，採取直線拉升、盤中洗盤、迅速拉高的操盤手法，快速向上拉升股價。至 10 月 18 日，7 個交易日共收出 6 根陽線，其中 5 個漲停板。股價從 9 月 30 日，主力機構收出一個巨量小陽線漲停板，當日收盤價 17.18 元上漲到 10 月 18 日，收出一個放量小陽線漲停板，當日收盤價 28.17 元，漲幅較大。

10 月 18 日該股大幅開高（向上跳空 8.43% 開盤），收出一個小陽線漲停板，成交量較前一交易日放大。從後期拉升的情況來看，10 月 14 日、17 日和 18 日，主力機構連續拉出大幅開高帶下

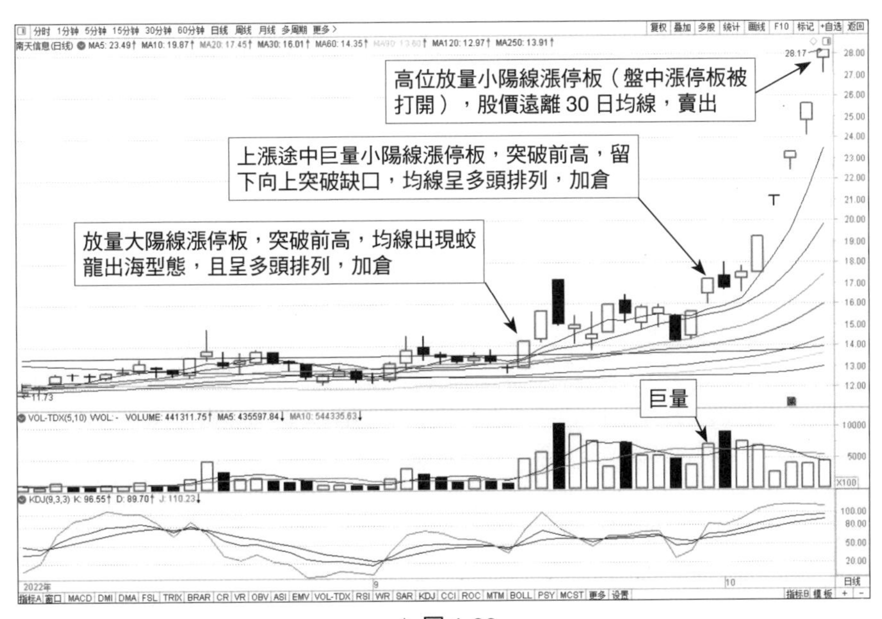

▲ 圖 4-32

影線的小陽線漲停板，顯露出其邊拉邊出、漲停誘多的操盤手法。主力利用每天早盤大幅開高封漲停板，然後打開漲停板出一部分貨，再封回漲停板（有時打開封回反覆多次），引誘跟風盤進場而大量賣出手中籌碼的跡象。

漲停誘多過程中，主力機構主要採取撤換買盤一位置的單量，以及小單進大單出的操盤手法，展開隱蔽出貨。此時，股價遠離 30 日均線且漲幅較大，KDJ 等部分技術指標開始走弱，盤面的弱勢特徵已經顯現。投資人當天如果還有籌碼沒出完，次日應逢高賣出。

重點整理

看懂主力法人的買進訊號

- 低位巨量漲停，是指主力機構對經過長期震盪下跌、跌幅較大的目標股票，在完成大部分倉位的建倉，在控盤比較到位的情況下，放巨量拉升股價至漲停板的行為。
- 只要目標股票巨量漲停之後，後續短期內成交量依舊處於持續放大的狀態，有很大的機率會連續拉升。對於這類處於低位或相對低位走勢的個股，投資人要敢於尋機進場。

【實戰範例】

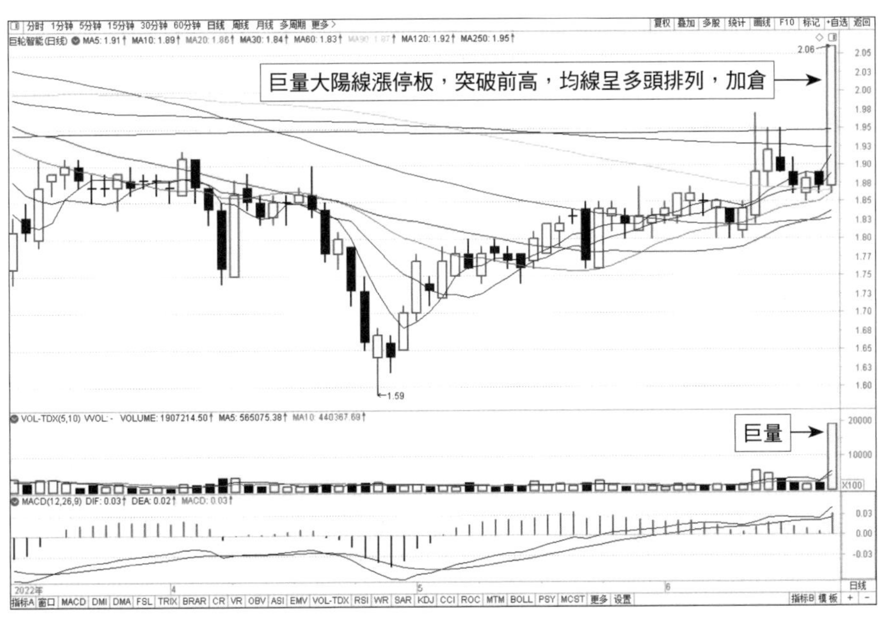

後記

願以我的 25 年投資經驗，成就你的財富自由之夢！

20 多年的股市投資經歷，積累太多的經驗和教訓。特別是在操盤跟莊強勢股之餘，陸續研讀 100 多本證券類書籍之後，開闊了思維眼界，提升了操盤境界，有許多感悟和啟示，萌生創作一套操盤跟莊強勢股方面的叢書的想法。

從 2020 年初開始著手，至 2023 年初陸續付梓出版，3 年時間，股市平平淡淡、日子平平常常、寫作緊緊張張，期間也有過迷茫和彷徨，但更多的還是信心和堅持。

有一句話說得好：「一個使勁踮起腳尖靠近太陽的人，全世界都擋不住他的陽光。」對一般投資人來說，也許你的堅持，終將成就你的財富自由之夢。

在本書創作過程中，筆者查閱、參考大量相關文獻作品和資料，從中得到不少啟發和感悟，也參考借鑒其中一些非常有價值的觀點。但由於閱讀參考的文獻資料來源廣泛，部分資料可能沒有注明來源或出處，在此表示感謝和歉意。

本書雖然幾易其稿，也經過反覆校對。但由於倉促成文，加之筆者水準有限，肯定有不少錯誤、殘缺或不當之處，尚祈讀者批評指正，不勝感激。

明發

2023 年 2 月 於北京

國家圖書館出版品預行編目（CIP）資料

史上最強技術分析 量價關係：摸透主力、法人介入的手法，就算看到大跌、盤整、破新高你都敢追！／明發著. -- 新北市：大樂文化有限公司，2024.11（優渥叢書Money；081）
240面；17×23公分

ISBN 978-626-7422-62-5（平裝）
1. 股票投資 2. 投資技術 3. 投資分析
563.53 113015936

Money 081

史上最強技術分析 量價關係

摸透主力、法人介入的手法，就算看到大跌、盤整、破新高你都敢追！

作　　者／明　發
封面設計／蕭壽佳
內頁排版／王信中
責任編輯／林育如
主　　編／皮海屏
發行專員／張紜蓁
財務經理／陳碧蘭
發行經理／高世權
總編輯、總經理／蔡連壽
出 版 者／大樂文化有限公司（優渥誌）
地址：220新北市板橋區文化路一段 268 號 18 樓之一
電話：（02）2258-3656
傳真：（02）2258-3660
詢問購書相關資訊請洽：2258-3656
郵政劃撥帳號／50211045　戶名／大樂文化有限公司

香港發行／豐達出版發行有限公司
地址：香港柴灣永泰道 70 號柴灣工業城 2 期 1805 室
電話：852-2172 6513　傳真：852-2172 4355

法律顧問／第一國際法律事務所余淑杏律師
印　　刷／韋懋實業有限公司

出版日期／2024 年 11 月 28 日
定　　價／320 元（缺頁或損毀的書，請寄回更換）
I S B N／978-626-7422-62-5